S.F.
V.

Margaret Atwood

Tips für die Wildnis

Short Stories

Deutsch von
Charlotte Franke

S. Fischer

Die Originalausgabe erschien 1991 unter dem Titel
»Wilderness Tips« im Verlag Doubleday, New York

Umschlaggestaltung: Buchholz/Hinsch/Walch
Illustration: Robwood
Satz: Fotosatz Otto Gutfreund, Darmstadt
Druck und Bindung: F. Spiegel Buch GmbH, Ulm
Printed in Germany 1991
ISBN 3-10-001106-6

Tips für die Wildnis

Inhalt

Wahrer Schund

Die Kellnerinnen baden in der Sonne wie eine Herde gehäuteter Robben, ihre rosigbraunen Körper glänzen vom Öl. Sie haben ihre Badeanzüge an, weil es Nachmittag ist. Morgens und abends, in der Dämmerung, baden sie manchmal nackt, was das juckende Ausharren in dem von Moskitos heimgesuchten Buschwerk gegenüber ihres kleinen privaten Bootsteges ein ganzes Stück lohnenswerter macht.

Donny hat das Fernglas, es gehört nicht ihm, sondern Monty. Montys Dad hat es ihm zum Vogelbeobachten geschenkt, aber Monty interessiert sich nicht für Vögel. Er hat für das Fernglas eine bessere Verwendung gefunden: er vermietet es für maximal fünf Minuten an andere Jungen, für je einen Nickel, oder auch für einen Schokoladenriegel aus dem Kiosk, obwohl ihm Geld lieber ist. Er ißt die Schokoladenriegel nicht; er verkauft sie auf dem Schwarzen Markt – zum doppelten Preis; der Vorrat auf der Insel ist begrenzt, und so kommt er damit durch. Donny hat schon alles Sehenswerte betrachtet, aber er läßt sich Zeit mit dem Fernglas, trotz des heiseren Geflüsters und des Drängens derjenigen, die hinter ihm stehen. Er will kriegen, wofür er gezahlt hat.

»Jetzt seht euch das an«, sagt er mit, wie er hofft, die anderen auf die Folter spannender Stimme. »Sabber, Sabber.« Direkt an der Stelle mit dem frischen Mückenstich bohrt sich ein Ast in seinen Magen, aber er kann ihn nicht wegschieben, ohne mit der einen Hand das Fernglas loszulassen. Er kennt die Flankenangriffe.

»Laß sehen«, sagt Richie und zieht an seinem Ellbogen.

»Verpiß dich«, sagt Donny. Er bewegt das Fernglas ein Stück weiter, erfaßt ein glitschiges halbnacktes Gesäß, eine Brust in einem Badeanzug mit roten Punkten, eine lange herunterfallende Strähne gebleichter blonder Haare: Ronette, die Schärfste, Ronette, die Verbotenste. Wenn ihnen im Winter die Lehrer ihrer High-School Vorträge halten, wie gefährlich es ist, sich mit den Stadtmädchen einzulassen, dann denken sie alle an solche wie Ronette: die vor dem einzigen Kino der Stadt herumhängen, Kaugummi kauend und mit den Lederjacken ihrer Freunde, die wiederkäuenden Lippen so glänzend und tiefrot wie zerquetschte Himbeeren. Wenn man pfeift oder auch nur hinsieht, starren sie mitten durch einen hindurch.

Ronette hat alles außer dem Blick. Im Unterschied zu den anderen lächelt sie sogar manchmal. Jeden Tag schließen Donny und seine Freunde Wetten ab, ob sie an ihrem Tisch sein wird. Wenn sie sich nach vorn beugt, um die Teller abzuräumen, versuchen sie, in ihre gesittete, aber mit einem V-Ausschnitt versehene Uniform zu linsen. Sie wenden ihr das Gesicht zu, atmen sie ein: sie riecht nach Haarspray, Nagellack, etwas Künstlichem und zu Süßem. Billig, würde Donnys Mutter sagen. Das ist ein verlockendes Wort. Die meisten Dinge in seinem Leben sind teuer und nicht besonders interessant.

Ronette dreht sich auf dem Landesteg um. Jetzt liegt sie auf dem Bauch, hat das Kinn in die Hände gestützt, ihre Brüste werden durch die Schwerkraft nach unten gezogen. Sie hat richtige mit einer Spalte dazwischen, nicht wie manche von ihnen. Aber über ihrem Badeanzug kann er ihr Schlüsselbein und ein paar Rippen sehen. Trotz der Brüste ist sie dünn, mager; sie hat Arme wie Stöcke und ein schmales, ein wenig hohles Gesicht. Ein Backenzahn fehlt, man sieht es, wenn sie lächelt, und das beunruhigt ihn. Er weiß, daß er eigentlich Verlangen nach ihr spüren sollte, aber das ist es nicht, was er empfindet.

Die Kellnerinnen wissen, daß sie beobachtet werden: sie sehen, wie die Büsche sich bewegen. Die Jungen sind erst zwölf oder dreizehn, höchstens vierzehn, kleine Fische. Wenn es die Studenten wären, welche jeweils eine Jungengruppe beaufsichtigen, würden sie mehr kichern, sich mehr herausputzen, die Rücken durchdrücken. Jedenfalls manche von ihnen. Aber so verbringen sie ihre Nachmittagspause, als wäre niemand da. Sie reiben sich gegenseitig mit Sonnenöl ein, braten sich gleichmäßig, drehen sich faul von einer Seite auf die andere und bringen Richie, der jetzt das Fernglas hat, dazu, ein Stöhnen von sich zu geben, das die anderen Jungen verrückt machen soll und es auch tut. Es werden kleine Boxhiebe ausgeteilt, unterdrückte Ausrufe wie »dummer Hund« und »Arschloch« werden laut. Richie macht ein schlürfendes Geräusch, als liefe ihm der Speichel aus dem Mund, und grinst von einem Ohr zum anderen.

Die Kellnerinnen lesen sich laut etwas vor. Sie wechseln sich ab: ihre Stimmen schweben über das Wasser, durch gelegentliches Prusten und Auflachen unterbrochen. Donny hätte gern gewußt, was sie mit einer solchen Versunkenheit, mit so viel Spaß lesen, aber es wäre gefährlich, das zuzugeben. Nur ihre Körper zählen. Wen interessiert schon, was sie lesen?

»Die Zeit ist um, Scheißer«, flüstert er Richie zu.

»Selber Scheißer«, sagt Richie. Die Büsche bewegen sich heftig.

Die Kellnerinnen lesen ein *Wahre-Romanzen*-Heft, einen Groschenroman. Tricia hat einen ganzen Stapel davon unter ihrer Matratze verstaut, und Sandy und Pat haben auch noch welche beigesteuert. Jedes dieser Hefte hat eine Frau auf der Titelseite, deren Kleid über der Schulter heruntergezogen ist, oder die eine Zigarette im Mund hat, oder irgendein anderes Anzeichen unordentlichen Lebenswandels aufweist. Gewöhnlich haben diese Frauen Tränen in den Augen. Die Farben sind merkwürdig: leicht schmuddelig, etwas verschmiert wie die handgefärbten Ansichtskarten im Kaufhaus. Nichts von den fröhlichen weißen Zähnen und dem sauber strahlenden Lächeln der Filmmagazine: dies sind keine Erfolgsstories. Wahrer Schund, so nennt Hilary sie. Joanne nennt sie Heulbojen.

Im Augenblick liest Joanne vor. Sie liest mit ernster, theatralischer Stimme, wie jemand im Radio; in der Schule hat sie in einem Theaterstück mitgespielt: *Unsere kleine Stadt*. Sie hat ihre Sonnenbrille wie ein Lehrer auf die Nasenspitze geschoben. Aus Spaß liest sie mit englischem Akzent.

Die Geschichte handelt von einem Mädchen, das mit ihrer geschiedenen Mutter in einer engen, heruntergekommenen Wohnung über einem Schuhgeschäft wohnt. Ihr Name ist Marleen. Sie arbeitet nach der Schule und am Samstag in dem Geschäft, und zwei der Schuhverkäufer sind hinter ihr her. Der eine ist solide und langweilig und will sie heiraten. Der andere, der Dirk heißt, hat ein Motorrad und ein wissendes, unverschämtes Grinsen, von dem Marleen weiche Knie kriegt. Die Mutter sitzt sklavisch an der Nähmaschine. Sie macht Marleens Kleidung selbst, und sie verdient sich einen dürftigen Lebensunterhalt, indem sie für reiche Damen Kleider näht, die sie böse anfahren, wenn etwas nicht stimmt. Sie ermahnt Marleen ständig, sich den richtigen Mann auszusuchen und nicht einen schrecklichen Fehler zu machen, wie sie selbst. Das Mädchen hat vor, auf die Handelsschule zu gehen und sich für einen Verwaltungsjob ausbilden zu lassen, aber dazu reicht das Geld nicht. Sie ist im letzten Jahr der High-School, und ihre Noten werden immer schlechter, weil sie entmutigt ist und auch weil sie sich zwischen den beiden Schuhverkäufern nicht entscheiden kann. Und jetzt sitzt ihr die Mutter auch noch wegen der schlechten Noten im Nacken.

»O Gott«, sagt Hilary. Sie feilt sich die Fingernägel mit einer Metallfeile anstatt mit Schmirgelpapier. Sie findet Schmirgelpapier nicht gut. »Jemand soll ihr sofort einen doppelten Scotch geben.«

»Vielleicht sollte sie die Mutter umbringen, die Versicherung kassieren und machen, daß sie da wegkommt«, sagt Sandy.

»Hast du auch nur ein Wort von einer Versicherung gehört?« sagt Joanne und späht über ihre Brille.

»Du könntest es ja reinbringen«, sagt Pat.

»Vielleicht sollte sie beide ausprobieren, um zu sehen, welcher von beiden besser ist«, sagt Liz unverfroren.

»Wir wissen, welcher der bessere ist«, sagt Tricia. »Hört zu, wenn jemand *Dirk* heißt. Was soll da schiefgehen?«

»Die sind beide Stinktiere«, sagt Stephanie.

»Wenn sie das tut, wird sie eine GEFALLENE FRAU sein, in Großbuchstaben«, sagt Joanne. »Sie würde es BEREUEN müssen, in Großbuchstaben.«

Die andern johlen. Reue! Die Mädchen in den Geschichten sind so lächerlich. Sie sind so schwach. Sie verlieben sich hoffnungslos in die falschen Männer, sie geben nach, sie werden sitzengelassen. Dann weinen sie.

»Moment«, sagt Joanne. »Hier kommt die große Nacht.« Sie liest weiter, hauchend. *»Meine Mutter war ausgegangen, um einer ihrer Kundinnen ein Cocktailkleid zu bringen. Ich war ganz allein in unserer schäbigen Wohnung.«*

»Keuch, keuch«, sagt Liz.

»Nein, das kommt später. *Ich war ganz allein in unserer schäbigen Wohnung. Der Abend war heiß und stickig. Ich wußte, daß ich eigentlich arbeiten sollte, aber ich konnte mich nicht konzentrieren. Ich ging unter die Dusche, um mich abzukühlen. Dann beschloß ich impulsiv, das Kleid für die Abschlußfeier anzuprobieren, über dem meine Mutter so viele Stunden bis in die Nacht hinein gesessen hatte.«*

»So ist es recht, Schuldgefühle, Schuldgefühle«, sagt Hilary voller Befriedigung. »Ich an ihrer Stelle würd die Mutter mit der Axt erschlagen.«

»Es war ein Traum aus Rosa –«

»Ein Traum aus Rosa – was?« sagt Tricia.

»Ein Traum aus Rosa, Punkt, und halt den Mund. *Ich sah mich im winzigen Schlafzimmer meiner Mutter in dem hohen Spiegel an. Das Kleid war genau richtig für mich. Es paßte vollkommen zu meinem reifen, aber schlanken Körper. Ich sah darin anders aus, älter, schön, wie ein Mädchen, das an jeden Luxus gewöhnt ist. Wie eine Prinzessin. Ich lächelte mich an. Ich war verwandelt.*

Ich hatte gerade die Haken am Rücken aufgemacht und wollte das Kleid ausziehen und wieder aufhängen, als ich auf der Treppe Schritte hörte. Zu spät erinnerte ich mich daran, daß ich vergessen hatte, die Tür von innen zuzuschließen, nachdem meine Mutter gegangen war. Ich lief schnell zur Tür, hielt mein Kleid hoch – es konnte ein Einbrecher sein, oder Schlimmeres! Aber es war Dirk.«

»Dirk oder Schmirk«, sagt Alex unter ihrem Handtuch hervor.

»Schlaf weiter«, sagt Liz.

Joanne liest jetzt leiser weiter, mit schleppender Stimme. *»›Dachte mir, ich komm mal rauf, um dir Gesellschaft zu leisten‹, sagte er mit seinem unverschämten Lächeln. ›Hab gesehen, wie deine Mom weg ist.‹ Er wußte, daß ich allein war! Ich wurde rot und zitterte. Das Blut klopfte mir in den Adern. Ich konnte nicht sprechen. Jeder Instinkt warnte mich vor ihm – jeder Instinkt, außer denen meines Körpers und meines Herzens.«*

»Was gibt's denn noch für welche?« sagt Sandy. »Es gibt doch keine geistigen Instinkte.«

»Willst du weiterlesen?« sagt Joanne. »Dann sei still. *Ich hielt die wallende rosa Spitze wie einen Schild vor mich hin. ›He, du siehst toll darin aus‹, sagte Dirk. Seine Stimme war rauh und zärtlich. ›Aber noch besser würdst du ohne aussehen.‹ Ich hatte Angst vor ihm. Seine Augen brannten vor Entschlossenheit. Er sah wie ein Tier aus, das sich an seine Beute heranpirscht.*«

»Ganz schön schwül«, sagt Hilary.

»Was für'n Tier?« sagt Sandy.

»Ein Wiesel«, sagt Stephanie.

»Ein Stinktier«, sagt Tricia.

»Pst«, sagt Liz.

»Ich wich vor ihm zurück«, liest Joanne. *»Noch nie hatte er mich so angesehen. Jetzt drückte er mich an die Wand und riß mich in seine Arme. Ich fühlte, wie das Kleid herunterrutschte ...«*

»Und das nach all der Näherei«, sagt Pat.

»... und seine Hand sich auf meine Brust legte, und sein harter Mund meinen suchte. Ich wußte, daß er nicht der richtige Mann für mich war, aber ich konnte ihm nicht länger widerstehen. Mein ganzer Körper schrie nach ihm.«

»Was sagte er denn?«

»Er sagte: He, Körper, hierher!«

»Pst.«

»Ich spürte, wie ich hochgehoben wurde. Er trug mich zu dem Sofa. Dann fühlte ich, wie sich sein harter, sehniger Körper der Länge nach an mich preßte. Schwach versuchte ich, seine Hände wegzustoßen, aber in Wirklichkeit wollte ich es gar nicht. Und dann – Punkt Punkt Punkt *waren wir EINS*, in Großbuchstaben, Ausrufungszeichen.«

Einen Augenblick lang ist es still. Dann lachen die Kellnerinnen. Ihr Lachen ist empört, ungläubig. *EINS*. Einfach so. Es mußte doch noch mehr daran sein.

»Das Kleid ist hin«, sagt Joanne mit ihrer normalen Stimme. »Jetzt kommt die Mutter nach Hause.«

»Nicht heute, heute kommt sie nicht mehr«, sagt Hilary forsch. »Wir haben nur noch zehn Minuten. Ich geh schwimmen, um das Öl abzukriegen.« Sie steht auf, streicht ihr honigblondes Haar nach hinten, streckt ihren gebräunten athletischen Körper und springt mit einem perfekten Kopfsprung vom Ende des Stegs.

»Wer hat die Seife?« sagt Stephanie.

Ronette hat während der Geschichte nichts gesagt. Wenn die anderen lachten, hat sie nur gelächelt. Jetzt lächelt sie auch. Es ist ein schiefes Lächeln, verwirrt, ein bißchen entschuldigend.

»Ja, aber«, sagte sie zu Joanne, »wieso ist das komisch?«

Mit gefalteten Händen und gebeugten Köpfen stehen die Kellnerinnen im Speisesaal an ihren Plätzen. Ihre königsblauen Uniformen reichen bis fast hinunter zu den Rändern ihrer weißen Söckchen, die mit weißen Mokassins oder schwarz-weißen Halbschuhen oder weißen Turnschuhen getragen werden. Über ihren Uniformen tragen sie einfache weiße Schürzen. Die rustikalen Schlafhütten aus Holz im Camp Adanaqui haben kein elektrisches Licht, und es gibt nur Außentoiletten. Die Jungen waschen ihre Sachen selbst, nicht einmal in Waschbecken, sondern im See; aber es gibt Kellnerinnen mit Uniformen und Schürzen. Das Leben in der Natur prägt den Charakter eines Jungen, aber nur bestimmte Arten von Naturleben.

Mr. B. spricht das Tischgebet. Ihm gehört das Lager, und im Winter ist er auch Lehrer ihres Internats St. Jude's. Er hat ein ledriges gutaussehendes Gesicht, mit dem grauen Haarschnitt eines Rechtsanwalts aus der Baystreet und den Augen eines Falken: er sieht alles, stößt aber nur manchmal zu. Heute trägt er einen weißen Tennispulli mit V-Ausschnitt. Er könnte sehr gut einen Gin und Tonic trinken, tut es aber nicht.

Hinter ihm an der Wand, über seinem Kopf, ist ein verwittertes Brett mit einem Motto in schwarzer Groteskschrift darauf: *Jung gewohnt, alt getan.* Mit einem Stück ausgebleichten Treibholzes an jedem Ende geschmückt, und darunter zwei gekreuzte Paddel und der riesige Kopf eines Hechts im Profil, mit offenem Maul, so daß seine nadelspitzen Zähne und sein eines Glasauge mit dem wilden starren Blick eines Wahnsinnigen zu sehen sind.

Links von Mr. B. ist das Fenster der Stirnseite, und dahinter liegt die Georgian Bay, blau wie das Vergessen, bis ins Unendliche reichend. Daraus ragen wie die Rücken von Walen, wie runde Knie, wie die Waden und Schenkel riesiger dahintreibender Frauen, mehrere Inseln aus rosa Felsgestein auf, das von Gletschern und schwappendem Wasser und endlosen Winden abgeschabt und abgerundet ist. An den Größeren klammern sich ein paar Kiefern mit ihren gewundenen Wurzeln fest. Durch dieses Archipel hindurch sind die Kellnerinnen von demselben klobigen Mahagonimotorboot, das auch die Post und die Lebensmittel und alles andere auf die Insel schafft, hierher gebracht worden, dreißig Kilometer vor der Küste. Es schafft heran und bringt fort. Aber die Kellnerinnen werden erst am Ende des Sommers wieder aufs Festland zurückgebracht: Für einen freien Tag ist es zu weit entfernt, und sie würden nie die Erlaubnis bekommen, über Nacht wegzubleiben. Und so sind sie die ganze Zeit hier. Außer Mrs. B. und Miss Fisk, die den Essensplan aufstellt, sind sie die einzigen Frauen auf der Insel. Aber die beiden sind alt und zählen nicht.

Es gibt neun Kellnerinnen. Es sind immer neun. Nur die Namen und Gesichter ändern sich, denkt Donny, der seit er acht ist, in dieses Camp kommt. Als er acht war, hat er sich nicht um die Kellnerinnen gekümmert, außer wenn er Heimweh hatte. Dann dachte er sich Entschuldigungen aus, um am

Küchenfenster vorbeizugehen, wenn sie das Geschirr abwuschen. Da waren sie, sicher geschürzt, sicher hinter Glas: neun Mütter. Jetzt sieht er sie nicht mehr als Mütter an.

An diesem Abend ist Ronette an seinem Tisch. Hinter halbgeschlossenen Augenlidern beobachtet Donny ihr schmales abgewandtes Gesicht. Er kann einen Ohrring sehen, einen kleinen goldenen Reifen. Er führt mitten durch ihr Ohrläppchen. Nur Italienerinnen und billige Mädchen haben durchbohrte Ohrläppchen, sagt seine Mutter. Es tat wahrscheinlich weh, wenn man ein Loch ins Ohr gemacht bekam. Es gehörte Mut dazu. Er überlegt, wie es wohl in Ronettes Zimmer aussieht, welche anderen billigen, faszinierenden Dinge sie noch dort hat. Bei jemandem wie Hilary braucht er nicht lange zu überlegen, weil er es schon kennt: die saubere Bettdecke, die Reihen Schuhe, den Kamm und die Bürste und die Maniküre auf dem Frisiertisch, wie Instrumente für eine Operation.

Hinter Ronettes gebeugtem Kopf ist die Haut einer Klapperschlange, einer großen, die an die Wand genagelt ist. Darauf muß man hier draußen achten: auf Klapperschlangen. Genauso auf Giftsumach, Gewitterstürme und Ertrinken. Letztes Jahr ist ein ganzes Kriegskanu voller Kinder ertrunken, aber die waren aus einem anderen Camp. Es war schon im Gespräch, daß alle weibische Schwimmwesten tragen müßten; die Mütter wollten es. Donny hätte gern eine eigene Klapperschlangenhaut, um sie über seinem Bett anzunageln; aber selbst wenn er die Schlange selber erlegte, sie mit den bloßen Händen erdrosselte, ihr den Kopf abbisse, würde man ihm nie erlauben, die Haut zu behalten.

Mr. B. beendet das Tischgebet und setzt sich, und die Camper fangen wieder mit ihrem sich dreimal täglich wiederholenden Ritual des Brotgrabschens, Mundvollstopfens, Tretens unter den Tischen, leisen Fluchens an. Ronette kommt mit einem Teller aus der Küche: Makkaroni und Käse. »So,

Jungs, jetzt kann's losgehen«, sagt sie mit ihrem gutmütigen schiefen Lächeln.

»Ergebensten Dank, mein Fräulein«, sagt Darce, der Student, der ihre Gruppe beaufsichtigt, mit seinem verlogenen Charme. Darce genießt den Ruf eines Frauenhelden. Donny weiß, daß er hinter Ronette her ist. Das macht ihn traurig. Er fühlt sich traurig und zu jung. Er würde gern ein Weilchen aus seinem Körper schlüpfen; er würde gern jemand anders sein.

Die Kellnerinnen waschen das Geschirr ab. Zwei zum Abkratzen der Teller, eine zum Abwaschen, eine zum Spülen in dem brühendheißen Spülausguß, drei zum Abtrocknen. Die andern beiden fegen den Fußboden und wischen die Tische ab. Später wird sich die Zahl der Abtrocknerinnen wegen ihrer freien Tage ändern – sie werden beschließen, ihre freien Tage zu zweit zu nehmen, damit sie Doppelverabredungen mit den Studenten treffen können –, aber heute sind alle da. Die Saison hat gerade erst begonnen, die Dinge sind noch in Bewegung, die Territorien noch nicht abgesteckt.

Während sie arbeiten, singen sie. Sie vermissen das Meer von Musik, in dem sie während des Winters dahintreiben. Pat und Liz haben ihre Kofferradios mitgebracht, obwohl man hier draußen nicht viel reinkriegt. Es ist zu weit von der Küste entfernt. Im Aufenthaltsraum der Aufseher gibt es einen Plattenspieler, aber die Platten sind veraltet. Patti Page, The Singing Rage. *How Much Is That Doggie In The Window. The Tennessee Waltz*. Wer tanzt schon noch Walzer?

»*Wake up, little Susie*«, trillert Sandy. In diesem Sommer sind die Everly Brothers beliebt; oder waren es, auf dem Festland, als sie abgefahren sind.

»*What 're you gonna tell your mama, what 're you gonna tell your pa*«, singen die andern. Joanne kann die Altstimme improvisieren, dadurch hört es sich nicht so schrill an.

Hilary, Stephanie und Alex singen nicht mit. Sie gehen auf eine Privatschule, nur Mädchen, und sind besser im Kanon, wie *»Fire's Burning«*, und *»White Coral Bells«*. Aber im Tennisspielen und Segeln, Dinge, die die anderen nicht können, sind sie gut.

Es ist merkwürdig, daß Hilary und die anderen beiden überhaupt hier sind und im Camp Adanaqui als Kellnerinnen arbeiten; sicher nicht, weil sie das Geld brauchen. (Nicht wie ich, denkt Joanne, die jeden Mittag den Posttisch heimsucht, um zu sehen, ob sie ihr Stipendium bekommen hat.) Sondern es ist auf Betreiben ihrer Mütter. Alex zufolge haben sich die drei Mütter zusammengetan und Mrs. B. auf einer Wohltätigkeitsveranstaltung überfallen und ihr so lange zugesetzt, bis sie die Mädchen kommen ließ. Natürlich ging Mrs. B. zu denselben Veranstaltungen und Partys wie die Mütter: sie haben sie gesehen, mit ihrer Sonnenbrille ins Haar geschoben, mit einem Drink in der Hand, wie sie auf der Veranda von Mr. B's weißem Haus auf dem Hügel, das ein ganzes Stück von dem Campgrundstück entfernt ist, Gäste empfing. Sie haben die Gäste in ihren fleckenlosen gebügelten Segelsachen gesehen. Sie haben das Lachen gehört, die Stimmen, rauh und beiläufig. *O Gott, erzähl mir bloß nichts.* Wie Hilary.

»Wir sind gekidnappt worden«, sagt Alex. »Sie fanden, daß es an der Zeit wär, ein paar Jungen kennenzulernen.«

Joanne kann das bei Alex verstehen, die mollig und unbeholfen ist, und bei Stephanie, die wie ein Junge gebaut ist und auch so geht; aber Hilary? Hilary ist klassisch. Hilary ist wie eine Shampoo-Werbung. Hilary ist vollkommen. Hinter ihr müßten sie eigentlich alle her sein, komischerweise ist das hier aber nicht so.

Ronette kratzt und läßt einen Teller fallen. »Mann«, sagt sie. »Wie kann man so tolpatschig sein.« Niemand schnauzt sie an oder neckt sie auch nur, wie sie es bei jeder anderen getan hätten. Sie ist bei ihnen beliebt, obwohl sich schwer sagen läßt, warum. Nicht nur, weil sie so unbekümmert ist: das ist Liz auch, das ist Pat auch. Sie hat irgendeinen geheimnisvollen Sonderstatus. Zum Beispiel hat jede andere einen Spitznamen: Hilary ist Hil, Stephanie ist Steph, Alex ist Al; Joanne ist Jo, Tricia ist Trish, Sandy ist San. Pat und Liz, die sich nicht noch weiter verkürzen lassen, sind zu Pet und Lizard geworden. Nur Ronette hat man die Würde ihres vollen, unwahrscheinlichen Namens zugestanden.

In mancher Hinsicht ist sie erwachsener als alle anderen. Aber nicht, weil sie mehr weiß. Sie weiß weniger, oft hat sie Mühe, sich in dem Wortschatz der anderen zurechtzufinden, vor allem im lässigen Slang des Trios von der Privatschule. »Das versteh ich nicht«, sagt sie, und den anderen macht es Spaß, es ihr zu erklären, als wäre sie eine Ausländerin, eine geschätzte Besucherin aus irgendeinem anderen Land. Sie geht ins Kino und sieht fern, wie alle anderen auch, aber sie hat nur selten eine Meinung zu dem, was sie gesehen hat. Sie sagt höchstens mal »Mist« oder »nicht schlecht«. Obwohl sie freundlich ist, hütet sie sich, Beifall in Worten auszudrücken. Ihr höchstes Kompliment ist »okay«. Wenn die anderen davon reden, was sie gelesen haben oder welche Kurse sie im nächsten Jahr am College belegen werden, ist sie still.

Aber sie weiß andere Dinge, verborgene Dinge. Geheimnisse. Und diese anderen Dinge sind älter, und in gewisser Hinsicht wichtiger. Fundamentaler. Hautnaher.

Jedenfalls denkt Joanne das, die die schlechte Angewohnheit hat, alles in Romanform zu bringen.

Hinter dem Fenster schlendern Darce und Perry vorbei, treiben eine Gruppe Camper zusammen. Joanne erkennt ein paar von ihnen: Donny, Monty. Es ist schwer, sich die Namen der Camper zu merken. Sie sind nichts als eine Horde kaum voneinander zu unterscheidender, meist schmutzstarrender Jungen, die dreimal täglich abgefüttert werden müssen, deren Krusten und Krümel und Rinden hinterher weggeputzt werden müssen. Die Aufseher nennen sie Schlampis.

Aber manche stechen heraus. Donny ist für sein Alter groß, nichts als Ellbogen und spitze Knie, mit riesigen tiefblauen Augen; selbst wenn er flucht – sie fluchen alle während der Mahlzeiten, verstohlen, aber doch laut genug, daß es die Kellnerinnen hören können –, dann ist es mehr wie eine Meditation, oder mehr wie eine Frage, als würde er die Wörter ausprobieren, sie kosten. Monty dagegen ist wie die Miniaturausgabe eines Fünfundvierzigjährigen: er hat hängende Schultern wie ein Geschäftsmann und schon einen richtigen Bauch. Er stolziert in einem pompösen prahlerischen Gang daher. Joanne findet ihn zu komisch.

Gerade jetzt trägt er einen Besen mit fünf Rollen Klopapier vorbei, die auf den Stiel gesteckt sind. Alle Jungen tun das: sie haben Lokusdienst, fegen die Klos, ersetzen das Papier. Joanne überlegt, was sie wohl mit den benutzten Monatsbinden in dem braunen Papierbeutel im Privatklo der Kellnerinnen tun. Sie kann sich die Bemerkungen vorstellen.

»Kompanie ... halt!« schreit Darce. Die Gruppe bleibt stolpernd vor dem Fenster stehen. »Präsentiert ... das Gewehr!« Die Besen werden hochgehoben, die Enden der Klopapierrollen flattern wie Fahnen im Wind. Die Mädchen lachen und winken.

Montys Gruß ist halbherzig: das hier ist weit unter seiner Würde. Er verleiht vielleicht sein Fernglas – diese Geschichte hat sich inzwischen im ganzen Camp herumgesprochen –, aber er hat kein Interesse, es selbst zu benutzen. Das hat er deutlich gemacht. *Nicht bei diesen Mädchen*, sagt er und läßt höhere Ansprüche durchblicken.

Darce macht die Parodie eines militärischen Grußes, dann marschiert er mit seinem Haufen weiter. Das Singen in der Küche ist verstummt, die Kellnerinnen haben jetzt ein Thema: die Jungen. Darce ist der beste, der am meisten bewunderte, der attraktivste. Er hat die weißesten Zähne, das hellste Haar, das anziehendste Grinsen, er ist sexy. Im Aufenthaltsraum der Aufseher, wo sie jeden Abend hingehen, wenn das Geschirr abgewaschen ist, wenn sie ihre blauen Uniformen ausgezogen haben und in ihre Jeans und Pullover geschlüpft sind, wenn die Camper für die Nacht in ihre Betten gesteckt sind, hat er abwechselnd mit jeder von ihnen geflirtet. Wen hat er nun also wirklich gegrüßt?

»Mich«, sagt Pat scherzend. »Ich wollt, es wär so.«

»Träum weiter«, sagt Liz.

»Es war Hil«, sagt Stephanie loyal. Aber Joanne weiß, daß das nicht stimmt. Aber ihr selbst hat es auch nicht gegolten. Es war Ronette. Das vermuten alle. Aber keine sagt es.

»Perry mag Jo«, sagt Sandy.

»Tut er nicht«, sagt Joanne. Sie hat verbreitet, daß sie schon einen Freund hat und daß sie daher nicht im Rennen ist. Es ist zur Hälfte wahr: sie hat einen Freund. Er hat diesen Sommer einen Job als Salatkoch auf dem Canadian National, der quer über den Kontinent hin und her fährt. Sie stellt ihn sich vor, wie er zwischen den Salatschichten hinten im Zug steht, auf dem Bremswagen, eine Zigarette rauchend, zusieht, wie das Land vorbeigleitet, hinter ihm zurückbleibt. Er schreibt ihr Briefe mit blauem Kugelschreiber, auf liniertem Papier. *Meine erste Nacht in der Prärie,* schreibt er. *Es ist prächtig – das weite Land und der Himmel. Die Sonnenuntergänge sind unglaublich.* Dann ist ein Strich quer über die Seite gezogen, und es kommt ein neues Datum, er erreicht die Rockies. Joanne nimmt es ihm ein bißchen übel, daß er so von Orten schwärmt, an denen sie nie gewesen ist. Es kommt ihr vor wie eine Art männliche Prahlerei: er ist ungebunden. Er schließt mit *Wünschte, Du wärst hier* und mehreren X und O. Das hört sich förmlich an, wie ein Brief an deine Mutter. Wie ein flüchtiger Kuß auf die Wange.

Sie hat den ersten Brief unter ihr Kopfkissen gelegt, ist aber mit blauen Schmierflecken sowohl im Gesicht als auch auf dem Kopfkissenbezug aufgewacht. Jetzt hebt sie die Briefe in ihrem Koffer unter dem Bett auf. Sie kann sich nur mit Mühe daran erinnern, wie er aussieht. Ein Bild huscht vorbei, sein Gesicht aus der Nähe, bei Nacht, auf dem Vordersitz im Wagen seines Vaters. Das Rascheln von Kleidern. Der Geruch von Rauch.

Miss Fisk kommt in die Küche marschiert. Sie ist klein, plump, nervös; sie trägt immer ein Haarnetz über ihrem grauen Knoten, ausgetretene Wollpantoffeln – sie hat irgendwas mit den Zehen – und eine ausgeblichene knielange blaue Strickjacke, egal wie heiß es ist. Sie betrachtet diesen Sommerjob als ihre Ferien. Gelegentlich sieht man sie in einem schlaff herunterhängenden Badeanzug und einer weißen Gummikappe mit hochgeklappten Ohrenklappen im Wasser. Sie macht sich nie den Kopf naß, weshalb sie also die Kappe trägt, weiß niemand.

»Na, Mädchen. Bald fertig?« Sie spricht die Kellnerinnen nie mit Namen an. Sie nennt sie *Mädchen*, und hinter ihrem Rücken *meine Mädchen*. Sie gibt ihnen die Schuld für alles, was schiefgeht. *Das muß eins von den Mädchen gewesen sein*. Außerdem dient sie als eine Art Anstandsdame: ihre Hütte liegt an dem Pfad zu denen der Mädchen, und sie hat Radarohren, wie eine Fledermaus.

So alt werd ich nie, denkt Joanne. *Ich werd sterben, bevor ich dreißig bin*. Das weiß sie mit absoluter Sicherheit. Es ist ein tragischer, aber befriedigender Gedanke. Wenn nötig, falls sie nicht von irgendeiner verzehrenden Krankheit dahingerafft wird, wird sie es selber tun, mit Pillen. Sie ist kein bißchen unglücklich, aber sie hat vor, es später zu werden. Das scheint eine Art Pflicht zu sein.

Dies ist kein Land für alte Männer, zitiert sie aus einem Gedicht, das sie behalten hat, obwohl es bei der Abschlußprüfung nicht vorkam. *Änder das in alte Frauen um.*

Als sie alle ihre Schlafanzüge anhaben, fertig fürs Bett, bietet sich Joanne an, ihnen die Wahre-Schund-Geschichte zu Ende vorzulesen. Aber sie sind alle zu müde, so daß sie sie, mit ihrer Taschenlampe, allein weiterliest, nachdem die einzige trübe Birne ausgegangen ist. Sie hat den Wunsch, immer alles zu Ende zu bringen. Manchmal fängt sie die Bücher hinten an.

Unnötig zu sagen, daß Marleen einen dicken Bauch kriegt und Dirk mit seinem Motorrad das Weite sucht, als er es erfährt. ›Ich bin nicht der seßhafte Typ, Baby. Mach's gut.‹ *Wruum.* Die Mutter kriegt praktisch einen Nervenzusammenbruch, weil sie den gleichen Fehler gemacht hat, als sie jung war, und sich ihre Chancen verdorben hat, man braucht sie sich nur anzusehen. Marleen weint und bereut und betet sogar. Aber zum Glück will der andere Schuhverkäufer, der langweilige, sie noch immer heiraten. Und das geschieht dann auch. Die Mutter verzeiht ihr, und Marleen selbst lernt den wahren Wert stiller Hingabe kennen. Vielleicht ist ihr Leben nicht gerade aufregend, aber es ist ein gutes Leben für die drei, in der Wohnwagenkolonie. Das Baby ist entzückend. Sie kaufen einen Hund. Es ist ein Irischer Setter, und er jagt in der Dämmerung hinter Stöcken her, während das Baby lacht. Und so endet diese Geschichte – mit dem Hund.

Joanne stopft das Heft nach unten zwischen ihr schmales kleines Bett und die Wand. Sie muß fast weinen. Sie wird niemals einen solchen Hund haben und auch kein Baby. Sie will sie nicht, und sowieso, wie sollte sie dazu Zeit haben, wenn sie daran denkt, was sie alles schaffen muß? Sie hat eine lange, wenn auch vage Liste von Dingen, die sie in ihrem Leben machen will. Trotzdem fühlt sie sich beraubt.

Zwischen zwei ovalen Hügeln aus rosafarbenem Granitgestein liegt ein kleiner halbmondförmiger Strand. Die Jungen, die ihre Badehosen anhaben (wie sie es bei Kanufahrten nie tun, sondern nur im Camp, wo sie von Mädchen gesehen werden könnten), waschen ihre Wäsche; bis zu den Knien im Wasser stehend, schrubben sie ihre nassen T-Shirts und Unterhosen mit gelben Stückchen Sunlichtseife. Das geschieht nur, wenn sie nichts mehr anzuziehen haben, oder wenn der Gestank der schmutzigen Socken in den Hütten zu durchdringend wird. Darce, der Aufseher, paßt auf. Er liegt ausgestreckt auf einem Felsblock, läßt die Sonne auf seinen schon braunen Körper scheinen und raucht. Es ist verboten, vor den Jungen zu rauchen, aber er weiß, daß ihn dieser Haufen nicht verraten wird. Um ganz sicherzugehen, sieht er sich vor, hält die Zigarette dicht am Boden und macht heimlich schnelle und kurze Züge.

Irgend etwas landet an Donnys Kopf. Es sind Richies nasse Unterhosen, zu einem Ball zusammengedrückt. Donny wirft sie zurück, und gleich darauf ist ein Unterhosenkrieg ausgebrochen. Monty weigert sich, mitzumachen, und so wird er zum allgemeinen Ziel. »Haut ab!« schreit er.

»Hört auf, ihr Hohlköpfe«, sagt Darce. Aber in Wirklichkeit achtet er gar nicht auf sie: er hat etwas anderes gesehen, das Aufblitzen einer blauen Uniform oben zwischen den Bäumen. Auf dieser Seite der Insel haben die Kellnerinnen eigentlich gar nichts zu suchen. Sie sollten auf ihrem eigenen Badesteg sein, ihre Nachmittagspause abhalten.

Darce steht oben zwischen den Bäumen, stützt sich mit

dem Arm an einen Baumstamm. Donny hört eine Unterhaltung; Gemurmel. Er weiß, daß es Ronette ist, er sieht es an ihrer Figur, an der Haarfarbe. Und hier ist er mit seinen Waschbrettrippen, seiner haarlosen Brust, und wirft mit Unterhosen durch die Gegend wie ein kleines Kind. Er ist wütend auf sich selbst.

Monty, der gegen die Überzahl keine Chance hat, seine Niederlage aber nicht eingestehen will, sagt, daß er mal verschwinden muß und geht in Richtung Klo. Inzwischen ist Darce nicht mehr zu sehen. Donny schnappt sich Montys Wäsche, die schon fertig gewaschen und ausgewrungen und schön ordentlich auf dem heißen Felsen zum Trocknen ausgebreitet ist. Er fängt an, sie nach oben in eine Kiefer zu werfen, ein Stück nach dem andern. Die andern machen begeistert mit. Als Monty zurückkommt, ist der Baum mit seinen Unterhosen geschmückt, während die anderen Jungen mit Unschuldsmiene ihre Wäsche ausspülen.

Sie sind zu viert auf einer der rosafarbenen Granitinseln: Joanne und Ronette, Perry und Darce. Es ist eine Doppelverabredung. Die beiden Kanus sind halb aus dem Wasser gezogen und an den obligatorischen Strauchkiefern festgebunden, das Feuer ist schon fast heruntergebrannt und erlischt zu glühender Asche. Der Himmel ist noch immer pfirsichfarben und erleuchtet, und der weiche reife saftige Mond geht auf, die Abendluft ist warm und süß, die Wellen schlagen sanft an die Felsen. Es ist die Sommerausgabe, denkt Joanne. *Entspannte Trägheit, Tips zum Braunwerden. Schiffsromanze.*

Joanne röstet ein Stück Marshmallow. Sie tut es auf eine besondere Art: Sie hält sie dicht an die Holzkohle, aber nicht so dicht, daß sie Feuer fängt, nur so dicht, daß sie sich wie ein Kissen aufbläht und sanft bräunt. Dann zieht sie die geröstete Haut herunter und ißt sie. Und dann röstet sie den weißen inneren Teil ganz genau so, und immer so weiter bis zum Kern. Sie leckt den klebrigen Sirup von den Fingern und starrt nachdenklich in das wechselhafte rote Glühen der Holzkohle. All das dient dazu, das, was wirklich vor sich geht, zu ignorieren oder so zu tun, als ignorierte sie es.

Es müßte eine Träne auf ihrer Wange sein, aufgemalt und starr. Darüber müßte eine Überschrift stehen: *Gebrochenes Herz*. Auf der ausgebreiteten Zeltplane direkt hinter ihr sitzt Perry, dessen Knie ihren Rücken berühren und der sauer ist, weil sie nicht mit ihm knutschen will. Hinter den Felsbrokken, außerhalb des trüben Lichtkreises des Feuers, sind Ronette und Darce. Es ist die dritte Juliwoche, und sie sind inzwischen ein Paar, das weiß jeder. Im Aufenthaltsraum trägt sie sein Sweatshirt mit der St. Jude's-Krone; sie lächelt jetzt häufiger und lacht sogar, wenn die andern Mädchen sie necken. Hilary beteiligt sich nicht an diesen Neckereien. Ronettes Gesicht scheint runder, gesünder, seine Ecken und Kanten sind wie mit der Hand geglättet. Sie ist nicht mehr so auf der Hut, nicht mehr so scheu. Sie sollte auch eine Überschrift haben, denkt Joanne. *War ich zu leicht zu haben?*

Aus der Dunkelheit ist ein Rascheln zu hören, leises Gemurmel, Atemgeräusche. Es ist wie am Samstagabend im Kino. Gruppenfummeln. Möglicherweise, denkt Joanne, stören sie eine Klapperschlange.

Perry legt ihr zaghaft eine Hand auf die Schulter. »Soll ich dir ein Marshmallow rösten?« sagt sie höflich zu ihm. Frostig. Dabei ist Perry kein Trostpreis. Er irritiert sie nur mit seiner sich schälenden sonnenverbrannten Haut und seinen bettelnden Spanielaugen. Ihr sogenannter richtiger Freund ist auch keine Hilfe, wie er auf seinen Eisenbahnschienen hin und zurück durch die Prärien saust, seine inzwischen selteneren tintigen Briefe schreibt, das Bild seines Gesichts ist fast völlig verwischt, als wäre es in Wasser aufgeweicht.

Und es ist auch nicht Darce, den sie will, nicht wirklich. Was sie will, ist etwas, das Ronette hat: die Kraft, sich selbst aufzugeben, rückhaltlos und ohne Erklärung. Es ist diese Sinnlichkeit, dieses Sichzurücklehnen. Wollüstige Gedankenlosigkeit. Alles, was Joanne tut, ist von Anführungszeichen umgeben.

»Marshmallows. Mann«, sagt Perry mit verdrossener, betrogener Stimme. Die ganze Paddelei, und wofür? Warum, zum Teufel, ist sie mitgekommen, wenn sie es nicht wollte?

Joanne hat ein schlechtes Gewissen, sie hat das Gefühl, sich schlecht zu benehmen. Würde es denn schaden, ihn zu küssen?

Ja, das würde es.

Donny und Monty machen eine Kanufahrt, irgendwo vor der undurchdringlichen Wildnis des Festlandes. Camp Adanaqui ist für seine Wanderfahrten bekannt. Fünf Tage lang sind sie und die anderen, insgesamt zwölf Jungen, durch einen See nach dem andern gepaddelt, haben die Ausrüstung und die Kanus über wellengeglättete Felsbrocken gezogen oder durch den Sumpf und den Gestank flacher Schlickteiche vor den Portagen, haben sich stöhnend mit dem Gepäck und den Kanus die Hügel raufgeschleppt, haben die Mücken von ihren Beinen geschlagen. Monty hat Blasen sowohl an den Händen als auch an den Füßen. Darüber ist Donny nicht allzu traurig. Er selbst hat einen eiternden Holzsplitter. Vielleicht kriegt er eine Blutvergiftung, fällt ins Delirium, bricht zusammen und stirbt auf einer Portage, zwischen den Felsen und den Tannennadeln. Das würde irgend jemandem recht geschehen. Irgend jemand mußte für die Schmerzen, die er erleidet, bezahlen.

Die Aufseher sind Darce und Perry. Tagsüber schwingen sie die Peitsche; nachts entspannen sie sich, mit dem Rücken an einen Felsblock oder Baum gelehnt, rauchen und beaufsichtigen die Jungen, die Feuer machen, das Wasser holen, das Essen kochen. Sie haben beide glatte dicke Muskeln, die sich unter der Bräune kräuseln, sie haben – inzwischen – beide stachlige Bärte. Wenn alle zusammen schwimmen gehen, wirft Donny verstohlene neidische Blicke auf das, was sich unter ihren Badehosen abzeichnet. Sie geben ihm das Gefühl, spindeldürr zu sein und kindisch in seinen Sehnsüchten.

Jetzt ist es Nacht. Perry und Darce sind noch auf, reden mit leisen Stimmen, stochern in der glühenden Asche des verlöschenden Feuers. Die Jungen sollten längst schlafen. Für den Fall, daß es regnet, gibt es Zelte, aber seit zwei Tagen hat niemand daran gedacht, sie aufzustellen. Der Geruch von Schmutz und Schweißfüßen und Holzrauch wird bei engen Quartieren zu stark; die Schlafsäcke sind überreif wie Käse. Es ist besser, draußen zu sein, in den Sack gerollt, für den Fall eines Schauers eine Plane neben sich, mit dem Kopf unter einem umgekippten Kanu.

Monty ist der einzige, der für das Zelt gestimmt hat. Die Mücken machen sich über ihn her; er sagt, er sei allergisch. Er haßt Kanufahrten und macht kein Geheimnis daraus. Wenn er älter ist, sagt er, und endlich an den Familienzaster rankommt, wird er Mr. B. den ganzen Laden abkaufen und ihn dichtmachen. »Generationen ungeborener Jungen werden es mir danken«, sagt er. »Sie werden mir ’nen Orden verleihen.« Manchmal kann ihn Donny fast leiden. Er macht überhaupt keinen Hehl daraus, daß er gern stinkreich wäre. Er ist kein bißchen scheinheilig, nicht wie manche von den anderen Millionärssprößlingen, die so tun, als wollten sie Wissenschaftler werden oder sonst irgendwas, womit sich nicht viel verdienen läßt.

Jetzt rückt Monty hin und her, kratzt sich seine Stiche. »He, Finley«, flüstert er.

»Schlaf jetzt«, sagt Donny.

»Ich wette, die haben 'nen Flachmann.«

»Was?«

»Ich wette, die trinken. Gestern hab ich's an Perrys Atem gerochen.«

»Na, und?« sagt Donny.

»Na, ja«, sagt Monty. »Das ist gegen die Regeln. Vielleicht können wir was aus ihnen rausholen.«

Das muß ihm Donny lassen. Er weiß genau, wie's gemacht wird. Zumindest könnten sie sich die Beute teilen.

Die beiden schieben sich aus den Schlafsäcken und schlagen leise einen Kreis um das Feuer. Sie haben Übung darin, den Kellnerinnen nachzuspionieren, und das kommt ihnen zugute. Sie ducken sich hinter eine buschige Fichte, halten nach gehobenen Ellbogen oder den Umrissen von Flaschen Ausschau, spitzen die Ohren. Aber was sie hören, hat mit Schnaps nichts zu tun. Es geht um Ronette. Darce redet von ihr, als wäre sie ein Stück Fleisch. Nach dem, was er sagt, läßt sie ihn alles machen, was er will. »Sommerwurst«, nennt er sie. Das ist ein Wort, das Donny noch nie gehört hat, und normalerweise würde er es lustig finden.

Monty kichert unter angehaltenem Atem und stößt Donny den Ellbogen in die Rippen. Weiß er, wie weh es tut, will er es noch unterstreichen? *Donny liebt Ronette.* Die größte Beleidigung in der sechsten Klasse, wenn man beschuldigt wird, jemanden zu lieben. Donny hat das Gefühl, als wäre er es, den man mit den Worten beschmutzt, als wäre es sein Gesicht, das darin gerieben wird. Er weiß, daß Monty alles, was sie hören, den anderen Jungen weitererzählen wird. Er wird sagen, daß Darce Ronette besprungen hat. Jetzt verabscheut Donny dieses Wort, die Vorstellung von schwankenden stöhnenden Tierleibern, die sich damit verbindet, auch wenn er es gestern noch selbst benutzt und komisch gefunden hat.

Er kann schlecht aus den Büschen stürzen und Darce eins auf die Nase hauen. Er würde sich nicht nur lächerlich machen, Darce würde ihn plattwalzen.

Er tut das einzige, was ihm einfällt. Am nächsten Morgen, als sie das Lager abbrechen, schnappt er sich Montys Fernglas und versenkt es im See.

Monty ahnt es und beschuldigt ihn. Irgendeine Art Stolz hält Donny davon ab, es zu leugnen. Und genausowenig kann er sagen, warum er es getan hat. Als sie zur Insel zurückkommen, findet im Speisesaal eine unerfreuliche Unterhaltung mit Mr. B. statt. Oder eigentlich keine Unterhaltung: Mr. B. redet, Donny schweigt. Er sieht nicht Mr. B. an, sondern den Hechtkopf an der Wand mit seinem voyeuristischen Glotzauge.

Beim nächsten Mal, als das Mahagonimotorboot ablegt, um in die Stadt zu fahren, ist Donny mit von der Partie. Seine Eltern sind nicht erfreut.

Es ist das Ende des Sommers. Die Camper sind schon fort, nur einige der Aufseher und die Kellnerinnen sind noch da. Morgen werden sie zu dem großen Anlegesteg gehen, in das niedrige Boot steigen, zwischen den rosafarbenen Inseln hindurchfahren, auf den Winter zusteuern.

Es ist Joannes halber freier Tag, so daß sie nicht im Speisesaal ist und mit den andern das Geschirr abwäscht. Sie ist in der Hütte, packt ihre Sachen. Ihr Kleidersack ist schon fertig, lehnt wie eine riesige Leinenwurst an ihrem Bett; jetzt packt sie ihren kleinen Koffer. Den Scheck für ihre Arbeit hat sie schon hineingesteckt: 200 Dollar, das ist eine Menge Geld.

Ronette kommt in die Hütte, noch in Uniform, zieht die Tür leise hinter sich zu. Sie setzt sich auf Joannes Bett und zündet sich eine Zigarette an. Joanne steht mit ihrem zusammengelegten Flanellpyjama aufmerksam da: irgend etwas ist passiert. In letzter Zeit ist Ronette wieder zu ihrem früheren wortkargen Selbst zurückgekehrt; sie lächelt nur noch selten. Bei den Abenden im Aufenthaltsraum ist Darce aufs Spielfeld zurückgekehrt. Er ist um Hilary herumgeschwänzelt, die – mit Rücksicht auf Ronette – so getan hat, als merkte sie nichts. Vielleicht wird Joanne gleich erfahren, wie es zu dem großen Bruch gekommen ist. Bis jetzt hat Ronette noch nichts gesagt.

Ronette sieht durch ihre langen gelben Fransen zu Joanne auf. Wenn sie so nach oben blickt, wirkt sie trotz des roten Lippenstifts jünger.

»Ich bin in Schwierigkeiten«, sagt sie.

»Was für Schwierigkeiten?« sagt Joanne. Ronette lächelt traurig, bläst den Rauch aus. Jetzt sieht sie alt aus. »Du weißt schon. Schwierigkeiten.«

»Oh«, sagt Joanne. Sie setzt sich neben Ronette, drückt den Flanellpyjama fest in die Arme. Ihr ist kalt. Es muß Darce sein. *In dieser sinnlichen Musik gefangen.* Jetzt wird er sie heiraten müssen. Oder so was. »Was wirst du tun?«

»Ich weiß nicht«, sagt Ronette. »Sag es niemandem, nein? Sag es den anderen nicht.«

»Willst du's *ihm* denn nicht sagen?« sagt Joanne. Sie selbst kann sich nicht vorstellen, es zu tun. Sie kann sich das alles sowieso nicht vorstellen.

»Wem sagen?« sagt Ronette.

»Darce.«

Ronette stößt weiter den Rauch aus. »Darce«, sagt sie. »Der Clown. Es ist nicht von *ihm*.«

Joanne ist verblüfft und erleichtert. Aber auch ärgerlich auf sich: Was ist ihr entgangen, was hat sie versäumt? »Nicht? Von wem dann?«

Aber Ronette hat es sich anscheinend wieder anders überlegt. »Ich weiß, und du mußt raten«, sagt sie wie in dem Kinderspiel und versucht zu lachen.

»Na schön«, sagt Joanne. Ihre Hände sind feucht, als wäre sie es, die in Schwierigkeiten ist. Sie möchte gern helfen, hat aber keine Ahnung, wie. »Vielleicht könntest du, ach, ich weiß nicht.« Sie weiß es nicht. Eine Abtreibung? Das ist ein dunkles und geheimnisvolles Wort, das mit den Staaten zu tun hat. Man muß weggehen. Es kostet eine Menge Geld. Ein Heim für ledige Mütter, gefolgt von einer Adoption? Verlustgefühle überschwemmen sie. Sie sieht Ronette vor sich, bis zur Unkenntlichkeit aufgebläht, als wäre sie ertrunken – ein Opfer, in ihrem eigenen Körper gefangen, ihm dargeboten. Gewissermaßen verstümmelt, entehrt. Unfrei. Er ist irgendwie nonnenartig, dieser Zustand. Sie verspürt Ehrfurcht. »Ich schätze, du könntest es auf die eine oder andere Art loswerden«, sagt sie; was aber ganz und gar nicht das ist, was sie fühlt. *Was immer gezeugt ward, wird geboren, stirbt.*

»Machst du Witze?« sagt Ronette fast mit Verachtung. »Mann, ich doch nicht.« Sie wirft ihre Zigarette auf den Boden, tritt sie mit dem Absatz aus. »Ich behalt es. Keine Sorge, meine Mom wird mir helfen.«

»Ja«, sagt Joanne. Sie hat jetzt wieder Atem geschöpft; sie fragt sich, warum Ronette das wohl bei ihr ablädt, vor allem, da sie ja nicht bereit ist, alles zu erzählen. Sie fühlt sich betrogen, ausgenutzt. Wer ist es also, welcher von den Jungen? Sie geht die Gesichter der Aufseher durch, versucht sich an Hinweise zu erinnern, an Spuren von Schuld, findet aber keine.

»Jedenfalls«, sagt Ronette, »muß ich wenigstens nicht wieder in die Schule. Danket dem Herrn auch für kleine Gaben, wie man so sagt.«

Joanne hört gespielte Tapferkeit und Verlassenheit. Sie streckt die Hand aus, drückt Ronettes Arm. »Viel Glück«, sagt sie. Es hört sich an wie etwas, das man vor einem Wettlauf oder einem Examen sagen würde, oder vor einem Krieg. Es hört sich dumm an.

Ronette grinst. An der Seite ist die Zahnlücke zu sehen. »Dir auch«, sagt sie.

Elf Jahre später geht Donny in der sommerlichen Hitze die Yorkville Avenue in Toronto hinunter. Er ist jetzt nicht mehr Donny. An irgendeinem Punkt, an den selbst er sich nicht mehr genau erinnern kann, ist er zu Don geworden. Er trägt Sandalen und ein weißes Indianerhemd über seinen abgeschnittenen Jeans. Er hat ziemlich lange Haare und einen Bart. Der Bart hat sich als gelb herausgestellt, während die Haare braun sind. Ihm gefällt die Wirkung: Jesus oder Hollywood-Wikinger, je nachdem, wie er gelaunt ist. Um den Hals trägt er eine Kette aus Holzperlen.

So zieht er sich samstags an, um nach Yorkville zu fahren; um dort hinzugehen und nur so herumzuhängen, mit dem Haufen anderer, die dasselbe tun. Manchmal wird er *high* von dem Pot, der so offen herumgereicht wird wie früher Zigaretten. Er findet, daß ihm diese Erfahrung mehr bringen müßte, als sie es in Wirklichkeit tut.

Für den Rest der Woche hat er einen Job in der Anwaltskanzlei seines Vaters. Dort geht sein Bart gerade noch durch, wenn er ihn mit einem Anzug ausgleicht. (Aber selbst die älteren Knaben dort lassen sich jetzt Koteletten wachsen und tragen bunte Hemden und verwenden häufiger als früher Wörter wie »kreativ«.) Den Leuten, die er in Yorkville trifft, erzählt er nichts von seinem Job, genausowenig wie er in der Anwaltskanzlei etwas von den Acid-Trips seiner Freunde erzählt. Er führt ein Doppelleben. Es fühlt sich gewagt an, und mutig.

Plötzlich sieht er Joanne auf der anderen Straßenseite. Er hat schon lange nicht mehr auch nur an sie gedacht, aber sie ist es. Sie trägt nicht die matten Farben oder weiten fließenden Gewänder der Yorkville-Mädchen, sondern einen flotten, geschäftsmäßigen weißen Minirock mit dazu passender Kostümjacke. Sie schwingt eine Aktentasche, geht mit großen Schritten, als habe sie etwas vor. Das macht sie auffällig: hier wird als Gang nur ein Schlendern akzeptiert.

Donny überlegt, ob er über die Straße laufen, sie aufhalten soll, vor ihr aufdecken soll, was er für seine wahre, aber geheime Identität hält. Jetzt sieht er nur noch ihren Rücken. Gleich wird sie verschwunden sein.

»Joanne«, ruft er. Sie hört ihn nicht. Er schlängelt sich zwischen den Autos hindurch, holt sie ein, berührt sie am Ellbogen. »Don Finley«, sagt er. Ihm ist bewußt, daß er dasteht und grinst wie ein Narr. Zu seinem Glück und auch ein bißchen zu seiner Enttäuschung erkennt sie ihn sofort.

»Donny!« sagt sie. »Mein Gott, bist du groß geworden!«

»Ich bin größer als du«, sagt er wie ein Kind, wie ein Idiot.

»Das warst du damals schon«, sagt sie lächelnd. »Ich meine, du bist erwachsen geworden.«

»Du auch«, sagt Donny, und dann lachen sie beide, fast wie von gleich zu gleich. Drei Jahre, vier Jahre Unterschied. Damals war das viel. Jetzt ist es nichts.

Also, Donny ist nun nicht mehr Donny, denkt Joanne. Das muß bedeuten, daß Richie jetzt Richard ist. Und was Monty betrifft, der ist jetzt zu Initialen geworden, zu einem Millionär. Zugegeben, einen Teil davon hat er geerbt, aber er hat es auch gut genutzt; Joanne hat sich hin und wieder in den Wirtschaftsblättern über seine Taten informiert. Und vor drei Jahren hat er Hilary geheiratet. Stell dir das vor. Auch das hat sie aus der Zeitung.

Sie gehen auf einen Kaffee und sitzen an einem der gewagten neuen Tische im Freien, unter einem bunt bemalten Holzpapagei, und trinken ihn. Es herrscht eine Intimität zwischen ihnen, als wären sie alte Freunde. Donny fragt Joanne, was sie macht. »Ich schlag mich so durch«, sagt sie. »Ich arbeite freiberuflich.« Im Augenblick schreibt sie Werbeanzeigen. Ihr Gesicht ist dünner, sie hat ihre jugendliche Rundlichkeit verloren; ihr früher nichtssagendes Haar hat jetzt einen modischen pilzförmigen Schnitt. Auch die Beine sind nicht übel. Um einen Mini zu tragen, braucht man gute Beine. So viele Frauen sehen darin plump aus, Schinken in Kleidern, aus denen unten die Beine rausgucken wie zwei Laib Weißbrot. Joannes Beine sind unter dem Tisch verborgen, aber Donny stellt fest, daß seine Gedanken länger bei ihnen verweilen, als sie es je getan haben, als sie deutlich und bis oben hin zu sehen waren, auf dem Steg der Kellnerinnen. Damals ist er über diese Beine hinweggegangen, ist insgesamt über Joanne hinweggegangen. Seine Aufmerksamkeit hat einzig Ronette gegolten. Inzwischen ist er schon etwas mehr von einem Kenner.

»Wir haben euch nachspioniert«, sagt er. »Wir haben euch beobachtet, als ihr nackt gebadet habt.« In Wirklichkeit hatten sie nie besonders viel gesehen. Die Mädchen hatten ihre Handtücher immer bis zum letzten Augenblick um ihre Körper geschlungen, und dann dämmerte es ja auch schon. Sie bekamen höchstens einmal ein weißes Aufblitzen zu sehen, dann kam ein Aufschrei und das Aufklatschen auf dem Wasser. Schamhaare, das wäre das größte gewesen. Manche Jungen behaupteten, etwas gesichtet zu haben, aber Donny hatte immer das Gefühl, daß sie logen. Oder war es nur Neid?

»Tatsächlich?« sagte Joanne abwesend. Und dann: »Ich weiß, wir haben immer gesehen, wie sich die Büsche bewegten. Wir fanden es niedlich.«

Donny merkt, wie er rot wird. Er ist froh, daß er den Bart hat; der verbirgt manches. »Es war nicht niedlich«, sagt er.

»Eigentlich waren wir ziemlich gemein.« Er erinnert sich noch an das Wort *bespringen.* »Siehst du die andern manchmal?«

»Jetzt nicht mehr«, sagt Joanne. »Ein paar von ihnen hab ich an der Uni getroffen. Hilary und Alex. Pat manchmal.«

»Und Ronette?« fragt er, denn es ist das einzige, was er wirklich fragen möchte.

»Mit Darce hab ich mich früher öfter getroffen«, sagt Joanne, als hätte sie ihn nicht gehört.

Früher öfter getroffen ist eine Übertreibung. Sie hat ihn einmal getroffen.

Es war im Winter, Februar. Er rief sie in ihrem Büro bei *The Varsity* an. So hatte er erfahren, wo er sie finden würde: er hatte ihren Namen in der Campus-Zeitung gelesen. Zu der Zeit erinnerte sich Joanne kaum noch an ihn. Seit dem Sommer, in dem sie Kellnerin gewesen war, waren schon drei Jahre vergangen, Lichtjahre. Der Salatchef von der Eisenbahn war längst Vergangenheit; und jemand nicht so Unschuldiges hatte ihn ersetzt. Sie trug jetzt keine weißen Mokassins mehr, sang keine Lieder mehr. Sie trug Rollkragenpullis und trank Bier und eine Menge Kaffee, und sie schrieb zynische Enthüllungsgeschichten über solche Dinge wie die Küche der Universitätsmensa. Aber den Vorsatz, jung zu sterben, hatte sie aufgegeben. Das kam ihr jetzt übertrieben romantisch vor.

Darce wollte mit ihr ausgehen. Genau gesagt wollte er, daß sie mit ihm auf eine Verbindungsparty ging. Joanne war darüber so verblüfft, daß sie zusagte, obwohl Verbindungen unter den Leuten, mit denen sie jetzt verkehrte, politisch einen sehr schlechten Ruf hatten. Es war etwas, das sie heimlich tun mußte, und das tat sie auch. Aber sie mußte sich dazu von ihrer Zimmergenossin ein Kleid ausleihen. Sie hatte sich schon seit der High-School nicht mehr dazu herabgelassen, auf eine Party zu gehen, bei der man sich so förmlich anziehen mußte.

Sie hatte Darce zuletzt mit sonnengebleichtem Haar und tiefgebräunter schimmernder Haut gesehen. Jetzt, in seiner Winterhaut, sah er blaß und unterernährt aus. Außerdem flirtete er nicht mehr mit jeder. Er flirtete nicht einmal mit Joanne. Statt dessen stellte er sie einigen anderen Paaren vor, tanzte mit ihr ein paarmal ziemlich mechanisch und fing an, sich mit einer Mischung aus Traubensaft und klarem Alkohol, die die Verbindungsbrüder Purple Jesus nannten, nach und nach zu betrinken. Er sagte ihr, daß er über sechs Monate lang mit Hilary verlobt gewesen sei, daß sie ihn dann aber einfach sitzengelassen habe. Sie hatte ihm nicht einmal gesagt, warum. Er sagte, er habe Joanne gebeten, mit ihm auszugehen, weil sie zu den Mädchen gehörte, mit denen man reden konnte, er wußte, daß sie ihn verstehen würde. Danach erbrach er jede Menge Purple Jesus, zuerst über ihr Kleid, und dann – nachdem sie ihn nach draußen auf die Veranda geführt hatte – auf eine Schneewehe. Die Farbenzusammenstellung war erstaunlich.

Joanne bekam etwas Kaffee in ihn hinein und trampte in ihr Wohnheim, wo sie über die vereiste Feuerleiter klettern und durch das Fenster einsteigen mußte, weil die Tür zu so später Stunde schon abgeschlossen war.

Joanne war gekränkt. Sie war für ihn nur ein großes Schlappohr gewesen. Außerdem war sie verärgert. Das Kleid, das sie sich ausgeliehen hatte, war hellblau, und der Purple Jesus ging nicht mit einfachem Wasser raus. Darce rief am nächsten Tag an, um sich zu entschuldigen – wenigstens brachte man ihnen in St. Jude's einigermaßen Manieren bei –, und Joanne schickte ihm die Rechnung von der Reinigung.

Während sie tanzten und bevor er zu nuscheln und zu

schwanken begann, hatte sie gesagt: »Hast du mal was von Ronette gehört?« Sie hatte noch immer die Angewohnheit, alles in Erzählungen zu verwandeln, sie wollte noch immer wissen, wie die Geschichten ausgingen. Aber er hatte sie völlig verwundert angesehen.

»Von wem?« sagte er. Es war keine Überheblichkeit, er erinnerte sich wirklich nicht. Sie fand diese Lücke in seinem Gedächtnis schrecklich. Sie selbst konnte vielleicht einen Namen vergessen, sogar ein Gesicht. Aber einen Körper? Ein Körper, der dem eigenen so nah gewesen war, der dieses Gemurmel, dieses Rascheln in der Dunkelheit, diesen sehnsüchtigen Schmerz erzeugt hatte – das war eine Beleidigung aller Körper, einschließlich ihres eigenen.

Nach dem Gespräch mit Mr. B. und dem ausgestopften Hechtkopf geht Donny zu dem kleinen Strand hinunter, wo sie ihre Wäsche waschen. Die anderen aus seiner Hütte sind zum Segeln gegangen, aber er ist jetzt befreit von der Lagerroutine, er ist entlassen worden. Eine unehrenhafte Entlassung. Nach sieben Sommern unter Befehl kann er jetzt tun, was er will. Er hat keine Ahnung, was das sein könnte.

Er sitzt auf einem Buckel aus rosafarbenem Gestein, die Füße im Sand. Eine Eidechse läuft über den Felsen, dicht bei seiner Hand, nicht schnell. Sie hat ihn noch nicht entdeckt. Ihr Schwanz ist blau und geht ab, wenn er gepackt wird. Sie heißen Skinks. Früher hätte er sich über sein Wissen gefreut. Die Wellen schlagen an den Strand, ziehen sich wieder zurück, der vertraute Herzschlag. Er macht die Augen zu und hört nur eine Maschine. Vielleicht ist er sehr wütend, oder traurig. Er weiß es nicht.

Plötzlich ist Ronette da. Sie muß nach ihm den Pfad zwischen den Bäumen heruntergekommen sein. Sie hat ihre Uniform an, obwohl noch gar keine Essenszeit ist. Es ist erst später Nachmittag, die Zeit, um die die Kellnerinnen gewöhnlich ihren Steg verlassen, um sich umziehen zu gehen.

Ronette setzt sich neben ihn, holt aus einer verborgenen Tasche unter ihrer Schürze Zigaretten hervor. »Möchtest du eine?« sagt sie.

Donny nimmt eine und sagt: »Vielen Dank.« Nicht wortlos wie die Lederjackenmänner in Filmen, sondern »Vielen Dank«, wie ein braver Junge vom St. Jude's-Internat, wie ein Idiot. Er läßt sich von ihr Feuer geben. Was bleibt ihm anderes übrig? Sie hat die Streichhölzer. Vorsichtig zieht er den Rauch ein. Eigentlich raucht er nicht viel und hat Angst, daß er husten muß.

»Ich hab gehört, daß sie dich rausgeschmissen haben«, sagt Ronette. »Das ist echt hart.«

»Macht nichts«, sagt Donny. »Ist mir egal.« Er kann ihr nicht sagen, warum, und wie edel er gewesen ist. Er hofft, daß er nicht weinen wird.

»Ich hab gehört, du hast Montys Fernglas weggeworfen«, sagt sie. »In den See.«

Donny kann nur nicken. Er wirft ihr einen schnellen Blick zu. Sie lächelt; er sieht die herzzerreißende Lücke in ihrem Mund, den fehlenden Zahn. Sie findet ihn komisch.

»Also, ich kann dich verstehen«, sagt sie. »Er ist 'n mieser Typ.«

»Es war nicht seinetwegen«, sagt Donny, der plötzlich das Bedürfnis hat, zu beichten oder ernst genommen zu werden. »Es war wegen Darce.« Er dreht sich um und sieht ihr zum ersten Mal direkt in die Augen. Sie sind so grün. Jetzt zittern ihm die Hände. Er läßt die Zigarette in den Sand fallen. Sie werden die Kippe morgen finden, wenn er weg ist. Wenn er weg ist und Ronette verlassen hat, sie den Worten anderer Leute preisgegeben hat. »Es war deinetwegen. Was sie über dich gesagt haben. Was Darce gesagt hat.«

Ronette lächelt jetzt nicht mehr. »Zum Beispiel?« sagt sie.

»Ist doch egal«, sagt Donny. »Wozu willst du das wissen.«

»Ich weiß es auch so«, sagt Ronette. »Der Scheißkerl.« Sie klingt eher resigniert als wütend. Sie steht auf, legt beide Hände auf den Rücken. Donny braucht eine Weile, bis er merkt, daß sie ihre Schürze aufmacht. Als sie sie abgenommen hat, nimmt sie seine Hand, zieht ihn sanft mit. Er läßt zu, daß sie ihn um den Felshügel führt, so daß sie von niemandem gesehen werden, außer vom Wasser. Sie setzt sich hin, legt sich hin, lächelt, während sie nach oben greift, seine Hände führt. Ihre blaue Uniform ist vorn zum Aufknöpfen. Donny kann nicht glauben, daß dies geschieht, ihm geschieht, bei hellem Tageslicht. Es ist wie Schlafwandeln, es ist, als würde man zu schnell laufen, es ist wie nichts sonst.

»Noch einen Kaffee?« sagt Joanne. Sie nickt der Kellnerin zu. Donny hat sie nicht gehört.

»Sie war wirklich nett zu mir«, sagt er. »Ronette. Weißt du, als Mr. B. mich rausgeschmissen hat. Das hat mir damals viel bedeutet.« Er hat ein schlechtes Gewissen, weil er ihr nie geschrieben hat. Er wußte nicht, wo sie wohnte, aber er hat auch nichts unternommen, um es herauszufinden. Und außerdem konnte er sich nicht davon abhalten zu denken: *Sie haben recht. Sie ist eine Schlampe.* Ein Teil von ihm war zutiefst schockiert gewesen von dem, was sie getan hatte. Er war dafür noch nicht bereit gewesen.

Joanne sieht ihn mit leicht geöffnetem Mund an, als wäre er ein sprechender Hund, ein sprechender Stein. Er zupft nervös an seinem Bart, überlegt, ob er etwas Falsches gesagt oder etwas verraten hat.

Joanne hat gerade das Ende der Geschichte gesehen, oder ein Ende von einer Geschichte. Oder zumindest ein fehlendes

Stück. Also deshalb hatte Ronette es nicht gesagt: Es war Donny. Sie hatte ihn geschützt; oder vielleicht hatte sie sich selbst geschützt. Ein vierzehnjähriger Junge. Absurd.

Damals absurd, heute möglich. Man kann heute alles tun, niemand ist schockiert. Nur ein Achselzucken. Alles ist *cool.* Man hat einen Strich gezogen, und auf der anderen Seite ist die Vergangenheit, dunkler und zugleich von größerer Intensität als die Gegenwart.

Sie blickt über den Strich und sieht die neun Kellnerinnen in ihren Badeanzügen, im klaren gleißenden Sonnenlicht, auf dem Badesteg, lachend, und sie selbst ist auch dabei; und etwas weiter weg, in den schattigen raschelnden Büschen am Ufer, gefährlich lauernder Sex. Damals war er gefährlich gewesen. Er war eine Sünde gewesen. Verboten, heimlich, beschmutzend. *Krank vor Verlangen.* Die drei Punkte in den Büchern hatten es völlig richtig ausgedrückt, denn gewöhnliche Worte hatte es dafür nicht gegeben.

Andererseits hatte es die Heirat gegeben, und das bedeutete: karierte Hausfrauenschürzen, Laufställe, eine zuckrige Sicherheit.

Aber alles ist ganz anders gekommen. Der Sex wurde domestiziert, seines Geheimnisses beraubt, der Kategorie des Selbstverständlichen zugeordnet. Man tut es eben, es ist wie Hockeyspielen. Heute wär Enthaltsamkeit der Skandal.

Und was ist schließlich aus Ronette geworden, die im Helldunkel der Vergangenheit zurückgelassen worden ist, im gefleckten Licht, eine Schlampe und eine Heilige, an der die Adjektive anderer Leute haftenblieben? Was tut sie, jetzt da alle in ihre Fußstapfen treten? Oder konkreter gefragt: Hat sie das Baby bekommen, oder nicht? Hat sie es behalten, oder nicht? Donny, der ihr so nett gegenübersitzt, ist aller Wahrscheinlichkeit nach der Vater eines zehnjährigen Kindes, und er weiß überhaupt nichts davon.

Soll sie es ihm sagen? Das Melodram ist eine Versuchung, die Idee einer Enthüllung, einer Sensation, eines geordneten Endes.

Aber es würde kein Ende sein, es würde nur der Beginn von etwas anderem sein. Auf jeden Fall kommt ihr die Geschichte selbst veraltet vor. Es ist eine archaische Geschichte, ein Volksmärchen, ein altes Mosaik. Es ist eine Geschichte, die heute niemals passieren könnte.

Haarball

Am 13. November, dem Tag des Unheils, im Monat der Toten, ging Kat in das Toronto General Hospital, um sich operieren zu lassen. Es war wegen einer Eierstockzyste, einer großen. Viele Frauen hatten sie, sagte der Doktor. Niemand wußte warum. Man konnte auch nicht sagen, ob das Ding bösartig war, ob es bereits Keime des Todes in sich trug. Man mußte reingehen und es herausholen. Der Arzt sprach vom »Reingehen«, so wie sie Kriegsveteranen in Fernseh-Dokumentarsendungen von ihren Angriffen auf feindliches Territorium hatte sprechen hören. Mit derselben Anspannung des Kiefermuskels, demselben Zähneknirschen, demselben grimmigen Vergnügen. Nur, daß er in ihren Körper »reingehen« würde. Während sie zählte, auf die Betäubung wartete, knirschte auch Kat wild mit den Zähnen. Sie hatte entsetzliche Angst, aber sie war auch neugierig. Neugier hatte sie schon durch allerlei hindurchgebracht.

Kat nahm dem Chirurgen das Versprechen ab, das Ding für sie aufzuheben, damit sie es sich ansehen konnte. Sie war an ihrem Körper außerordentlich interessiert, daran, was er zu tun oder zu produzieren beschloß; als allerdings Dania, die bei dem Magazin das Layout machte, ihr sagte, dies sei eine Botschaft ihres Körpers an sie, und sie solle mit einem Amethysten unter dem Kopfkissen schlafen, um ihre Vibrationen zu dämpfen, sagte ihr Kat, sie solle die Klappe halten.

Die Zyste erwies sich als gutartiger Tumor. Kat gefiel die Verwendung von *gutartig*, als ob das Ding eine Seele hätte und ihr wohlgesonnen wäre. Es war so groß wie eine Grapefruit, sagte der Doktor. »Groß wie eine Kokosnuß«, sagte Kat. Andere Leute hatten Grapefruits. »Kokosnuß« war besser. Es drückte das Harte des Dings aus und auch das Haarige.

Das Haar in ihm war rot – lange Strähnen, die in ihm aufgewickelt waren, wie ein nasses Wollknäuel, das Amok gelaufen war, oder wie das Zeug, das man aus dem Badewannenabfluß zog. Kleine Knochen waren auch darin, oder Knochenfragmente; Vogelknochen, die Knochen eines von einem Auto zerquetschten Sperlings. Es gab auch sowas wie Finger- oder Fußnägel. Und fünf perfekt geformte Zähnchen.

»Ist das unnormal?« fragte Kat den Doktor. Er lächelte. Jetzt da er reingegangen und ohne Schramme wieder herausgekommen war, wirkte er entspannter.

»Unnormal? Nein«, sagte er abwägend, als bringe er einer Mutter die Nachricht, daß mit ihrem Neugeborenen nicht alles ganz richtig sei. »Sagen wir, es ist recht gewöhnlich.« Kat war enttäuscht. Sie hätte lieber etwas Einzigartiges gehabt.

Sie bat um eine Flasche mit Formaldehyd und legte den aufgeschnittenen Tumor hinein. Er gehörte ihr, er war gutartig, er hatte es nicht verdient, weggeworfen zu werden. Sie nahm ihn in ihre Wohnung mit und stellte ihn auf den Kaminsims. Sie nannte ihn Haarball. Das ist nicht sehr anders als ein ausgestopfter Bärenkopf oder ein präpariertes Hündchen oder irgend etwas anderes mit Fell und Zähnen über dem Kamin. Zumindest tut sie so, als wäre es nichts Ungewöhnliches. Auf jeden Fall macht es Eindruck.

Ger mag es nicht. Trotz seiner angeblichen Begierde auf alles, was neu und *outré* ist, bleibt er im Grunde ein Mann, der sich leicht ekelt. Als er nach der Operation das erste Mal zu ihr angeschlichen, herumschnüffeln kommt, sagt er zu Kat, daß sie Haarball rauswerfen soll. Er nennt ihn »ekelhaft«. Kat weigert sich rundheraus und sagt, daß sie lieber Haarball in einem Glas auf ihrem Kaminsims stehen hat als die schmalzigen toten Blumen, die er ihr gebracht hat, die außerdem viel schneller verrotten, als Haarball es tun wird. Als Schmuck für den Kaminsims ist Haarball weit überlegen. Ger sagt, Kat neige dazu, alles immer bis zum Äußersten zu treiben, Grenzen zu überschreiten, nur aus dem kindlichen Wunsch heraus, schockieren zu wollen, was wohl kaum ein Ersatz für Witz sei. Eines Tages, sagt er, wird sie zu weit gehen. Zu weit für ihn, meint er.

»Darum hast du mich angestellt, oder?« sagt sie. »Weil ich zu weit geh.« Aber er ist in seiner analysierenden Stimmung. Diese Tendenz spiegle sich auch in ihrer Arbeit für das Magazin wider, sagt er. All das Leder und all die grotesken und gequälten Posen gehen in eine Richtung, von der er und andere gar nicht so überzeugt sind. Sieht sie, was er meint, versteht sie seinen Punkt? Dieser Punkt ist früher schon öfter diskutiert worden. Sie schüttelt den Kopf, sagt nichts. Sie weiß, was das heißt: Es hat Klagen gegeben, Klagen von Leuten, die Anzeigen schalten. *Zu bizarr, zu überspannt.* Pech.

»Willst du meine Narbe sehen?« sagt sie. »Aber bring mich nicht zum Lachen, sonst reißt sie auf.« So was macht ihn schwindlig; alles, was mit Blut zu tun hat, alles Gynäkologische. Als seine Frau vor zwei Jahren ein Baby bekam, hätte er sich fast im Kreißsaal übergeben. Das hatte er ihr stolz erzählt. Sie denkt daran, sich eine Zigarette in den Mundwinkel zu stecken, wie in einem Schwarzweißfilm aus den vierziger Jahren. Sie denkt daran, ihm den Rauch ins Gesicht zu blasen.

Ihre Unverschämtheit hatte ihn früher, wenn sie sich stritten, erregt. Dann hatte er sie an den Oberarmen gepackt, und es hatte einen schwelenden, heftigen Kuß gegeben. Er hat sie immer geküßt, als glaubte er, jemand beobachte ihn, beurteile das Bild, das sie zusammen abgeben. Dieses junge, aufregend modische Ding küssend, hart und glänzend, mit purpurrotem Mund, mit vorgestrecktem Kopf; ein Mädchen küssend, eine Frau, ein Mädchen mit knallengem Rock und Leggings. Er liebt Spiegel.

Aber jetzt ist er nicht erregt. Und sie kann ihn nicht ins Bett locken, sie ist noch nicht verheilt. Er nimmt einen Drink, den er nicht austrinkt, hält ihre Hand wie in einem Nachgedanken, klopft ihr onkelhaft auf die mattweiße übergroße Alpakaschulter, geht zu schnell wieder.

»Auf Wiedersehen, Gerald«, sagt sie. Den Namen spricht sie spöttisch aus. Es ist eine Negation seiner Person, eine Tilgung, als würde man ihm eine Medaille von der Brust reißen. Es ist eine Warnung.

Als sie sich das erste Mal begegneten, war er Gerald. Sie war es gewesen, die ihn verwandelt hatte, zuerst in Gerry, dann in Ger. (Reimt sich auf *Flair.*) Sie brachte ihn dazu, seine spießigen, sauren Krawatten aufzugeben, sagte ihm, welche Schuhe er tragen sollte, brachte ihn dazu, sich einen lose geschnittenen italienischen Anzug zu kaufen, schlug ihm eine andere Frisur vor. Viel von seinem gegenwärtigen Geschmack – was das Essen betrifft, die Getränke, Drogen, Frauenreizwäsche – ist ihr eigener Geschmack gewesen. In seiner neuen Form, mit seinem neuen, metallisch zusammengeschrumpften Namen, der mit dem harten R endet, ist er ihre Kreation.

So wie sie selbst ihre eigene Schöpfung ist. In ihrer Kindheit war sie eine romantische Katherine gewesen, die von ihrer Mutter umständlich und mit verschwommenem Blick in Kleider gesteckt wurde, die wie zerknautschte Kissenbezüge aussahen. Mit der High-School hatte sie die Rüschen abgelegt und war als kräftige Kathy mit rundem Gesicht, mit glänzendem frisch gewaschenem Haar und beneidenswerten Zähnen wieder aufgetaucht, Kathy, die gefallen wollte und so uninteressant war wie die Zahnpastawerbung. Auf der Universität war sie Kath, geradeaus und illusionslos, mit engen einfachen

Jeans und kariertem Hemd. Als sie nach England ausriß, reduzierte sie sich auf Kat. Das war sparsam, straßenkatzenhaft und spitz wie ein Nagel. Außerdem war es ungewöhnlich. In England mußte man sich etwas einfallen lassen, um Aufmerksamkeit zu erregen, vor allem wenn man keine Engländerin war. In dieser Inkarnation einigermaßen sicher, schlug sie sich durch die achtziger Jahre.

Es war der Name, davon ist sie noch immer überzeugt, dem sie das Bewerbungsgespräch und dann den Job verdankte. Der Job war ein Avantgarde-Magazin, in Schwarzweiß auf mattgetöntem Papier, mit überbelichteten Nahaufnahmen von Frauen mit wehenden Haaren vor den Augen, ein Nasenloch besonders prominent: *the razor's edge* hieß es. Frisuren als moderne Kunst, ein bißchen wirkliche Kunst, Filmkritiken, ein paar Stars, Garderoben von Ideen, die aus Kleidern bestanden, und von Kleidern, die nur Ideen waren – die Metaphysik des Schulterpolsters. Sie lernte ihr Handwerk gut, auf praktische Art. Sie lernte, was funktionierte.

Sie arbeitete sich die Leiter hinauf, vom Layout zum Design, dann zur Verantwortung für Sparten, dann für das ganze Blatt. Es war nicht leicht, aber es war die Sache wert. Sie war eine Schöpferin geworden: sie schuf einen »Look«. Nach einer Weile konnte sie durch Soho gehen oder bei Eröffnungen in der Lobby stehen und sich ihre Arbeit inkarniert in den Besuchern ansehen; sie liefen in Aufmachungen herum, die sie »gemacht« hatte, ihr »Look« in vielfachen Zweitausgaben. Es war, als wäre man Gott, nur daß Gott nicht von der Stange geschaffen hatte.

Im Laufe der Zeit hatte ihr Gesicht sein rundes Aussehen verloren, obwohl natürlich die Zähne blieben: was für die nordamerikanische Zahnarztkunst sprach. Sie hatte sich das Haar sehr kurz geschnitten, arbeitete an dem tödlichen Blick, vervollkommnete eine bestimmte Drehung des Halses, die eine distanzierte innere Autorität vermittelte. Man mußte sie glauben machen, daß man etwas wußte, das sie noch nicht wußten. Und man mußte sie auch glauben machen, daß sie dies auch haben konnten, diese Sache, die ihnen zu Bedeutung und Macht und sexueller Anziehung verhelfen, die ihnen Neid einbringen würde; aber für einen Preis. Den Preis des Magazins. Was sie nie in ihre Köpfe bekamen, war, daß es einzig und allein mit Kameras gemacht wurde. Eingefrorenes Licht, eingefrorene Zeit. Wenn sie den Winkel kontrollierte, konnte sie jede Frau häßlich aussehen lassen. Und jeden Mann. Sie konnte alle schön aussehen lassen, oder wenigstens interessant. Es war alles Fotografie, es war alles Ikonografie. Es lag alles im auswählenden Auge. Das war etwas, das man sich nicht kaufen konnte, egal, wieviel von seinem erbärmlichen Monatslohn man für Schlangenhaut rauswarf.

Trotz seines Status zahlte *the razor's edge* ziemlich schlecht. Kat konnte sich selbst nicht viel von den Dingen leisten, die sie so vorzüglich konzeptualisierte. Das gruftartige, teure London begann ihr auf die Nerven zu gehen; sie war es leid, sich mit den Schnittchen der literarischen Salons vollzuschlagen, um am Essen zu sparen, war den stickigen Geruch von Zigaretten leid, die in die rotbraunen Teppiche der Pubs getreten wurden, war die platzenden Rohre leid, wenn es im Winter Frost gab, und war die Clarissas und Melissas und Penelopes im Magazin leid, die sich beklagten, weil sie in der Nacht buchstäblich, absolut, total erfroren waren, und daß es buchstäblich, absolut, total, gewöhnlich sonst niemals so kalt wurde. Es wurde immer so kalt. Und immer barsten die Rohre. Niemand dachte daran, richtige Rohre zu legen, solche, die das nächste Mal nicht platzen würden. Rohrbruch war eine englische Tradition, wie so vieles andere auch.

Wie, zum Beispiel, englische Männer. Sie machten einen ganz schwindlig mit ihren weichen Vokalen und ihrem frivolen Wortschatz, und wenn man ihnen praktisch zu Füßen lag, gerieten sie in Panik und flüchteten. Oder sie blieben und winselten. Es war Tradition und ein Kompliment, von einem Engländer angewinselt zu werden. Auf diese Weise teilte er dir mit, daß er dir traute, daß er dir das Privileg zuerkannte, sein wahres Selbst kennenzulernen. Das innere, winselnde Selbst. Das war ihre Vorstellung von Frauen; sie waren ein Winselauffangbecken. Kat konnte da mitspielen, aber das bedeutete nicht, daß sie es genoß.

Etwas hatte sie den Engländerinnen allerdings voraus: Sie gehörte zu keiner Klasse. Sie besaß keine Klasse. Sie war ihre eigene Klasse. Sie konnte sich zwischen den Engländern tummeln, allen Sorten, und sich in der Sicherheit wiegen, nicht an den Klassenzollstöcken und Akzentdetektoren, die sie in ihren Gesäßtaschen mit sich herumtrugen, gemessen zu werden, nicht dem pedantischen Snobismus und den Ressentiments ausgesetzt zu sein, die ihrem Innenleben so viel Reichtum verliehen. Die Kehrseite dieser Freiheit war, daß sie nicht dazugehörte. Sie kam aus den Kolonien, wie frisch, wie lebendig, wie anonym, wie, letztendlich, ohne Bedeutung. Wie einem Loch in der Wand konnte man ihr alle Geheimnisse erzählen und sie ohne schlechtes Gewissen sitzenlassen.

Natürlich war sie zu klug. Die Engländer liebten den Wettkampf, und sie liebten es, zu gewinnen. Ein paarmal tat es weh. Zweimal trieb sie ab, weil die betreffenden Männer für die Alternative nicht zu haben waren. Sie lernte zu sagen, daß sie sowieso keine Kinder wolle, daß sie sich einen Hamster kaufen würde, wenn sie etwas zum Streicheln brauchte. Ihr Leben begann, ihr lang vorzukommen. Ihr ging das Adrenalin aus. Bald würde sie dreißig sein, und alles, was sie vor sich sah, war mehr vom Gleichen.

So standen die Dinge, als Gerald auftauchte. »Sie sind großartig«, sagte er, und sie war bereit, es sich anzuhören, sogar von ihm, obwohl *großartig* als Wort wahrscheinlich zusammen mit dem Bürstenhaarschnitt der fünfziger Jahre aus der Mode gekommen war. Sie war zu dieser Zeit auch für seine Stimme bereit, für den flachen metallenen nasalen Ton der Großen Seen, mit dem harten R und ohne die geringste Theatralik. Stinknormal. Die Sprache ihrer Heimat. Plötzlich wurde ihr klar, daß sie im Exil war.

Gerald war auf der Suche, er warb Leute an. Er hatte von ihr gehört, sich ihre Arbeiten angesehen, hatte sie eigens aufgesucht. Eine der großen Firmen in Toronto wollte ein neues modeorientiertes Magazin herausbringen, sagte er; gehobenes Niveau, natürlich mit internationaler Aufmachung, aber auch ein bißchen kanadische Mode und mit Adressenlisten von den Läden, wo die Dinge, die vorgestellt wurden, zu haben waren. Auf die Weise glaubten sie, die Konkurrenz ausstechen zu können, die amerikanischen Magazine, die so taten, als gäb's Gucci nur in New York oder Los Angeles. Himmel, die Zeiten hatten sich geändert, Gucci gab's in Edmonton! In Winnipeg!

Kat war zu lange weggewesen. Es gab jetzt eine kanadische Mode? Ein Engländer würde sofort sagen, daß »kanadische Mode« ein Oxymoron sei. Sie hielt sich aber zurück, zündete sich mit ihrem zyanidgrünen lederbezogenen Feuerzeug aus der Covent Garden-Boutique, das in der Maiausgabe von *the razor's edge* abgebildet gewesen war, eine Zigarette an, sah Gerald ins Auge. »London aufzugeben ist nicht so einfach«, sagte sie ruhig. Sie sah sich in dem Mayfair-Restaurant um, in dem sie zu Mittag gegessen hatten, ein Restaurant zum Gesehenwerden, das sie gewählt hatte, weil sie wußte, daß er die Rechnung bezahlen würde. Sonst gab sie nie soviel Geld für Essen aus. »Wo soll ich da essen?«

Gerald versicherte ihr, daß Toronto jetzt die Restaurant-Hauptstadt von Kanada war. Er selbst würde sich glücklich schätzen, den Führer zu spielen. Es gab ein großartiges Chinatown, es gab Italiener von Weltklasse. Dann machte er eine Pause, holte tief Luft. »Was ich Sie fragen wollte«, sagte er. »Wegen Ihres Namens. Ist das *Kat* wie *Krazy*?« Er hielt das für suggestiv. Sie hörte es nicht zum ersten Mal.

»Nein«, sagte sie. »Es ist Kat wie in KitKat. Ein Schokoladenriegel. Schmilzt im Mund.« Sie starrte ihn an, verzog spöttisch ein wenig den Mund, nur ein Zucken.

Gerald wurde nervös, aber er machte weiter. Sie wollten sie, sie brauchten sie, sie liebten sie, sagte er im Wesentlichen. Jemand wie sie, mit ihrer frischen, innovativen Art und ihrer Erfahrung wäre ihnen, relativ gesprochen, eine Menge Geld wert. Aber Geld war ja nicht alles. Sie würde am Konzept mitarbeiten können, sie könne das Blatt mitgestalten, sie würde freie Hand haben. Er nannte eine Summe, die ihr die Sprache verschlug. Sie ließ sich natürlich nichts anmerken. Inzwischen hatte sie gelernt, Sehnsucht nicht zu zeigen.

Und so flog sie zurück, brachte ihren dreimonatigen Kulturschock hinter sich, probierte den Weltklasseitaliener und den großartigen Chinesen aus und verführte Gerald bei der erstbesten Gelegenheit direkt in seinem Vizepräsidentenbüro. Es war das erste Mal, daß Gerald an einem solchen Ort verführt worden war, oder vielleicht je verführt worden war. Obwohl es lange nach Büroschluß war, versetzte ihn die Gefahr in höchste Erregung. Allein der Gedanke. Die Kühnheit. Das Bild von Kat, die auf dem dicken Teppich kniete, in ihrem legendären BH, wie er ihn bislang nur in der Lingeriereklame der *Sunday New York Times* gesehen hatte, und ihm direkt vor dem silbergerahmten Verlobungsporträt seiner Frau, das die unmögliche Kugelschreibergarnitur auf seinem Schreibtisch ergänzte, den Reißverschluß aufmachte. Zu der Zeit war er so spießig, daß er sich gezwungen sah, zuerst seinen Ehering abzunehmen und ihn sorgfältig in den Aschenbecher zu legen. Am nächsten Tag brachte er ihr eine Schachtel David Wood Food Shop-Schokoladetrüffel. Sie waren die besten, sagte er ihr, damit sie auch ja die Qualität erkannte. Sie fand die Geste banal, aber auch süß. Die Banalität, die Süße, der hungrige Eifer, Eindruck zu machen: das war Gerald.

Gerald war die Art Mann, mit der sie sich in London nicht abgegeben hätte. Er war nicht witzig, er wußte nicht viel, er hatte wenig verbalen Charme. Aber er war eifrig, er war gefügig, er war ein unbeschriebenes Blatt. Obwohl er acht Jahre älter war als sie, schien er ihr viel jünger. Sein verstohlenes jungenhaftes Entzücken über die eigene Verruchtheit bereitete ihr Vergnügen. Und er war so dankbar. »Ich kann kaum glauben, daß das alles wahr ist«, sagte er häufiger, als notwendig gewesen wäre, und gewöhnlich im Bett.

Seine Frau, der Kat bei vielen langweiligen Firmenveranstaltungen begegnete (und noch immer begegnet), trug dazu bei, seine Dankbarkeit zu erklären. Die Frau war eine sehr steife Zicke. Sie hieß Cheryl. Ihr Haar sah aus, als würde sie noch immer Lockenwickler und Haarfestiger wie zum Einbalsamieren benutzen; geistig war sie ein grauer Wand-zu-Wand-Teppich. Wahrscheinlich trug sie beim Sex Gummihandschuhe und hakte ihn hinterher auf einer Liste ab. Eine weitere Hausarbeit erledigt. Sie sah Kat an, als wollte sie sie mit ihrem Deospray abschießen. Kat rächte sich, indem sie sich Cheryls Badezimmer vorstellte, lilienbestickte Handtücher und flauschige Klodeckelschoner.

Das Magazin hatte einen wackligen Start. Obwohl Kat eine Menge Geld zur Verfügung hatte, um damit herumzuspielen, und obwohl es eine Herausforderung war, in Farbe zu arbeiten, hatte sie nicht soviel freie Hand, wie Gerald ihr versprochen hatte. Sie mußte sich mit dem Vorstand der Gesellschaft herumschlagen, alles Männer, alle offenbar Buchhalter oder nicht von Buchhaltern zu unterscheiden. Sie waren vorsichtig und langsam wie Maulwürfe.

»Es ist einfach«, sagte Kat ihnen. »Man bombardiert sie mit Bildern davon, wie sie sein sollten, und bringt sie dazu, sich lausig zu fühlen, weil sie so sind, wie sie sind. Man arbeitet mit der Lücke zwischen Realität und Wahrnehmung. Deshalb muß man sie mit etwas Neuem treffen, mit etwas, das sie noch nicht gesehen haben, etwas, das sie nicht sind. Nichts verkauft sich wie Angst.«

Der Vorstand seinerseits glaubte, daß die Leserinnen einfach mehr von dem geboten bekommen sollten, was sie schon hatten. Mehr Pelze, mehr Leder, mehr Kaschmir. Mehr etablierte Namen. Der Vorstand hatte nichts übrig für Improvisation, kein Verlangen danach, Risiken auf sich zu nehmen; keinen Spieltrieb, nicht das Bedürfnis, nur so zum Spaß den Lesern etwas vorzumachen. »Die Mode ist wie die Jagd«, sagte Kat ihnen in der Hoffnung, männliche Hormone anzusprechen, falls vorhanden. »Sie ist spielerisch, sie ist intensiv, sie ist räuberisch. Sie ist Blut und Mumm. Sie ist erotisch.« Aber ihnen ging es um den guten Geschmack. Sie wollten Kleider für die Karrierefrau. Kat wollte Aggressivität, Härte – einen Anschlag auf die Sinne.

Alles wurde zum Kompromiß. Kat hatte das Magazin *Rage* nennen wollen, aber das Direktorium schreckte vor den Schwingungen des Zorns in dem Wort *Rage* zurück. Sie fanden es zu feministisch, ausgerechnet. »Es ist ein vierziger Sound«, sagte Kat. »Die Vierziger sind wieder *da*. Verstehen Sie das nicht?« Aber das taten sie nicht. Sie wollten es *Or* nennen. Das französische Wort für *Gold*, klar genug, aber ohne jede Grundnote, wie Kat ihnen sagte. Sie einigten sich auf *Felice*, das Qualitäten besaß, die beide Seiten sich wünschten. Es hörte sich französisch an, es bedeutete *glücklich*, und war nicht so bedrohlich wie *Rage*, und für Kat hatte es, auch wenn man nicht erwarten konnte, daß die anderen es merkten, ein katzenhaftes Aroma, das dem allzu Betulichen entgegenwirkte. Sie druckte es in einem mit Lippenstift hingekritzelten grellen Pink, was ein wenig half. Sie konnte damit leben, aber es war nicht ihre erste Liebe.

Diese Schlacht war bei jeder Neuerung des Designs geschlagen und immer wieder geschlagen worden, bei jedem neuen Gesichtspunkt, den Kat hereinzubringen versuchte, bei jeder noch so harmlosen kleinen Perversität. Es gab einen großen Streit über eine Seite, die sich mit Damenunterwäsche beschäftigte, halb heruntergerissen, mit zerbrochenen Parfümflaschen am Boden. Es gab einen empörten Aufschrei bei den beiden Nouveau-Stocking-Beinen, von denen das eine mit einem dritten, sehr verschiedenfarbigen Strumpf an ein Stuhlbein gefesselt war. Sie hatten die Dreihundert-Dollar-Lederhandschuhe für Männer nicht verstanden, die doppelsinnig um einen Frauenhals lagen.

Und so ist es immer weiter gegangen, fünf Jahre lang.

Nachdem Gerald gegangen ist, geht Kat in ihrem Wohnzimmer auf und ab. Auf und ab. Ihre Stiche ziehen. Sie freut sich nicht auf ihr einsames Essen aus mikrowellenerhitzten Resten. Sie ist sich jetzt nicht mehr so sicher, warum sie hierher zurückgekommen ist, in dieses flache Dorf an dem verschmutzten Binnensee. War es Ger? Lächerlicher Gedanke, aber nicht mehr ganz ausgeschlossen. Ist er der Grund, warum sie bleibt, trotz ihrer wachsenden Ungeduld mit ihm?

Er ist nicht mehr ganz so befriedigend. Sie kennen sich jetzt zu gut, sie nehmen Abkürzungen; ihre gemeinsame Zeit ist von gestohlenen ausgedehnten sinnlichen Nachmittagen auf wenige Stunden geschrumpft, die sie sich zwischen Arbeit und Abendessen ergattern. Sie weiß nicht mehr, was sie von ihm will. Sie sagt sich, daß sie mehr wert ist, daß sie ausbrechen sollte, aber sie trifft keine anderen Männer, irgendwie bringt sie es nicht fertig. Ein- oder zweimal hat sie es probiert, aber es lief nicht. Manchmal geht sie mit einem der schwulen Designer essen oder ins Kino. Sie liebt den Klatsch.

Vielleicht vermißt sie London. Sie fühlt sich eingesperrt in diesem Land, in dieser Stadt, in diesem Zimmer. Sie könnte mit dem Zimmer anfangen, sie könnte ein Fenster aufmachen. Es ist muffig hier drin. Ein leichter Geruch von Formaldehyd, von Haarballs Flasche. Die Blumen, die sie zur Operation bekommen hat, sind fast verwelkt, alle außer denen, die Gerald heute gebracht hat. Warum hat er ihr eigentlich keine ins Krankenhaus geschickt? Hat er es vergessen, oder war es eine Botschaft?

»Haarball«, sagt sie, »ich wollte, du könntest sprechen. Ich könnte mit dir eine intelligentere Unterhaltung führen als mit den meisten von diesen Truthähnen.« Haarballs Babyzähne glitzern im Licht; es sieht aus, als sei er drauf und dran, etwas zu sagen.

Kat legt sich die Hand auf die Stirn. Sie fragt sich, ob sie Temperatur hat. Irgendwas Seltsames geht vor sich, hinter ihrem Rücken. Vom Magazin sind nicht genügend Telefonanrufe gekommen; sie haben es fertiggebracht, sich ohne sie durchzuwursteln – ein schlechtes Zeichen. Regierende Königinnen sollten nie in Urlaub gehen – oder sich operieren lassen, was das betrifft. Unbehagen erfüllt sie. In diesen Dingen hat sie einen sechsten Sinn. Sie war schon in genügend Palastrevolutionen verwickelt, um die Zeichen zu erkennen, sie hat empfindliche Antennen, sie hört die verstohlenen Schritte des Verrats.

Am nächsten Morgen rafft sie sich auf, trinkt einen Espresso aus ihrer Minimaschine, wählt ein aggressives Faß-mich-anwenn-du-es-wagst-Wildlederkostüm in Waffengrau und schleppt sich in die Redaktion, obwohl sie erst in der nächsten Woche dort fällig ist. Überraschung. Überraschung. Geflüsterte Gespräche in den Korridoren brechen ab, sie grüßen sie mit falscher Herzlichkeit, als sie an ihnen vorbeihumpelt. Sie läßt sich hinter ihrem minimalistischen Schreibtisch nieder, sieht die Post durch. Ihr Kopf dröhnt, ihre Operationsstiche schmerzen. Ger bekommt Wind von ihrem Eintreffen; er will sie so bald wie möglich sehen, aber nicht zum Mittagessen.

Er erwartet sie in seinem renovierten Weiß-in-Weiß-Büro mit dem Schreibtisch aus dem 18. Jahrhundert, den sie zusammen ausgesucht haben, dem viktorianischen Tintenfaß, den gerahmten Vergrößerungen aus dem Magazin: Hände in beigem Leder, die Handgelenke mit Perlen gefesselt, der Hermesschal als Augenbinde, wie bei einer Hinrichtung, darunter der sinnliche Mund eines Models. Einige ihrer besten Arbeiten. Er ist wunderbar hergerichtet, im offenstehenden Seidenhemd, mit weitem italienischen Knit-Pulli aus Seide und Wolle darüber. Oh kühle Insouciance. Oh die Sprache der Augenbrauen. Er ist ein Geldmann, der begierig war auf Kunst, und jetzt hat er sie, jetzt ist er selbst ein wenig Kunst. Körperkunst. Ihre Kunst. Sie hat ihre Arbeit gut gemacht, jetzt ist er sexy.

Er ist so glatt wie Lack. »Ich wollte's dir erst nächste Woche beibringen«, sagt er. Er bringt es ihr jetzt bei. Es ist der Vorstand. Er findet, sie sei zu bizarr, er findet, sie gehe zu weit. Er, Ger, konnte nichts dagegen tun, obwohl er es natürlich versucht hat.

Natürlich. Verrat. Das Monster hat sich gegen seinen eigenen verrückten Wissenschaftler gestellt. »Ich hab dir Leben eingehaucht«, möchte sie ihn anschreien.

Sie ist in keiner guten Verfassung. Sie kann sich kaum auf den Beinen halten. Sie steht, obwohl er ihr einen Stuhl angeboten hat. Sie begreift jetzt, was ihr fehlt, was sie vermißt hat. Gerald hat ihr gefehlt, der solide, altmodische, frühere Gerald mit dem zusammengekniffenen Arsch. Nicht Ger, nicht den, den sie nach ihrem eigenem Bild gestaltet hat. Den anderen, bevor er ruiniert wurde. Den Gerald mit einem Haus und einem kleinen Kind und einem Bild von seiner Frau in einem Silberrahmen auf dem Schreibtisch. Sie möchte in diesem Silberrahmen sein. Sie möchte das Kind. Sie ist beraubt worden.

»Und wer ist mein glücklicher Nachfolger?« sagt sie. Sie braucht eine Zigarette, aber sie will nicht, daß er ihre zitternden Hände sieht.

»Um ehrlich zu sein, ich bin's selbst«, sagt er. Er bemüht sich um einen bescheidenen Ton.

Das ist zu absurd. Gerald könnte nicht einmal ein Telefonbuch herausgeben. »Du?« sagt sie schwach. Sie ist immerhin noch klug genug, nicht zu lachen.

»Ich wollte schon immer aus dem Geldende raus«, sagt er, »und in den kreativen Bereich. Ich wußte, daß du es verstehen würdest, nachdem du selbst ja auf jeden Fall draußen bist. Ich wußte, daß dir jemand lieber wäre, der, na ja, also, der gewissermaßen auf dem aufbaut, was du begründet hast.« Aufgeblasenes Arschloch. Sie sieht auf seinen Hals. Sie hat Sehnsucht nach ihm, haßt sich deswegen und ist machtlos.

Das Zimmer schwankt. Er rutscht über den weizenfarbenen Teppich auf sie zu, hält sie an den grauen Wildlederoberarmen fest. »Ich werd dir ein gutes Zeugnis schreiben«, sagt er. »Mach dir deswegen keine Sorgen. Natürlich können wir uns auch weiterhin sehen. Ich würd unsere Nachmittage vermissen.«

»Natürlich«, sagt sie. Er küßt sie, es ist ein sinnlicher Kuß, oder jedenfalls würde es für einen dritten so aussehen, und sie läßt ihn.

Sie schafft es mit einem Taxi bis nach Hause. Der Fahrer ist unhöflich, und sie läßt ihn damit davonkommen: sie hat nicht die Energie. In ihrem Briefkasten ist eine gedruckte Einladung: Ger und Cheryl geben morgen abend eine Cocktailparty. Vor fünf Tagen abgestempelt. Cheryl hat die neuere Entwicklung noch nicht mitbekommen.

Kat zieht sich aus, läßt sich ein Bad einlaufen. Es gibt hier nicht viel zu trinken, es gibt hier nichts zu schnüffeln oder zu rauchen. Pech, sie sitzt fest, sie hat nur sich. Es gibt andere Jobs. Es gibt andere Männer, jedenfalls theoretisch. Trotzdem, es ist etwas aus ihr herausgerissen. Wie hatte ihr das nur passieren können? Wenn Messer gewetzt wurden, war immer sie es gewesen, die das Zustoßen besorgt hatte, wenigstens in letzter Zeit. Wer ihr in die Quere zu kommen drohte, wurde rechtzeitig von ihr entdeckt und ausgeschaltet. Vielleicht verliert sie ihren Biß.

Sie starrt in den Badezimmerspiegel, mustert ihr Gesicht in dem beschlagenen Glas. Ein Gesicht der achtziger Jahre, eine Maske, ein hartes Gesicht; drück die Schwachen an die Wand und hol dir, was du kriegen kannst. Aber jetzt sind die Neunziger. Ist sie aus der Mode, so bald schon? Sie ist erst fünfunddreißig, und sie ist schon nicht mehr auf dem laufenden, was die Leute, die zehn Jahre jünger sind als sie, denken. Das könnte tödlich sein. Mit der Zeit wird sie immer schneller und schneller laufen müssen, um Schritt zu halten, aber wozu? Ein Teil des Lebens, das sie hätte führen wollen, ist nur eine Lücke, es ist nicht vorhanden, es ist nichts. Was läßt sich noch retten davon, was läßt sich noch einmal neu machen, was läßt sich überhaupt machen?

Als sie nach dem Bad aus der Wanne klettert, fällt sie fast hin. Sie hat Fieber, kein Zweifel. Es ist ein Leck in ihr, oder eine eiternde Wunde; sie kann es hören, wie einen tropfenden Wasserhahn. Eine blutende Wunde, weil sie zu schnell gelaufen ist. Sie sollte in die Notaufnahme eines Krankenhauses gehen, sich mit Antibiotika vollpumpen lassen. Statt dessen wankt sie ins Wohnzimmer, nimmt Haarball in seiner Flasche vom Kamin, stellt ihn auf den Couchtisch. Sie setzt sich mit übereinandergeschlagenen Beinen hin, lauscht. Fäden wehen vor ihren Augen. Sie hört ein Summen, wie Bienen bei der Arbeit.

Sie hatte den Arzt gefragt, ob es anfangs ein Kind gewesen sein könnte, ein befruchtetes Ei, das irgendwie an die falsche Stelle geraten war. Nein, sagte der Arzt. Manche Menschen glaubten, daß diese Art Tumore von Geburt an, oder schon davor, in Samenform vorhanden waren. Es könnten unentwickelte Zwillinge sein. Das war nicht bekannt. Sie haben aber viele Arten Gewebe. Sogar Gehirngewebe. Obwohl all dieses Gewebe natürlich ohne Struktur ist.

Trotzdem, während sie hier auf dem Teppich sitzt und es betrachtet, stellt sie es sich als ein Kind vor. Schließlich ist es aus ihr herausgekommen. Es ist Fleisch von ihrem Fleisch. Ihr Kind von Gerald, ihr verhindertes Kind, das nicht wachsen durfte. Ihr entstelltes Kind, das sich nun rächt.

»Haarball«, sagt sie. »Du bist so häßlich. Nur eine Mutter könnte dich lieben.« Sie verspürt Mitleid mit ihm. Sie hat das Gefühl, etwas verloren zu haben. Tränen rinnen ihr übers Gesicht. Weinen gehört sonst nicht zu den Dingen, die sie tut, nicht für gewöhnlich, nicht in letzter Zeit.

Haarball spricht mit ihr, ohne Worte. Er ist nicht reduzierbar, er hat die Struktur der Realität, er ist kein Trugbild. Was er ihr erzählt, ist all das, was sie nie über sich hören wollte. Es ist neues Wissen, dunkel und kostbar und unumgänglich. Es verletzt.

Sie schüttelt den Kopf. Was tust du da, sitzt auf dem Fußboden und sprichst mit einem Haarball? Du bist krank, sagte sie sich. Nimm ein Tylenol und leg dich ins Bett.

Am nächsten Tag fühlt sie sich ein bißchen besser. Dania vom Layout ruft an und gibt taubenartige mitfühlende Gurrlaute von sich und möchte in der Mittagspause vorbeikommen, um sich ihre Aura anzusehen. Kat sagt ihr, daß sie sich bloß nicht übernehmen soll. Dania wird gereizt und sagt, daß der Verlust ihres Jobs der Preis sei, den Kat für ihr unmoralisches Benehmen in einem früheren Leben bezahlen muß. Kat sagt ihr, daß sie sie damit verschonen soll; auf jeden Fall ist sie schon in diesem Leben unmoralisch genug gewesen, um für die ganze Sache aufzukommen. »Warum bist du so voller Haß?« fragt Dania. Sie sagt es nicht böse, sie scheint aufrichtig erstaunt.

»Ich weiß es nicht«, sagt Kat. Es ist eine ehrliche Antwort.

Nachdem sie aufgelegt hat, geht sie im Zimmer auf und ab. Innerlich brodelt sie, wie heißes Fett unter dem Grill. Sie muß an Cheryl denken, die geschäftig in ihrem traulichen Heim herumläuft und die Party vorbereitet. Sie zupft an ihrer erstarrten Frisur herum, stellt eine überladene Blumenvase an ihren Platz, ärgert sich über die Lieferanten. Gerald kommt herein, gibt ihr einen flüchtigen Kuß auf die Wange. Eine eheliche Szene. Sein Gewissen ist rein. Die Hexe ist tot, er hat den Fuß auf ihren Körper gesetzt, die Trophäe, er hat seine schmutzige Affäre gehabt, er ist jetzt bereit für den Rest seines Lebens.

Kat nimmt ein Taxi zum David Wood Food Shop und kauft zwei Dutzend Schokoladentrüffel. Sie läßt sie sich in eine übergroße Schachtel packen, dann in einen übergroßen Beutel mit dem Firmenschriftzug oben drauf. Dann geht sie nach Hause und nimmt Haarball aus seiner Flasche. Sie läßt die Flüssigkeit im Küchensieb ablaufen und tupft ihn behutsam mit Papierhandtüchern feucht-trocken. Sie besprenkelt ihn mit Kakaopuder, der eine braune breiige Kruste bildet. Er riecht noch immer nach Formaldehyd, daher wickelt sie ihn in

Plastikfolie und dann in Stanniolpapier und dann in pinkfarbenes Seidenpapier, das sie mit einer malvenfarbenen Schleife festbindet. Sie legt ihn in die David-Wood-Schachtel und ordnet zerrissenes Seidenpapier darum herum an, in das sie die Trüffel legt. Sie macht die Schachtel zu, verklebt sie mit Klebeband, legt sie in den Beutel, stopft mehrere Lagen rosafarbenes Papier oben drauf. Er ist ihr Geschenk, wertvoll und gefährlich. Er ist ihr Botschafter, aber die Botschaft, die er überbringt, ist seine eigene. Er wird die Wahrheit sagen, allen, die sie wissen wollen. Es ist richtig, daß Gerald ihn bekommt; schließlich ist es auch sein Kind.

Sie schreibt die Karte in Druckschrift: *Gerald. Tut mir leid, daß ich nicht bei Euch sein kann. Dies ist im Moment die Rage. In Liebe, K.*

Als der Abend schon fortgeschritten ist und die Party in vollem Gang sein muß, ruft sie erneut ein Taxi. Cheryl wird nicht mißtrauisch sein, wenn etwas in einer so teuren Verpakkung eintrifft. Sie wird es in aller Öffentlichkeit öffnen, vor allen anderen. Sie werden bestürzt sein, es wird Fragen geben. Geheimnisse werden ans Tageslicht kommen. Es wird schmerzen. Danach wird alles zu weit gehen.

Sie fühlt sich nicht gut; sie hat Herzklopfen, der Raum beginnt wieder zu schwanken. Aber draußen vor dem Fenster schneit es, die weichen, feuchten, windlosen Flocken ihrer Kindheit. Sie zieht den Mantel an und geht, törichterweise, hinaus. Sie will nur bis zur Ecke gehen, aber als sie an der Ecke ist, geht sie weiter. Der Schnee schmilzt auf ihrem Gesicht, als würden sie kleine Finger berühren. Sie hat etwas Skandalöses getan, aber sie fühlt sich nicht schuldig. Sie fühlt sich erleichtert und friedlich und voller Güte, und im Augenblick zeitweilig ohne Namen.

Isis in der Dunkelheit

Wie ist Selena hierhergekommen? Das ist eine Frage, die sich Richard gewöhnlich stellt, wenn er wieder an seinem Schreibtisch sitzt, sich in seinen Stapel Karteikarten hineinarbeitet, wieder anzufangen versucht.

Richard hat ein Repertoire von Antworten. Manchmal stellt er sich vor, wie sie in einem riesigen Ballon aus türkisfarbener und smaragdgrüner Seide behutsam auf die irdischen Dächer des Toronto der späten fünfziger Jahre niederschwebt, oder auf dem Rücken eines goldenen Vogels, wie die auf den chinesischen Teetassen, eintrifft. An anderen Tagen, dunkleren, wie dieser Donnerstag – Donnerstag war, wie er weiß, ein unheilvoller Tag in ihrem Kalender –, zieht sie durch eine lange Reihe unterirdischer, mit blutroten Juwelen und geheimnisvollen Schriften besetzter Tunnel, deren Wände im Licht der Fackeln glitzern. Jahre geht sie so, mit Gewändern – Gewändern, nicht Kleidern –, die hinter ihr herschleifen, die Augen starr und hypnotisch, denn sie gehört zu jenen, die zu unendlichem Leben verdammt sind; wandert weiter, bis sie in einer mondhellen Nacht die eisenvergitterte Tür der Petrowski-Gruft erreicht, die real ist, wenn sie auch unwahrscheinlicherweise dicht beim Eingang zu dem ebenfalls realen Mount Pleasant-Friedhof in einen Hügel gegraben ist.

(Diese Überschneidung des Banalen und Numinosen würde sie lieben. Einmal hat sie gesagt, das Universum sei ein Krapfen. Sie nannte sogar die Sorte.)

Das Schloß springt auf. Das Eisentor schwingt zurück. Sie

tritt heraus, hebt die Arme dem plötzlich frostigen Mond entgegen. Die Welt verändert sich.

Es gibt noch andere Handlungsabläufe. Das hängt ganz davon ab, von welcher Mythologie er abschreibt.

Es existiert ein Tatsachenbericht. Sie kommt aus der gleichen Art Gegend, aus der auch Richard kommt: aus dem alten Toronto vor der Depression, das sich am Ufer des Sees entlangzog, südlich der Straßenbahngleise der Queen-Linie, einer Gegend von schmalen, hohen Häusern mit abblätternden Holzbalken, durchhängenden Veranden und trockenen, räudigen Rasenflächen. Nicht malerisch in jenen Tagen, nicht renoviert, nicht attraktiv. Dieselben unter Verstopfung leidenden Weißbrot-Ghettos der unteren Mittelklasse, aus denen er angesichts der schäbigen und beschränkten Versionen seiner selbst, die sie ihm geboten hatten, geflohen war, sobald er konnte. Vielleicht hatte sie die gleichen Motive gehabt. Er möchte es glauben.

Sie waren sogar beide auf dieselbe geistlose High-School gegangen, obwohl sie ihm dort nie aufgefallen war. Aber wie sollte sie auch? Er war vier Jahre älter. Und als sie an die Schule gekommen war, eine spindeldürre verängstigte Neuntkläßlerin, war er fast schon wieder draußen gewesen, und zwar nicht zu früh, was ihn betraf. Er konnte sie sich dort nicht vorstellen; konnte sich nicht vorstellen, wie sie durch dieselben verblichenen grünen Gänge geschlendert war, dieselben zerkratzten Schränke zugeschlagen hatte, ihr Kaugummi unter dieselben Schultische geklebt hatte.

Sie und die High-School mußten destruktive Gegensätze gewesen sein, wie Materie und Antimaterie. Jedesmal, wenn er in seiner Vorstellung ihr geistiges Bild neben das der Schule stellte, explodierte entweder das eine oder das andere. Gewöhnlich war es das der Schule.

Selena war nicht ihr richtiger Name. Sie hatte ihn sich einfach angeeignet, so wie sie sich alles andere angeeignet hatte, das ihr dabei half, sich ihre neue, bevorzugte Identität zu basteln. Den alten Namen, Marjorie, hatte sie abgelegt. Das hat Richard im Verlauf seiner Nachforschungen aus Versehen erfahren und sich seither vergeblich bemüht, es wieder zu vergessen.

Das erste Mal, als er sie sah, ist auf keiner seiner Karteikarten eingetragen. Er macht sich nur Notizen von Dingen, die er sich sonst wahrscheinlich nicht merken würde.

Es war 1960 – das Ende der fünfziger oder der Beginn der sechziger Jahre, je nachdem, welche Einstellung man zur Null hatte. Selena sollte sie später »das weißglühende leuchtende Ei, von dem alles ausgeht« nennen, aber für Richard, der sich zu dieser Zeit durch *Das Sein und das Nichts* quälte, deutete sie auf eine Sackgasse hin. Er verbrachte gerade mit einem mageren Stipendium, das er sich mit der Durchsicht jämmerlich geschriebener Essays Nichtgraduierter verdienen mußte, das erste Jahr der Graduate School. Er fühlte sich schal, auf dem absteigenden Ast; die Senilität kam rasch näher. Er war zweiundzwanzig.

Er lernte sie an einem Dienstagabend kennen, im Kaffeehaus. In *dem* Kaffeehaus, denn soviel Richard wußte, gab es in Toronto kein zweites. Es hieß *The Bohemian Embassy*, was sich auf die antibourgeoisen Dinge bezog, die sich angeblich dort abspielten, und zu einem gewissen Grad auch tatsächlich abspielten. Manchmal trafen dort Briefe von naiven Bürgern ein, die es im Telefonbuch gefunden und angenommen hatten, es handle sich um eine richtige Botschaft, und um Reisevisa nachsuchten. Das war eine ständige Quelle der Heiterkeit für die Stammgäste, zu denen Richard nicht ganz gehörte.

Das Kaffeehaus lag in einer kleinen Seitenstraße mit Kopfsteinpflaster, oben im zweiten Stock eines aufgelassenen Lagerhauses. Man erreichte es über eine nicht ganz ungefährliche Holztreppe ohne Geländer; innen war es schwach beleuchtet und voller Rauch. Es wurde ab und an von der Feuerpolizei zugemacht. Die Wände waren schwarz gestrichen, und es gab kleine Tische mit karierten Decken und tropfenden Kerzen. Es besaß auch eine Espressomaschine, die erste, die Richard je gesehen hatte. Die Maschine war praktisch eine Ikone, sie deutete auf andere, höherstehende Kulturen hin, weit entfernt von Toronto. Aber sie hatte auch ihre Nachteile. Während man seine Gedichte laut vorlas, was Richard manchmal tat, konnte es vorkommen, daß Max hinter der Kaffeebar die Maschine anstellte und einen zischenden, gurgelnden Ton erzeugte, als würde jemand in einem Überdrucktopf gegart und erwürgt.

Mittwochs und donnerstags gab es Folkmusic, an den Wochenenden Jazz. Manchmal ging Richard an diesen Abenden hin, aber an den Dienstagen immer, ob er nun selbst etwas vorlas oder nicht. Er wollte die Konkurrenz kennenlernen. Sie war nicht groß, aber die wenigen, die es gab, tauchten früher oder später bestimmt im *Bohemian Embassy* auf.

Lyrik war damals der Ausweg für junge Leute, die raus wollten aus der Lumpenbourgeoisie und den Fußketten respektabler Lohnarbeit. Sie war das, was zur Zeit der Jahrhundertwende die Malerei gewesen war. Das weiß Richard jetzt, aber damals hat er es nicht gewußt. Er weiß nicht, was im Augenblick das Entsprechende ist. Filme machen, würde er annehmen, für diejenigen mit intellektuellem Anspruch. Für die ohne ist es Schlagzeugspielen in einer Gruppe, einer Gruppe mit abscheulichem Namen wie etwa *Tierische Fettsäcke* oder *Der lebende Rotz*, falls sein siebenundzwanzigjähriger

Sohn ein Indiz ist. Aber so genau weiß Richard es nicht, weil Richards Sohn bei seiner Ex-Frau lebt. (Immer noch! In seinem Alter! Warum nimmt er sich nicht ein Zimmer, eine Wohnung, sucht einen Job, denkt Richard säuerlich. Er versteht jetzt, warum sein Vater immer so gereizt war wegen der schwarzen Rollkragenpullover, die er zu tragen pflegte, seiner stachligen Ansätze eines Bartes, seiner Deklamationen über dem obligatorischen Sonntagsessen mit Rindfleisch und Kartoffeln: *The Wasteland*, und später, noch wirksamer, Ginsberg's *Howl*. Aber wenigstens war er an *Bedeutung* interessiert gewesen, sagt er sich. Oder an Wörtern. Wenigstens war er an Wörtern interessiert gewesen).

Damals hatte er gut mit Wörtern umgehen können. Mehrere Gedichte von ihm waren im Literaturmagazin der Universität abgedruckt worden, und in zwei kleinen Zeitschriften, von denen die eine richtig gedruckt, nicht nur vervielfältigt wurde. Diese Gedichte gedruckt zu sehen, mit seinem Namen darunter – er verwendete Initialen, wie T. S. Eliot, um sich älter zu machen –, hatte ihm mehr Befriedigung verschafft als irgend etwas anderes je zuvor. Aber er hatte den Fehler begangen, eine dieser Zeitschriften seinem Vater zu zeigen, der ein mittlerer Beamter bei der Post war. Das hatte ihm nicht mehr als ein Stirnrunzeln und ein Grunzen eingebracht, aber als er sich mit seinem Beutel frisch gewaschener Wäsche auf den Weg zu seinem gemieteten Zimmer machte, hatte er noch gehört, wie der Alte seiner Mutter mit mühsam unterdrückten Lachanfällen eines seiner Antisonette in freien Versen laut vorgelesen hatte, unterbrochen von der tadelnden vorhersagbaren Stimme seiner Mutter: »Also, John! Mach dich nicht über ihn lustig!«

Das Antisonett war über Mary Jo, ein stämmiges praktisches Mädchen mit einem dunkelblonden Bubikopf, das in der Bücherei arbeitete und mit dem Richard fast ein Verhältnis hatte. »Ich sinke in deine Augen«, brüllte sein Vater. »Triefaugen! Donnerwetter, was wird er erst machen, wenn er bei den Titten angekommen ist?«

Und seine Mutter, die in dieser alten Verschwörung ihre Rolle spielte: »Also wirklich, John! Was sind das für Ausdrücke!«

Richard sagte sich streng, daß es ihm egal sei. Sein Vater hatte noch nie irgend etwas anderes als den Reader's Digest gelesen und schlechte Taschenbuchromane über den Krieg, was wußte er denn schon?

Richard hatte die freien Verse schon vor diesem Dienstag aufgegeben. Es war zu leicht. Er wollte etwas mit mehr Strenge, mehr Struktur; etwas, das, wie er sich jetzt selbst eingesteht, nicht alle anderen auch konnten.

Er hatte während des ersten Teils des Abends seine Sachen gelesen, eine Gruppe von fünf Sestinen, gefolgt von einer Villanelle. Seine Gedichte waren elegant, kompliziert; er war mit ihnen zufrieden. Während der letzten ging die Espressomaschine los – er begann, Max der Sabotage zu verdächtigen –, aber mehrere Leute machten »Schsch«. Als er fertig war, gab es höflichen Applaus. Richard setzte sich wieder in seine Ecke, kratzte sich verstohlen den Hals. Er bekam Ausschlag von dem schwarzen Rollkragenpulli. Wie seine Mutter jedem erzählte, den es interessieren könnte, hatte er eine empfindliche Haut.

Nach ihm kam eine strohblonde ältere Dichterin von der Westküste, die ein langes Gedicht vorlas, in dem beschrieben wurde, wie der Wind ihr zwischen die Schenkel blies. In diesem Gedicht gab es forsche Enthüllungen, lässig hingeworfene Kraftausdrücke; nichts, was man nicht auch bei Alan Ginsberg lesen konnte, aber Richard ertappte sich dabei, wie er rot wurde. Nach ihrer Lesung kam diese Frau und setzte sich neben Richard. Sie drückte seinen Arm und flüsterte: »Ihre Gedichte sind hübsch.« Dann zog sie, während sie ihm direkt in die Augen sah, ihren Rock bis über die Schenkel hoch. Für die anderen im Raum war es wegen der karierten Tischdecke und des rauchigen trüben Lichts nicht zu sehen, aber es war eine klare Einladung. Sie ermunterte ihn, einen Blick auf die mottenzerfressene Scheußlichkeit zu werfen, die sie da drin versteckt hielt.

Richard merkte, wie ihn die kalte Wut packte. Es wurde von ihm erwartet, daß ihm der Speichel aus den Mundwinkeln rann, daß er sich auf der Treppe wie ein Schimpanse auf sie warf. Er haßte diese Art Unterstellungen über Männer, über Zollstocksex, über geifernde, hohlköpfige Erektionen. Am liebsten hätte er sie geschlagen. Sie mußte mindestens fünfzig sein.

So alt, wie er jetzt selbst ist, stellt Richard betrübt fest. Das ist etwas, dem Selena entkommen ist. In seinen Gedanken ist es ein Entkommen.

Wie immer am Dienstag gab es eine Musikeinlage. Ein Mädchen mit langem, glattem dunklem Haar, das in der Mitte gescheitelt war, setzte sich mit einer Klaviaturzither auf den Knien auf einen hohen Hocker und sang mit hoher klarer Stimme mehrere klagende Volksweisen. Richard machte sich Gedanken, wie er die Hand der Dichterin von seinem Arm wegkriegen sollte, ohne grober zu werden, als ihm lieb war. (Sie war älter, sie hatte Bücher veröffentlicht, sie kannte Leute.) Er überlegte, ob er sich entschuldigen und auf die Toilette gehen sollte; aber die Toilette war nur eine Zelle, deren Tür direkt in den Hauptraum führte. Sie besaß keinen Riegel, und Max hatte die Gewohnheit, die Tür aufzumachen, wenn man drin war. Wenn man nicht das Licht ausmachte und im Dunkeln pinkelte, lief man Gefahr, hell erleuchtet wie eine Weihnachtskrippe zur Schau gestellt zu werden, während man gerade mit den Händen am Hosenschlitz herumfummelte.

Als sie sich in seine Arme drückt,
Hat er das Messer schon gezückt,

sang das Mädchen.

Ich könnte einfach gehen, dachte Richard. Aber das wollte er nicht.

O Willy, Willy, ich bin nicht bereit
für das Leben in der Ewigkeit.

Sex und Gewalt, denkt er jetzt. Eine Menge Lieder handelten davon. Wir merkten es gar nicht. Wir hielten es für Kunst.

Dann, gleich danach, war Selena an der Reihe. Er hatte sie noch nie hier gesehen, es war, als käme sie aus dem Nichts, plötzlich war sie da, auf der winzigen Bühne, unter dem einen Scheinwerfer.

Sie war schlank, fast schmächtig. Wie die Sängerin trug sie langes dunkles Haar mit einem Mittelscheitel. Ihre Augen waren schwarz umrandet, das kam gerade in Mode. Sie trug ein langärmeliges hochgeschlossenes schwarzes Kleid und darüber einen Schal, der mit etwas bestickt war, das wie blaue und grüne Libellen aussah.

O Gott, dachte Richard. Noch so eine scharfe Poetin. Schätze, jetzt gibt es noch mehr Pudenda, fügte er aus seinem Bildungsvokabular hinzu.

Dann traf ihn die Stimme. Es war eine warme volle Stimme, dunkel gewürzt, wie Zimt, und viel zu gewaltig für eine so kleine Person. Es war eine verführerische Stimme, aber auf eine keineswegs plumpe Weise. Was sie offerierte, war der Zutritt zum Staunen, zu einem geteilten und erregenden Geheimnis; zu Herrlichkeiten. Aber es gab auch eine

Unterströmung amüsierter Ironie, als sei man ein Narr, wenn man sich von dieser Sinnlichkeit einfangen ließe; als wäre da ein kosmischer Witz, ein einfacher, geheimnisvoller Witz, wie die Witze von Kindern, in nicht allzu weiter Ferne.

Was sie las, war eine Reihe kurzer zusammenhängender Gedichte. »Isis in der Dunkelheit.« Die ägyptische Königin des Himmels und der Erde wanderte durch die Unterwelt, las die Teile des ermordeten und zerstückelten Körpers ihres Geliebten Osiris auf. Gleichzeitig aber war es ihr eigener Körper, den sie wieder zusammensetzte; und es war auch das physische Universum. Sie schuf das Universum durch einen Akt der Liebe.

All dies trug sich nicht im antiken Mittleren Königreich Ägypten zu, sondern im faden, schäbigen Toronto, in der Spadina Avenue, nachts, zwischen den dunklen Kleiderfabriken und Delikatessengeschäften und Bars und Pfandhäusern. Es war eine Klage und eine Feier. Noch nie hatte Richard etwas Ähnliches gehört.

Er lehnte sich in seinem Stuhl zurück, zupfte an seinem struppigen Bart, bemühte sich nach besten Kräften, dieses Mädchen und ihre Gedichte trivial zu finden, übertrieben und prätentiös. Aber es gelang ihm nicht. Sie war brillant, und er fürchtete sich. Er spürte, wie sein eigenes behutsames Talent auf die Größe einer vertrockneten Bohne zusammenschrumpfte.

Die Espressomaschine ging nicht ein einziges Mal an. Als sie am Ende angekommen war, gab es ein Schweigen vor dem Applaus. Das Schweigen rührte daher, daß die Leute nicht wußten, was sie damit anfangen sollten, wie sie es aufnehmen sollten, was immer es war, das ihnen angetan worden war. Für einen Augenblick hatte sie die Realität verwandelt, und sie brauchten einen Atemzug, um sie wiederzufinden.

Richard stand auf, schob sich an den entblößten Beinen der

Dichterin vorbei. Es war ihm jetzt egal, wen sie kannte. Er ging hinüber zu Selena, die sich gerade mit einer Tasse Kaffee setzte, die Max ihr gebracht hatte.

»Ich mag Ihre Gedichte«, brachte er heraus.

»Mag? Mag?« Er glaubte, sie mache sich über ihn lustig, obwohl sie nicht lächelte. »*Mögen* ist Margarine. Wie wär's denn mit *bewundern*?«

»Dann eben bewundern«, sagte er und kam sich erst recht wie ein Idiot vor – weil er zuerst *mögen* gesagt, dann sofort gehorcht hatte. Aber er bekam seine Belohnung. Sie bat ihn, sich zu ihr zu setzen.

Aus der Nähe waren ihre Augen türkisfarben, die Iris mit dunklem Rand wie bei einer Katze. In ihren Ohren waren blaugrüne Ohrringe in Form von Skarabäen. Ihr Gesicht war herzförmig, die Haut blaß; Richard, der sich oberflächlich mit den französischen Symbolisten beschäftigt hatte, mußte an das Wort *lilac* denken. Der Schal, die dunkel umrandeten Augen, die Ohrringe – damit wären nur wenige davongekommen. Aber sie benahm sich, als wäre es ihre ganz gewöhnliche Aufmachung. Was man so vor fünftausend Jahren an jedem x-beliebigen Tag auf einer Fahrt den Nil hinunter eben trug.

Es paßte zu ihrer Darbietung – bizarr, aber selbstbewußt. Absolut vollendet. Das Schlimmste daran war, daß sie erst achtzehn war.

»Das ist ein wunderbarer Schal«, versuchte es Richard. Seine Zunge fühlte sich an wie ein belegtes Brötchen.

»Das ist kein Schal, das ist ein Tischtuch«, sagte sie. Sie blickte darauf hinunter, strich es glatt. Dann lachte sie ein bißchen. »*Jetzt* ist es ein Schal.«

Richard überlegte, ob er es wagen sollte, sie zu fragen – aber was? Ob er sie nach Hause bringen dürfte? Hatte sie so etwas Irdisches wie ein Zuhause? Aber wenn sie nun nein sagte? Während er noch überlegte, kam Max, dieser rundschädelige Kaffeegaul, herüber und legte besitzergreifend die Hand auf ihre Schulter, und sie lächelte ihn an. Richard wartete gar nicht erst ab, ob es etwas zu bedeuten hatte. Er entschuldigte sich und ging.

Er kehrte in sein gemietetes Zimmer zurück und komponierte eine Sestine an sie. Es war ein kläglicher Versuch; nichts von ihr war darin eingefangen. Er tat, was er noch mit keinem seiner Gedichte getan hatte. Er verbrannte es.

Während der nächsten Wochen lernte Richard sie besser kennen. Oder er glaubte, er tat es. Wenn er an den Dienstagabenden ins Kaffeehaus kam, begrüßte sie ihn mit einem Nicken, einem Lächeln. Dann ging er zu ihr hinüber und setzte sich zu ihr, und sie redeten. Sie redete nie von sich selbst, von ihrem Leben. Statt dessen behandelte sie ihn, als sei er ein Professioneller, ein Eingeweihter wie sie. Sie sprach von Zeitschriften, die ihre Gedichte angenommen hatten, von Projekten, an denen sie arbeitete. Sie schrieb ein Versdrama für das Radio; sie würde Geld dafür bekommen. Sie schien zu glauben, daß es nur eine Frage der Zeit sei, bis sie genug Geld verdienen würde, um davon leben zu können, auch wenn sie nur eine sehr vage Vorstellung hatte, wieviel *genug* sein würde. Sie sagte nicht, wovon sie im Augenblick lebte.

Richard fand sie naiv. Er selbst hatte den vernünftigen Weg eingeschlagen: mit einem Uniabschluß konnte er sich immer irgendeine Art Einkommen in den akademischen Salzminen verdienen. Aber wer würde schon ausreichenden Lohn für Lyrik zahlen, vor allem für die Art Lyrik, die sie schrieb? Ihre Gedichte waren nicht im Stil von irgend jemandem, sie klangen nicht nach irgend etwas anderem. Dazu waren sie zu exzentrisch.

Sie war wie ein Kind, das zehn Stockwerke hoch auf einem Dachfirst schlafwandelte. Er hatte Angst, sie zu warnen, weil sie dann vielleicht erwachte und fiel.

Mary Jo, die Bibliothekarin, hatte ihn mehrere Male angerufen. Er hatte irgend etwas Vages von zuviel Arbeit gemurmelt und sie hingehalten. An einem der seltenen Sonntage, an denen er noch immer in das Haus seiner Eltern ging, um seine Wäsche zu waschen und um wieder mal das, was für seinen Vater eine ordentliche Mahlzeit bedeutete, zu verspeisen, mußte er die gequälten Nachforschungen seiner Mutter über sich ergehen lassen. Sie vertrat die Theorie, daß er sein Gehirn überanstrenge, was zu Anämie führen könne. In Wirklichkeit arbeitete er die meiste Zeit so gut wie gar nicht. Sein Zimmer war mit unkorrigierten, längst überfälligen Studentenarbeiten übersät; er hatte kein einziges Gedicht mehr geschrieben, keine einzige Zeile. Statt dessen aß er ein gummiartiges Eiersandwich oder trank Bier vom Faß in der örtlichen Braustube, oder er ging in die Nachmittagsdoppelvorstellungen im Kino, sah schmierige Filme über Frauen mit zwei Köpfen oder Männer, die sich in Fliegen verwandelten. Die Abende verbrachte er im Kaffeehaus. Er fühlte sich jetzt nicht mehr schal. Er fühlte sich verzweifelt.

Der Grund für diese Verzweiflung war Selena, aber er hätte nicht sagen können, warum. Zum Teil wollte er in sie hineinkriechen, jene innerste Höhle finden, wo ihr Talent verborgen war. Aber sie hielt ihn auf Distanz. Ihn und in gewisser Weise alle anderen auch.

Sie las mehrere Male. Wieder waren die Gedichte erstaunlich, wieder einzigartig. Nichts von ihrer Großmutter oder vom Schnee oder von der Kindheit; nichts von sterbenden Hunden oder irgendwelchen Familienangehörigen. Statt dessen waren da königliche, raffinierte Frauen, magische Männer, die die Gestalt wechselten, in denen er jedoch die verwandelten Umrisse einiger Stammgäste des *Bohemian Embassy* wiederzuerkennen glaubte. War das der weißblonde Kugelkopf von Max, waren das seine eisblauen Augen mit den schweren Lidern? Es gab noch einen anderen Mann im Kaffeehaus, einen dünnen intensiven mit Schnurrbart und feurigem spanischem Blick, der Richard mit den Zähnen knirschen ließ. Eines Abends hatte er der ganzen Tischrunde verkündet, daß er sich einen schlimmen Fall von Sackläusen eingehandelt habe, daß er sich rasieren und sich die Leisten blau anstreichen müsse. Konnte das sein Torso sein, um brennende Flügel bereichert? Richard wußte es nicht, und das machte ihn verrückt.

(Aber es war nie Richard selbst. Nie waren es sein stämmiger Bau, sein dunkelblondes Haar und seine haselnußbraunen Augen. Nie auch nur eine Zeile über ihn.)

Er riß sich zusammen, korrigierte die Arbeiten, schrieb einen Essay über die dichterischen Bilder bei Herrick zu Ende, den er benötigte, um sich sicher aus diesem akademischen Jahr ins nächste hinüberzuschwingen. Er nahm Mary Jo zu einem der Lyrikabende mit. Er dachte, das würde Selena neutralisieren, so wie eine Säure eine Lauge neutralisiert; sie aus seinem Kopf vertreiben. Mary Jo war nicht beeindruckt.

»Wo *kriegt* sie bloß diese alten Fetzen her?« sagte sie.

»Sie ist eine brillante Lyrikerin«, sagte Richard.

»Ist mir egal. Das Ding da sieht aus wie ein Tischtuch. Und warum malt sie sich die Augen so angeberisch an?«

Richard empfand das wie einen Schnitt, wie eine Wunde.

Er wollte Selena nicht heiraten. Er konnte sich nicht vorstellen, mit ihr verheiratet zu sein. Er konnte sie nicht auf der langweiligen, tröstlichen Bühne des häuslichen Lebens unterbringen; eine Frau, die seine Wäsche wusch, eine Frau, die sein Essen kochte, eine Frau, die ihm seinen Tee einschenkte. Alles was er wollte, war ein Monat, eine Woche, oder selbst nur eine Nacht. Nicht in einem Motelzimmer, nicht auf dem Rücksitz eines Autos; diese erbärmlichen Schauplätze seiner jugendlichen Fummeleien würden nicht genügen. Es müßte irgendwo anders sein, irgendwas Dunkleres und unendlich viel Fremderes. Er stellte sich eine Krypta vor, mit Hieroglyphen, wie der letzte Akt von *Aida*. Die gleiche Verzweiflung, die gleiche Ekstase, die gleiche Vernichtung. Aus einer solchen Erfahrung würde man neugeboren hervorgehen, oder gar nicht.

Es war nicht Lust. Lust war etwas, das man für Marilyn Monroe verspürte, oder manchmal für die Stripperinnen im *Victory Burlesque*. (Selena hatte ein Gedicht über den *Victory Burlesque* gemacht. Für sie waren die Stripperinnen kein Haufen fetter Schlampen mit wabbligem, pickligem Fleisch. Sie waren durchsichtig; sie waren surrealistische Schmetterlinge, die sich aus Puppen von Licht lösten; sie waren prächtig.)

Nicht ihr Körper war es, den er ersehnte. Er wollte von ihr verwandelt werden in etwas, das er nicht war.

Inzwischen war es Sommer, und die Universität und das Kaffeehaus waren geschlossen. An regnerischen Tagen lag Richard auf dem klumpigen Bett in seinem feuchten, stickigen Zimmer und lauschte auf den Donner; an sonnigen, die genauso feucht waren, bewegte er sich von einem Baum zum anderen voran, blieb im Schatten. Die Bibliothek mied er. Noch eine weitere Sitzung mit dem klebrigen Beinahe-Sex von Mary Jo, mit ihren feuchten Küssen und ihren krankenschwesterartigen Manipulationen an seinem Körper, und vor allem mit ihrer Angewohnheit, vernünftigerweise kurz vor irgend etwas Ernsthaftem aufzuhören, würden ihn lebenslang zum Invaliden machen.

»Du willst doch nicht, daß ich schwanger werde«, sagte sie immer, und sie hatte recht, das wollte er nicht. Für ein Mädchen, das mit Büchern zu tun hatte, war sie atemberaubend prosaisch. Aber schließlich war ihre Stärke auch das Katalogisieren.

Richard wußte, daß sie ein gesundes Mädchen mit einer normalen Lebenssicht war. Sie würde gut für ihn sein. Das war die Meinung seiner Mutter, die sie ihm dargelegt hatte, nachdem er den Fehler gemacht hatte, sie – nur einmal – zum Sonntagsessen mitzunehmen. Sie war wie Cornedbeef, Hüttenkäse, Lebertran. Sie war wie Milch.

Eines Tages kaufte er eine Flasche italienischen Rotwein und nahm die Fähre nach Wards Island. Er wußte, daß Selena dort wohnte. Wenigstens das war in den Gedichten vorgekommen.

Er wußte nicht, was er vorhatte. Er wollte sie sehen, von ihr Besitz ergreifen, mit ihr ins Bett gehen. Er wußte nicht, wie er vom ersten zum letzten Schritt gelangen sollte. Es war ihm egal, was dabei herauskam. Er wollte.

Er verließ die Fähre und wanderte durch die engen Straßen der Insel, auf der er noch nie gewesen war. Hier standen Sommerhäuser, billig und ohne Substanz, mit weißen Schindeln oder pastellfarben, oder mit Isolationsplatten verkleidet. Autos waren nicht erlaubt. Da waren Kinder auf Fahrrädern, dicke Frauen in Badeanzügen, die auf ihren Rasen Sonnenbäder nahmen. Tragbare Radios spielten. Nicht gerade so, wie er sich Selenas Milieu vorgestellt hatte. Er überlegte, ob er jemanden fragen sollte, wo sie wohnte – sie würden es wissen, sie würde auffallen hier –, aber er wollte keine Vorankündigung. Er erwog, umzukehren und die nächste Fähre zurück zu nehmen.

Dann sah er am Ende der Straße ein winziges einstöckiges

Haus im Schatten zweier großer Weiden. In den Gedichten hatte es Weiden gegeben. Er konnte es wenigstens versuchen.

Die Tür war offen. Es war ihr Haus, denn sie war darin. Sie war überhaupt nicht überrascht, ihn zu sehen.

»Ich wollte gerade ein paar Erdnußbutter-Sandwiches machen«, sagte sie. »Also können wir ein Picknick machen.« Sie trug weite schwarze Baumwollhosen, die orientalisch wirkten, und ein ärmelloses schwarzes Top. Ihre Arme waren weiß und dünn. Ihre Füße steckten in Sandalen; er sah ihre langen Zehen an, mit den Zehennägeln, die in einem hellen pfirsichfarbenen Rosa angemalt waren. Mit einem Stich im Herzen stellte er fest, daß der Nagellack abblätterte.

»Erdnußbutter?« sagte er stupide. Sie redete, als hätte sie ihn erwartet.

»Und Erdbeermarmelade«, sagte sie. »Oder magst du keine Marmelade?« Noch immer diese höfliche Distanz.

Er bot seine Flasche Wein an. »Danke«, sagte sie, »aber die wirst du ganz allein trinken müssen.«

»Warum?« sagte er. Er hatte sich das alles anders vorgestellt. Ein Erkennen. Eine stumme Umarmung.

»Wenn ich einmal anfinge, könnte ich nicht mehr aufhören. Mein Vater war Alkoholiker«, sagte sie ernst. »Er ist deswegen woanders.«

»In der Unterwelt?« sagte er und hoffte, eine elegante Anspielung auf ihre Gedichte gemacht zu haben.

Sie zuckte die Achseln. »Oder sonstwo.« Er kam sich wie ein Schwachkopf vor. Sie machte sich wieder daran, an ihrem winzigen Küchentisch die Erdnußbutter zu verstreichen. Richard, dem der Gesprächsstoff ausgegangen war, sah sich um. Es gab nur diesen einen spärlich möblierten Raum. Er war fast wie eine religiöse Zelle, oder seine Vorstellung davon. In der einen Ecke stand ein Schreibtisch mit einer alten schwarzen Schreibmaschine und ein Bücherregal aus Brettern und Ziegelsteinen. Das Bett war schmal und von einer dicken Schicht hellroter Indianerdecken bedeckt, um zugleich als Sofa zu dienen. Da war ein winziges Waschbecken, ein winziger Herd. Ein Sessel. Ein ausgeblichener Teppich. An den Wänden war kein einziges Bild.

»Ich brauch keine«, sagte sie. Sie hatte die Sandwiches in eine zerknitterte Papiertüte gesteckt und winkte ihm, mit nach draußen zu kommen.

Sie führte ihn zu einem Wellenbrecher, von dem aus man den See überblickte, und sie saßen darauf und aßen die Sandwiches. Sie hatte etwas Limonade in einer Milchflasche mitgebracht; sie reichten sie hin und her. Es war wie ein Ritual, wie eine Kommunion. Sie ließ ihn teilhaben. Sie saß mit Sonnenbrille und untergeschlagenen Beinen da. Zwei Leute kamen in einem Kanu vorbei. Der See kräuselte sich, warf glitzerndes Licht zurück. Richard kam sich absurd vor – und glücklich.

»Wir können nicht miteinander schlafen«, sagte sie nach einer Weile zu ihm. Sie leckte sich Marmelade von den Fingern. Richard wurde mit einem Ruck wach. Noch nie war er so jäh verstanden worden. Es war wie ein Trick; es verursachte ihm ein unbehagliches Gefühl.

Er hätte so tun können, als wisse er nicht, wovon sie redete. Statt dessen sagte er: »Warum nicht?«

»Du würdest verbraucht«, sagte sie. »Und dann würdest du nicht mehr da sein, später.«

Das war es, was er wollte: sich verbrauchen lassen. In einer heiligen Feuersbrunst verbrennen. Gleichzeitig wurde ihm klar, daß er kein tatsächliches, fleischliches Verlangen aufbringen konnte für diese Frau; dieses *Mädchen*, das mit seinen mageren Armen und minimalen Brüsten neben ihm auf dem Wellenbrecher saß und mit den Beinen baumelte wie eine Neunjährige.

»Später?« fragte er. Wollte sie damit nur sagen, daß er zu gut war, um vergeudet zu werden? War es ein Kompliment oder nicht?

»Wenn ich dich brauche«, sagte sie. Sie stopfte das Wachspapier, in dem die Sandwiches eingewickelt gewesen waren, in die Papiertüte. »Ich bring dich zur Fähre.«

Er war umgangen worden, ausmanövriert; und ausspioniert. Vielleicht war er ein offenes Buch und noch dazu ein Tölpel, aber das brauchte sie ihm nicht auch noch unter die Nase zu reiben. Während sie gingen, merkte er, wie er wütend wurde. Er hielt immer noch die Weinflasche in der Tüte des Getränkeladens umklammert.

An dem Anlegeplatz der Fähre ergriff sie seine Hand, schüttelte sie förmlich. »Vielen Dank, daß du gekommen bist«, sagte sie. Dann schob sie die Brille nach oben in ihr Haar und schenkte ihm einen türkisgrünen, vollen Blick aus ihren Augen. »Das Licht scheint nur für manche«, sagte sie freundlich und traurig. »Und selbst für die nicht die ganze Zeit. Den Rest der Zeit ist man allein.«

Aber er hatte für einen Tag genug aphoristische Äußerungen gehört. »Theatralisches Weib«, sagte er sich auf der Fähre.

Er ging in sein Zimmer zurück und trank den größten Teil der Weinflasche aus. Dann rief er Mary Jo an. Als sie sich wie üblich an der neugierigen Wirtin im Erdgeschoß vorbeigeschlichen hatte und auf Zehenspitzen an seiner Tür angekommen war, zog er sie grob ins Zimmer und bog sie in einer angeheiterten, gespielt leidenschaftlichen Umarmung nach hinten. Sie begann zu kichern, aber er küßte sie ernst und stieß sie aufs Bett. Wenn er nicht haben konnte, was er wollte, würde er wenigstens etwas bekommen. Die Stoppeln ihrer rasierten Beine kratzten; ihr Atem roch nach Trauben-Kaugummi. Als sie zu protestieren begann, ihn wieder vor den Gefahren einer Schwangerschaft warnte, sagte er, es sei egal. Das faßte sie als einen Heiratsantrag auf. Am Ende war es einer.

Mit der Ankunft des Babys hörte seine akademische Arbeit auf, etwas zu sein, was er mit Herablassung machte, erduldend, und wurde lebensnotwendig. Er brauchte das Geld, und dann brauchte er mehr Geld. Er arbeitete an seiner Doktorarbeit über die kartografische Bildsprache bei John Donne, unterbrochen von Babygeschrei und dem zahnarztbohrerähnlichen Geheule des Staubsaugers, und von den Tassen Tee, die ihm Mary Jo zu unpassenden Momenten brachte. Sie sagte, er sei ein Griesgram, aber da das mehr oder weniger das Benehmen war, das sie von einem Ehemann erwartete, schien es ihr nichts auszumachen. Sie tippte seine Arbeit für ihn und machte die Fußnoten und gab vor ihren Verwandten mit ihm an, mit ihm und seinem neuen Titel. Er bekam eine Stelle am Landwirtschaftscollege in Guelph. Dort brachte er den Veterinärstudenten Gliederung und Grammatik bei.

Er schrieb keine Lyrik mehr. An manchen Tagen dachte er kaum noch daran. Es war wie ein dritter Arm, oder ein drittes Auge, das verkümmert war. Als er es noch gehabt hatte, war er mißgebildet gewesen, jetzt war er normal.

Ab und zu allerdings wurde er rückfällig. Er schlich sich in die Bücherläden oder Bibliotheken, drückte sich an den Ständen herum, in denen die kleinen Zeitschriften lagen; manchmal kaufte er eine. Tote Dichter waren sein Geschäft, lebende sein Laster. Eine Menge von dem Zeug, das er las, war Schrott, und er wußte es; trotzdem hatte er immer ein gutes Gefühl dabei. Dann stieß er gelegentlich auf ein richtiges Gedicht und hielt den Atem an. Nichts sonst konnte ihn so durch den Raum abstürzen lassen, dann auffangen; nichts sonst konnte ihn so öffnen.

Manchmal waren diese Gedichte von Selena. Er las sie, und ein Teil von ihm – ein kleiner, begrenzter Teil – hoffte auf eine Entgleisung, ein Nachlassen; aber sie wurde immer nur besser. In den Nächten, in denen er im Bett lag, an der Schwelle zum Schlaf, mußte er an sie denken, oder sie erschien ihm, er war sich nie sicher, welches von beiden; eine dunkelhaarige Frau mit ausgestreckten Armen in einem langen Umhang aus Blau und mattem Gold, oder aus Federn, oder aus weißem Leinen. Die Gewänder wechselten, aber sie selbst blieb immer gleich. Sie war etwas, das ihm gehörte, das er verloren hatte.

Er sah sie erst 1970 wieder, wieder ein Jahr mit einer Null. Inzwischen war es ihm gelungen, wieder eine Stelle in Toronto zu bekommen, wo er auf einem neuen Campus am Stadtrand Literatur des Puritanismus lehrte und Einführungskurse in Englisch hielt. Er hatte noch immer keine Professur: Im Zeitalter des »publish-or-perish« hatte er nur zwei Artikel veröffentlicht, einen über Hexerei als sexuelle Metapher, einen anderen über *The Pilgrim's Progress* und Architektur. Jetzt, da ihr Sohn zur Schule ging, war Mary Jo zum Katalogisieren zurückgekehrt, und sie hatten mit ihren Ersparnissen eine Anzahlung auf eine viktorianische Doppelhaushälfte geleistet. Das Haus hatte eine kleine Rasenfläche nach hinten hinaus, die Richard mähte. Sie redeten immer wieder von einem Garten, brachten aber nie die Energie dafür auf.

Zu diesem Zeitpunkt hatte Richard einen Tiefpunkt erreicht, obwohl Mary Jo behauptete, daß er überhaupt immer auf einem Tiefpunkt war. Sie fütterte ihn mit Vitaminpillen und redete auf ihn ein, einen Psychiater aufzusuchen, damit er wieder selbstbewußter wurde, obwohl sie ihn, wenn er dann ihr gegenüber selbstbewußter war, beschuldigte, patriarchalische Allüren zu haben. Inzwischen war ihm klar geworden, daß er sich darauf verlassen konnte, daß sie immer das tat, was gerade in Mode war; im Augenblick gehörte sie einer Frauengruppe zur Bewußtseinserweiterung an und unterhielt (möglicherweise) ein Verhältnis mit einem Linguisten von der Universität, der sandfarbenes Haar und ein teigiges Gesicht hatte und Johanson hieß. Ob es sie nun gab oder nicht, die Affäre kam Richard in gewisser Weise gelegen: sie gestattete ihm, schlecht von ihr zu denken.

Es war im April. Mary Jo war in ihrer Frauengruppe oder bumste mit Johanson, oder beides; sie war tüchtig, sie konnte an einem Abend eine Menge erledigen. Sein Sohn übernachtete bei einem Freund. Richard sollte an seinem Buch arbeiten, das Buch, das ihm den Durchbruch bringen würde, das ihm einen Namen machen würde, und das ihm die Professur eintragen würde: *Spirituelle Sinnlichkeit: Marvell und Vaughan und das 17. Jahrhundert*. Er hatte zwischen *sinnlicher Spiritualität* und *spiritueller Sinnlichkeit* geschwankt, aber letzteres hatte mehr Pfiff. Mit dem Buch ging es nicht besonders gut voran. Er hatte Schwierigkeiten, am Thema zu bleiben, nicht abzuschweifen. Anstatt das zweite Kapitel noch einmal umzuschreiben, war er nach unten gegangen und stöberte im Kühlschrank nach Bier.

»Und zerre die Freuden eifrigen Strebens / durch die eisernen Tore des Lebens, olé!« sang er zu der Melodie von *Hernando's Hideaway*. Er holte zwei Dosen Bier heraus und schüttete Kartoffelchips in eine Cornflakes-Schüssel. Dann ging er ins Wohnzimmer und machte es sich in dem Polstersessel bequem, schlürfte und schmatzte, schaltete nacheinander alle Fernsehprogramme durch, suchte nach dem gröbsten, idiotischsten Programm, das zu finden war. Er brauchte dringend irgendwas, worüber er sich lustig machen konnte.

In diesem Augenblick klingelte es an der Tür. Als er sah,

wer es war, war er heilfroh, daß er wenigstens soviel Verstand besessen hatte, das Programm, das er sich angesehen hatte, abzuschalten, eine Arsch-und-Titten-Posse, die sich als Kriminalfilm ausgab.

Es war Selena in einem breitrandigen schwarzen Hut und einem langen schwarzen Strickmantel und mit einem zerbeulten Koffer. »Darf ich reinkommen?« sagte sie.

Erstaunt und ein bißchen erschrocken, dann plötzlich erfreut, trat Richard zurück, um sie hereinzulassen. Er hatte vergessen, wie es war, sich zu freuen. In den letzten Jahren hatte er sogar die kleinen Zeitschriften aufgegeben und Taubheit vorgezogen.

Er fragte sie nicht, was sie in diesem Haus tat, oder wie sie ihn gefunden hatte. Statt dessen sagte er: »Willst du was zu trinken?«

»Nein«, sagte sie. »Ich trinke nicht, weißt du nicht mehr?« Da erinnerte er sich wieder; er erinnerte sich an ihr winziges Haus auf der Insel, an jede Einzelheit: das Muster aus kleinen goldenen Löwen auf der purpurroten Bettdecke, die Muschelschalen und die runden Steine auf der Fensterbank, die Gänseblümchen in einem Marmeladenglas. Er erinnerte sich an ihre langen Zehen. Er hatte sich lächerlich gemacht an jenem Tag, aber jetzt, da sie hier war, zählte das nicht mehr. Er wollte seine Arme um sie legen, sie an sich drücken; sie retten, gerettet werden.

»Aber ein bißchen Kaffee wär ganz schön«, sagte sie, und er ging in die Küche und kochte ihr welchen. Ihren Mantel behielt sie an. Die Ärmel waren fadenscheinig; er konnte die Stellen sehen, an denen sie die ausgefransten Ränder mit Wolle ausgebessert hatte. Sie lächelte ihn auf die gleiche akzeptierende Art an, die sie ihm immer entgegengebracht hatte, nahm es als selbstverständlich, daß er ein Freund und ihr gleichgestellt war, und er schämte sich über die Art und

Weise, wie er die vergangenen zehn Jahre verbracht hatte. Er mußte ihr absurd vorkommen; er kam sich selber absurd vor. Er hatte einen Bauch und eine Hypothek, eine gestrandete Ehe; er mähte den Rasen, er besaß Sportsakkos; widerwillig harkte er die Blätter des Herbstes zusammen und schippte den Winterschnee. Er hatte sich seiner eigenen Trägheit hingegeben. Eigentlich sollte er auf einem Dachboden leben, Brot und madigen Käse essen, am Abend sein einziges Hemd waschen, während in seinem Kopf die Wörter glühten.

Sie war nicht älter geworden, nicht merklich. Sie war höchstens dünner. Über ihrem rechten Backenknochen entdeckte er etwas, das wie der verblassende Schatten eines blauen Flecks aussah, aber das konnte auch die Beleuchtung sein. Sie trank einen Schluck von ihrem Kaffee, spielte mit dem Löffel. Sie schien in Gedanken ganz woanders hingetrieben zu sein. »Schreibst du viel?« sagte er, denn er wußte, daß das etwas war, das sie interessieren würde.

»O ja«, sagte sie strahlend und kehrte in ihren Körper zurück. »Es kommt wieder ein Buch von mir raus.« Wie hatte ihm das erste entgehen können? »Und du?«

Er zuckte die Achseln. »Schon lange nicht mehr.«

»Das ist eine Schande«, sagte sie. »Das ist schrecklich.« Sie meinte es. Es war, als hätte er ihr erzählt, daß jemand, den sie gekannt hatte, gestorben sei. Er war gerührt. Es waren nicht seine Gedichte selbst, um die es ihr leid tat, außer, sie besaß überhaupt keinen Geschmack. Sie hatten nichts getaugt, das wußte er jetzt, und bestimmt wußte sie es auch. Es waren die Gedichte, die er vielleicht geschrieben hätte, wenn. Wenn was?

»Könnte ich hierbleiben?« sagte sie und stellte ihre Tasse hin.

Richard war erschrocken. Sie meinte es ernst mit diesem Koffer. Nichts hätte ihn mehr gefreut, sagte er sich, aber er mußte an Mary Jo denken. »Natürlich«, sagte er und hoffte, daß sie sein Zögern nicht bemerkt hatte.

»Danke«, sagte Selena. »Ich kann sonst nirgendwo hin. Nirgends, wo es sicher wäre.«

Er bat sie nicht, das zu erklären. Ihre Stimme war noch genauso wie früher, voll und verlockend, am Rande des Ruins; sie übte die alte verheerende Wirkung auf ihn aus. »Du kannst im Spielzimmer schlafen«, sagte er. »Da steht ein Klappsofa.«

»O gut.« Sie seufzte. »Heute ist Donnerstag.« Donnerstag war, wie er sich erinnerte, ein bedeutsamer Tag in ihrer Lyrik, nur wußte er im Augenblick nicht, ob es ein guter oder ein schlechter Tag gewesen war. Jetzt weiß er es. Jetzt hat er drei Karteikarten nur mit Donnerstagen darauf.

Als Mary Jo nach Hause kam, forsch und defensiv, wie sie, wie er fand, immer war, wenn sie heimlich Sex gehabt hatte, saßen sie noch in der Küche. Selena trank eine weitere Tasse Kaffee, Richard ein weiteres Bier. Selenas Hut und der geflickte Mantel lagen auf ihrem Koffer. Mary Jo sah sie und runzelte die Stirn.

»Mary Jo, du erinnerst dich doch an Selena«, sagte Richard. »Aus dem Embassy?«

»Richtig«, sagte Mary Jo. »Hast du den Müll rausgestellt?«

»Mach ich noch“, sagte Richard. »Sie bleibt über Nacht.«

»Dann stell ich ihn eben selber raus«, sagte Mary Jo und stapfte zu der verglasten Gartenveranda, wo die Mülleimer standen. Richard folgte ihr, und sie stritten, zuerst flüsternd.

»Was zum Teufel hat sie in meinem Haus zu suchen?« zischte Mary Jo.

»Es ist nicht nur dein Haus, es ist auch mein Haus. Sie hat sonst nichts, wo sie hin kann.«

»Das sagen sie alle. Was ist passiert, hat sie ihr Freund verprügelt?«

»Hab ich nicht gefragt. Sie ist 'ne alte Freundin.«

»Hör zu, wenn du mit dieser Verrückten schlafen willst, kannst du es woanders tun.«

»So wie du?« sagte Richard mit, wie er hoffte, bitterer Würde.

»Wovon zum Teufel redest du? Beschuldigst du mich etwa?« sagte Mary Jo. Die Augen quollen ihr aus dem Gesicht, wie sie es immer taten, wenn sie richtig wütend war und nicht nur so tat. »Ach. Das würde dir gefallen, ja? Das gäb dir 'nen voyeuristischen Kitzel.«

»Auf jeden Fall schlaf ich nicht mit ihr«, sagte Richard, um Mary Jo daran zu erinnern, daß sie als erste falsche Anschuldigungen erhoben hatte.

»Warum nicht?« sagte Mary Jo. »Du bist doch seit zehn Jahren scharf auf sie. Ich hab gesehen, wie du über den dämlichen Zeitschriften geradezu gesabbert hast. *Am Donnerstag bist du eine Banane*«, intonierte sie in wilder Imitation von Selenas tieferer Stimme. »Warum schläfst du nicht einfach mit ihr und bringst es hinter dich?«

»Das würd ich ja, wenn ich könnte«, sagte Richard. Diese Wahrheit machte ihn traurig.

»Ach. Hält sie dich etwa hin? Pech, was? Tu mir 'nen Gefallen, ja, vergewaltige sie im Spielzimmer und sieh zu, daß du sie aus dem Kopf kriegst.«

»Du liebe Zeit«, sagte Richard. »Schwesternschaft *ist* mächtig.« Kaum hatte er es gesagt, wußte er, daß er zu weit gegangen war.

»Wie kannst du es wagen, meinen Feminismus so gegen mich einzusetzen?« sagte Mary Jo, ihre Stimme eine Oktave höher als sonst. »Das ist so billig! Aber du warst ja schon immer ein mieser kleiner Schwanz!«

Selena stand in der Tür und beobachtete sie. »Richard«, sagte sie, »ich glaub, ich sollte lieber gehen.«

»Aber nein«, sagte Mary Jo in einer zirpenden Parodie auf Gastfreundschaft. »Bleiben Sie doch! Das macht überhaupt keine Mühe! Bleiben Sie 'ne Woche! Bleiben Sie 'nen Monat! Betrachten Sie uns als Ihr Hotel!«

Richard begleitete Selena zur Haustür. »Wo willst du jetzt hin?« sagte er.

»Ach«, sagte sie, »irgendwas findet sich immer.« Sie stand unter der Verandalampe und sah die Straße hinunter. Es *war* ein blauer Fleck. »Aber ich hab gerade kein Geld.«

Richard holte sein Portemonnaie hervor, leerte es. Er wünschte, es wäre mehr.

»Ich zahl es zurück«, sagte sie.

Wenn er es datieren muß, dann legt Richard diesen Donnerstag als den Tag fest, an dem seine Ehe endgültig vorbei war. Obwohl er und Mary Jo sich der Form nach beieinander entschuldigt hatten, obwohl sie mehr als ein paar Drinks zu sich genommen und einen Joint geraucht und losgelösten, unpersönlichen Sex gemacht hatten, war nichts mehr zu reparieren. Kurz darauf verließ ihn Mary Jo, auf der Suche nach dem Selbst, das sie, wie sie behauptete, finden mußte. Sie nahm ihren Sohn mit. Richard, der dem Sohn nicht so besonders viel Aufmerksamkeit geschenkt hatte, mußte sich jetzt mit nostalgischen endlosen Wochenenden mit ihm begnügen. Er probierte mehrere Frauen aus, konnte sich aber nicht auf sie konzentrieren.

Er suchte nach Selena, aber sie war verschwunden. Ein Zeitschriftenredakteur sagte ihm, sie sei in den Westen gegangen. Richard hatte das Gefühl, sie im Stich gelassen zu haben. Er hatte es nicht geschafft, ihr eine Zuflucht zu sein.

Zehn Jahre später traf er sie wieder. Es war 1980, wieder ein Jahr des Nichts, oder des weißglühenden Eies. Dieses zufällige Zusammentreffen fällt ihm erst jetzt auf, während er die Karteikarten wie ein Wahrsager auf seinem Spanplattentisch auslegt.

Er war gerade aus seinem Auto gestiegen, nachdem er durch den dichter werdenden Verkehr von der Universität zurückgekommen war, an der er sich noch immer gerade so mit den Fingernägeln festhielt. Es war Mitte März, während der Frühlingsschmelze, eine irritierende, rauhe Jahreszeit, Matsch und Regen und Abfallreste, die noch vom Winter übrig waren. Seine Stimmung war ähnlich. Er hatte erst vor kurzem das Manuskript der *Spirituellen Sinnlichkeit* von einem Verlag zurückbekommen, die vierte Ablehnung. Der Begleitbrief informierte ihn darüber, daß es ihm nicht gelungen sei, die Texte ausreichend zu problematisieren. Auf der Titelseite hatte jemand mit dünnem, halb wegradiertem Bleistift *einfältig romantisch* geschrieben. Er vermutete, daß es von diesem Würger Johanson stammte, der einer ihrer Lektoren war und der es, seit Mary Jo auch ihn verlassen hatte, auf ihn abgesehen hatte. Nach einer kurzen Episode tapferen Single-Daseins war sie bei Johanson eingezogen, und sie hatten einen sechs Monate anhaltenden Blitzkrieg geführt. Dann hatte sie versucht, ihm die Hälfte seines Hauses abzujagen. Dafür hatte Johanson seither Richard die Schuld gegeben.

Daran und an den Stapel Studentenarbeiten in seiner Aktentasche dachte er gerade: James Joyce aus marxistischer Sicht oder der verstümmelte Strukturalismus, der aus Frankreich hereinsickerte und die Gehirne der Studenten noch weiter verdünnte. Die Arbeiten mußten bis morgen durchgesehen sein. Es war eine angenehme Vorstellung, sich auszumalen, wie er sie alle in der matschigen Straße auslegte und mit seinem Wagen darüber hinwegfuhr. Er würde sagen, er hätte einen Unfall gehabt.

Eine kleine dickliche Frau im schwarzen Trenchcoat kam

auf ihn zu. Sie trug einen großen braunen Stoffbeutel; sie schien sich die Hausnummern anzusehen, oder vielleicht auch die Schneeglöckchen und Krokusse auf den Rasen. Richard begriff erst, daß es Selena war, als sie schon fast an ihm vorbei war.

»Selena«, sagte er und berührte ihren Arm.

Sie wandte ihm ein leeres Gesicht zu, die türkisfarbenen Augen waren stumpf. »Nein«, sagte sie. »Das ist nicht mein Name.« Dann sah sie ihn genauer an. »Richard. Bist du das?« Entweder war ihre Freude nur gespielt, oder sie spürte sie wirklich. Wieder hatte er ein ungewohntes Glücksgefühl.

Er stand verlegen da. Kein Wunder, daß sie Mühe gehabt hatte, ihn zu erkennen. Er war vorzeitig ergraut, hatte Übergewicht; bei der letzten, unerfreulichen Begegnung mit Mary Jo hatte sie ihm gesagt, daß er die Farbe einer Schnecke habe. »Ich wußte gar nicht, daß du noch hier bist«, sagte er. »Ich dachte, du wärst in den Westen gegangen.«

»Gereist«, sagte sie. »Das ist vorbei.« Ihre Stimme hatte eine Schärfe, die er noch nie an ihr gehört hatte.

»Und deine Arbeit?« sagte er. Das war immer etwas, das man sie fragen konnte.

»Welche Arbeit?« sagte sie und lachte.

»Die Gedichte.« Er bekam Angst. Sie war sachlicher, als er sie je gekannt hatte, aber irgendwie kam ihm das verrückt vor.

»Gedichte«, sagte sie zornig. »Ich hasse Gedichte. Es gibt nur das hier. Das ist alles, was es gibt. Diese blöde Stadt.«

Ein kaltes Grauen erfaßte ihn. Was sagte sie da, was hatte sie getan? Es war wie eine Gotteslästerung, es war wie ein Akt der Entweihung. Allerdings, wie konnte er erwarten, daß sie sich den Glauben an etwas bewahrte, das er selbst so schamlos verleugnet hatte?

Sie hatte schon vorher die Stirn gerunzelt, aber jetzt wurde ihr Gesicht ganz faltig vor Angst. Sie legte ihm die Hand auf den Arm, stellte sich auf die Zehenspitzen. »Richard«, flüsterte sie. »Was ist mit uns geschehen? Wo sind alle?« Ein Nebel stieg von ihr auf, ein Duft. Er erkannte süßlichen Wein, einen Hauch von Katze.

Er wollte sie schütteln, einhüllen, sie in Sicherheit bringen, wo immer das war. »Wir haben uns nur verändert, das ist alles«, sagte er sanft. »Wir sind älter geworden.«

»Veränderung und Zerfall um mich überall«, sagte sie und lächelte auf eine Weise, die ihm gar nicht gefiel. »Ich bin nicht bereit für das Leben in der Ewigkeit.«

Erst als sie weg war – sie hatte den Tee abgelehnt, war eilig weitergehastet, als könne sie es gar nicht erwarten, ihn loszuwerden –, wurde ihm klar, daß sie aus einem Volkslied zitiert hatte. Dasselbe Lied, das er, zur Klaviaturzither, in dem Kaffeehaus gehört hatte, an dem Abend, an dem er sie zum ersten Mal gesehen hatte, als sie in ihrem Libellenschal unter dem einen Scheinwerfer gestanden hatte.

Das und ein Kirchenlied. Er überlegte, ob sie »religiös« geworden war, wie seine Studenten es nannten.

Monate später hörte er, daß sie tot war. In der Zeitung stand ein Artikel über sie. Die Einzelheiten waren vage. Aber das Bild nahm seinen Blick gefangen: ein früheres Bild von ihr, vom Schutzumschlag eines ihrer Bücher. Wahrscheinlich gab es kein neueres, weil sie seit Jahren nichts mehr veröffentlicht hatte. Selbst ihr Tod gehörte einer früheren Zeit an; selbst die Menschen in der kleinen geschlossenen Welt der Lyrik hatten sie weitgehend vergessen.

Aber jetzt, nachdem sie tot ist, wird sie wieder beachtet. In mehreren Vierteljahresschriften hat man das Land wegen seiner Gleichgültigkeit gescholten, weil es ihr zu Lebzeiten die Anerkennung verweigert hatte. Es gibt auch schon eine Bewegung, eine Straße nach ihr zu benennen, oder ein Stipendium, und die Akademiker schwärmen aus wie Pferdebremsen. Es ist ein dünner Band mit Essays über ihre Arbeiten erschienen, nach Richards Meinung schwaches Zeug, seicht und nichtssagend; Gerüchten zufolge soll bald ein weiterer herauskommen.

Das ist aber nicht der Grund, warum Richard über sie schreibt. Und auch nicht, um sich seine Stelle zu erhalten: er wird sowieso bald von der Uni fliegen, es werden schon wieder Jobs eingespart, er hat keine Professur, sein Kopf liegt bereits auf dem Hinrichtungsblock. Es ist nur, weil sie das einzige ist, was ihm noch etwas bedeutet, oder worüber er noch schreiben möchte. Sie ist seine letzte Hoffnung.

Isis in der Dunkelheit, schreibt er. *Genesis*. Es ist für ihn erhebend, auch nur die Worte zu formulieren. Am Ende wird er doch noch für sie existieren, er wird von ihr geschaffen werden, er wird schließlich doch einen Platz in ihrer Mythologie haben. Es wird nicht das sein, was er früher einmal wollte: nicht Osiris, kein blauäugiger Gott mit brennenden Flügeln. Seine Metaphern sind bescheidener. Er wird nur der Archäologe sein; nicht Teil der Hauptgeschichte, sondern derjenige, der hinterher darüber stolpert, der seine eigenen dunklen und vom Leben arg mitgenommenen Gründe hat, sich seinen Weg durch den Dschungel zu bahnen, über die Berge, quer durch die Wüste, bis er am Ende den ausgeplünderten und verlassenen Tempel entdeckt. In der zerstörten heiligen Stätte, im Mondschein, wird er die Königin des Himmels und der Erde und der Unterwelt finden, die in weißen Marmorsplittern am Boden liegt. Er wird es sein, der die Trümmer aufliest und nach der früheren Gestalt tastet. Er wird es sein, der sagt, daß sie Bedeutung hat. Auch das ist eine Berufung, auch das kann ein Schicksal sein.

Er nimmt eine Karteikarte, bringt in seiner sauberen Schrift eine kleine Fußnote darauf an und legt sie wieder schön ordentlich zurück in das Papiermosaik, das er auf seinem Schreibtisch ausgebreitet hat. Seine Augen brennen. Er schließt sie und legt die Stirn auf die zu Fäusten geballten Hände, ruft all das Wissen und Können auf, das ihm noch geblieben ist, er kniet neben ihr in der Dunkelheit und fügt ihre zerbrochenen Teile wieder zusammen.

Die Moorleiche

Julie machte mit Connor mitten in einem Sumpf Schluß.

Stillschweigend revidiert Julie das: nicht direkt mittendrin, nicht bis an die Knie in verfaulenden Blättern und trübem braunem Wasser. Mehr oder weniger am Rand; in Reichweite sozusagen. Also, um genau zu sein, in einem Gasthaus. Oder nicht einmal ein Gasthaus. Ein Zimmer in einem Pub. Es gab nichts anderes.

Und eigentlich auch gar nicht in einem Sumpf. In einem Moor. Bei einem Sumpf rinnt das Wasser an der einen Seite rein und an der anderen raus, beim Moor rinnt es rein und bleibt drin. Wie oft hatte ihr Connor den Unterschied erklären müssen? Ziemlich oft. Aber Julie findet den Klang von Sumpf schöner. Nebliger, verspukter.

Deshalb sagt Julie immer: *Ich hab mit Connor mitten in einem Sumpf Schluß gemacht.*

Sie macht noch andere Revisionen. Sie revidiert Connor. Sie revidiert sich selbst. Connors Frau bleibt ungefähr gleich, aber die hat Julie sich von Anfang an selbst ausgedacht, da sie ihr nie begegnet ist. Manchmal hat sich Julie gefragt, ob die Frau überhaupt existierte, oder ob sie nur eine Erfindung von Connor war, um Julie auf Armeslänge zu halten. Aber nein, die Frau existierte tatsächlich. Sie war real, und sie wurde mit der Zeit immer realer.

Connor erwähnte die Frau und die drei Kinder und den Hund schon bald, nachdem er Julie kennengelernt hatte.

Also, eigentlich nicht kennengelernt. Mit ihr geschlafen hatte. Was fast dasselbe war.

Heute glaubt Julie, daß er sie nicht verschrecken wollte, indem er dieses Thema zu früh berührte. Sie selbst war gerade erst zwanzig und viel zu naiv, um auch nur auf die Idee zu kommen, nach Hinweisen zu suchen, wie etwa nach einem weißen Streifen an seinem Ringfinger. Und als er dann schließlich doch darauf zu sprechen kam und ein verlegenes Geständnis ablegte, war Julie nicht in der Situation, sich verschrecken zu lassen. Sie lag schon in einem Motelzimmer, lose in ein Laken gehüllt. Sie war zu müde, um sich verschrecken zu lassen, und zu erstaunt und zu dankbar. Connor war nicht ihr erster Liebhaber, aber er war der erste erwachsene, er war der erste, für den Sex nicht irgendeine Art jugendlicher Rauferei war. Er nahm ihren Körper ernst, was sie endlos beeindruckte.

Zu der Zeit – wann war das gewesen? Vor zwanzig Jahren, oder fünfundzwanzig. Oder eher dreißig. Es war Anfang der sechziger Jahre gewesen; das Jahr hatte mit hochgetürmten Frisuren zu tun, mit weißem Lippenstift, mit feinen dunklen Ringen, die rund um die Augen gezogen wurden. Modefarbe war Purpurrot, obwohl Julie selbst das rebellischere Schwarz vorzog. Sie sah sich als eine Art Piratin. Eine dunkeläugige Freibeuterin mit hageren Gesichtszügen und Zottelhaaren, die mit ihren plötzlichen Überfällen die behäbige Vorstadt in Atem hielt. Die Dächer in Brand setzte, mit der Beute türmte, das tat, was ihr gefiel. Sie studierte moderne Philosophie, las Sartre, rauchte Gitanes und kultivierte einen Ausdruck verächtlicher Langeweile. In ihr kochte eine nicht genau bestimmbare Erregung, und sie suchte nach jemand Anbetungswürdigem.

Connor war's. Julie war in ihrem letzten Studienjahr an der Universität von Toronto, und Connor war ihr Professor für

Archäologie – ein Kurs mit einer Stunde pro Woche, den man anstelle von Religion belegen konnte. Julie verliebte sich in seine Stimme, die voll und rauh war, eindringlich und knapp, die sich in der Dunkelheit hob und senkte wie eine beharrlich streichelnde Hand, während er Dias von Keltengräbern vorführte. Als sie eines Tages, absichtlich spät, in sein Büro ging, um mit ihm über ihre Arbeit zum Semesterabschluß zu sprechen, bandelte sie mit ihm an. Darauf landeten sie in dem Motel. In der Zeit passierten solche Dinge zwischen den Studentinnen und ihren Professoren viel häufiger, und die Professoren brauchten auch keine Angst zu haben, wegen sexueller Nötigung angezeigt zu werden und ihren Job zu verlieren. Damals gab es einen Begriff wie »sexuelle Nötigung« noch gar nicht. Nicht einmal den Gedanken.

Zu der Zeit glaubte Julie nicht, daß die Frau und die drei Kinder und der Hund irgend etwas mit ihr und Connor zu tun hätten. Sie war zu jung, um solche Verbindungen herzustellen: Die Frau war fast so alt wie ihre eigene Mutter, und solche Frauen lebten nicht wirklich. Sie konnte sich Connor in keinem anderen Zusammenhang vorstellen als in dem der Motelzimmer, in die sie sich schlichen, oder der Wohnungen ihrer Freundinnen, billige Buden, möbliert mit Matratzen und dekoriert mit schwarzbemalten Eierkartons, die unter der Zimmerdecke angenagelt waren, und mit Chiantiflaschen als Kerzenständern. Für sie besaß er keine von ihr unabhängige Existenz: Die Frau und die Kinder waren nur langweilige Details seines Daseins – wie das tägliche Zähneputzen. Statt dessen sah sie ihn in glorreicher, edler Isolation, ein Mann ganz für sich, wie ein Astronaut, wie ein Taucher in seiner Glocke, wie ein Heiliger auf einem mittelalterlichen Gemälde, eingehüllt in seine eigene goldene Atmosphäre, einen Ganzkörperheiligenschein. Sie wollte dort bei ihm sein, teilhaben an seinem Glanz, in seinem Licht baden.

Aufgrund ihrer ursprünglichen Ehrfurcht vor Connor – er war sehr klug, er wußte viel über alte Knochen, über Reisen ins Ausland, wie man Cocktails mixte – versuchte sie gar nicht erst, bei ihrer stillschweigenden Vereinbarung mehr für sich herauszuholen. Wie auch, sie war sich ja nicht einmal bewußt, daß es eine Vereinbarung gab. Sie war geradezu darauf versessen gewesen, sich selbst aufzugeben; sie hatte nichts für sich verlangt, außer daß Connor weiterhin ein Übermensch blieb.

Seit dem ersten Motel sind zwei Monate vergangen. Julie hat jetzt das Gefühl, sehr viel älter zu sein. Sie sitzt in dem unbequemen kastanienbraunen Armsessel in ihrem Zimmer in der schottischen Kneipe in der kleinen Stadt am Rande des Moors, neben dem Fenster mit den schmuddeligen weißen Vorhängen. Das klare nördliche Licht fällt herein, sie raucht Gitanes und trinkt eine Tasse kalten Tee, die sie von ihrem wirklich spektakulär gräßlichen Frühstück mit dem schlaffen, nur halb durchgebratenen Frühstücksspeck und den verkohlten gegrillten Tomaten mit heraufgebracht hat. Sie sitzt da, und sie raucht, und sie strickt.

Sie hat gerade erst wieder mit Stricken begonnen. Gelernt hat sie es als Kind von ihrer Mutter, die an die häuslichen Tugenden der Frau glaubte. Sie hat damals auch Häkeln gelernt, Reißverschlüsse einsetzen, Silberbesteck putzen, eine Toilette zum Strahlen bringen. Das war Ballast, den sie abwarf, sobald sie auf Spinoza gestoßen war; vor zwei Jahren, vor einem, hätte sie Stricken noch verachtet. Aber in dieser Stadt gibt es nicht viel zu tun, wenn Connor nicht da ist. Julie ist schon mehrmals die Hauptstraße auf und ab gegangen; sie hat sich von dem Regen einnieseln lassen, sie hat sich von den in Tweed gehüllten Einwohnern mit Stirnrunzeln mustern lassen. Sie hat sich in das einzige Café gesetzt und scheußlichen Kaffee getrunken und weiches, nach Schweinefett schmeckendes Teegebäck gegessen. Sie hat die alte Kirche besichtigt: nicht viel zu sehen. Die bunten Glasfenster mußten bei der Übernahme durch die Presbyterianer verschwunden sein. An den Wänden die Namen toter Soldaten, als würde das Gott interessieren.

Das Stricken ist ihre letzte Zuflucht. Was kleinen schottischen Städten wie dieser auch sonst alles fehlen mag, Wollläden haben sie. Julie ist in den Wolladen gegangen, hat alle Fragen nach Familienstand und allgemeiner Daseinsform abgewehrt und das Schnittmuster für einen Pullover gekauft – den sie hier »Jumper« nennen – und große Nadeln und mehrere Lagen dunkelgrauer Wolle. Sie wickelte die Lagen zu Knäueln, ging noch einmal in den Wolladen und kaufte einen häßlichen Stoffbeutel mit Holzgriffen, um sie hineinzulegen.

Der Pullover, den sie strickt, ist für Connor. Sie ist beim ersten Ärmel. Nach einer Weile merkt sie, daß sie den Ärmel zwanzig Zentimeter zu lang gemacht hat. Connor wird darin wie ein Orang-Utan aussehen. Soll er sich doch beklagen, denkt sie. Sie läßt ihn so und beginnt mit dem anderen Ärmel. Sie beabsichtigt, ihn genauso lang zu machen.

Während Julie strickt, ist Connor unterwegs, um die Moorleiche zu besichtigen. Wegen der Moorleiche sind sie hier.

Als der Fund der Moorleiche bekannt wurde, waren sie auf der Insel Orkney. Connor sah sich die keltischen Steinkreisanlagen an, und Julie tat so, als wäre sie seine Assistentin. Auf diese helle Idee war Connor gekommen. Dadurch konnte er Julie als einen Teil seiner Unkosten für die Expedition abschreiben, aber natürlich ließ sich davon niemand lange täuschen; zumindest nicht die Barkeeper, zumindest nicht die Hausmädchen in den diversen Gasthäusern, in denen sie übernachteten. Sie grinsten Julie höhnisch an oder guckten streng und selbstgerecht, obwohl Julie und Connor vorsichtshalber getrennte Zimmer nahmen. Vielleicht sollte Julie geschäftiger aussehen; vielleicht sollte sie Notizbücher mit sich herumtragen, sich nützlich machen.

Trotz der Blicke der Hausmädchen und der Anspielungen der Barkeeper hat es Julie auf Orkney ziemlich gut gefallen. Nicht einmal das Frühstück störte sie, nicht einmal der zähe Haferschleim und das trockene Toastbrot. Nicht einmal das Dinner. Um ihr die gute Laune zu verderben, hätte es schon einer ganzen Menge mehr steinharter Lammkoteletts bedurft, einer ganzen Menge mehr viel zu lange gebratener Fische. Es war ihre erste Reise über den Atlantischen Ozean; sie wollte, daß alles alt und pittoresk war. Wichtiger noch – es war das erste Mal, daß sie und Connor über längere Zeit zusammen waren. Fast kam es ihr so vor, als wäre sie mit ihm auf einer einsamen Insel. Er empfand das auch; er war viel freier, nicht so nervös, wenn vor der Tür Schritte zu hören waren; und auch wenn er noch immer mitten in der Nacht aufstehen und sich aus dem Zimmer schleichen mußte, war es doch ein schönes Gefühl zu wissen, daß er sich nur nach nebenan schlich.

Es war Juli, die Felder waren grün, die Sonne schien, die Steinkreise waren angemessen geheimnisvoll. Wenn Julie in ihrer Mitte stand, die Augen schloß und sich nicht bewegte, glaubte sie, eine Art Summen zu hören. Nach Connors Theorie handelte es sich bei diesen Kreisen nicht nur um große harmlose primitive Kalender, die den Zweck hatten, den Zeitpunkt der Sonnenwende zu bestimmen. Er glaubte, daß es sich dabei um Stätten handelte, wo rituelle Menschenopfer gebracht worden waren. Dadurch hätten sie Julie unheimlicher vorkommen müssen, aber das taten sie nicht. Stattdessen spürte sie eine Verbindung zu ihren Vorfahren. Die Familie ihrer Mutter stammte mehr oder weniger aus diesem

Teil der Welt; irgendwo aus dem Norden Schottlands. Sie saß gern zwischen den aufgerichteten Steinen und stellte sich ihre Vorfahren vor, wie sie nackt und mit blauen Tätowierungen herumliefen und den Göttern Becher mit Blut darboten, oder was immer sie sonst taten. Irgendwelche blutrünstigen, nicht zu entziffernden piktischen Dinge. Das Blut machte sie authentisch, so authentisch wie die Majas; jedenfalls authentischer als dieses ganze andere Zeug mit den Clans und den Kilts und den Dudelsäcken, das Julie langweilig und sentimental fand. Davon hatte sie an ihrer Universität genug gekriegt. Das reichte für eine Weile.

Aber dann hatte man die Moorleiche gefunden, und sie mußten packen und mit der Fähre zum Festland fahren, wo es noch mehr regnete. Julie wäre gern auf Orkney geblieben, aber Connor war nicht zu halten gewesen. Er wollte dort ankommen, bevor die Moorleiche völlig, wie er es ausdrückte, ruiniert war. Er wollte vor allen anderen dort sein.

Diese besondere Moorleiche wurde von einem Torfstecher zutage gefördert, der zufällig mit der scharfen Schneide seines Spatens hineingestochen und ihr die Füße abgetrennt hatte. Er hatte angenommen, daß es sich um ein kürzliches Mordopfer handelte. Er hatte nur schwer glauben können, daß diese Moorleiche zweitausend Jahre alt war: sie war so gut erhalten.

Manche der kürzlich entdeckten Moorleichen sind, nach den Bildern zu urteilen, die Connor ihr von ihnen gezeigt hat, kein besonders erfreulicher Anblick. Das Moorwasser hat ihre Haut gegerbt und die Haare erhalten, aber ihre Knochen sind oft zersetzt worden, und durch das Gewicht des Torfs sind sie plattgedrückt, so daß sie wie außerordentlich übel zugerichtete Reste von Ledergeschirren aussehen. Julie kann zu ihnen nicht die Verbindung herstellen, die sie zu den Steinringen empfand. Die Vorstellung von Menschenopfern ist eine Sache, aber die Überreste sind wieder etwas anderes.

Vor dieser Reise hat Julie nicht viel von Moorleichen gewußt, jetzt weiß sie mehr. Zum Beispiel ist diese Moorleiche getötet worden, indem man sie mit einer Lederschlinge erdrosselt und im Moor versenkt hat, wahrscheinlich als Opfer für die große Göttin Nerthus oder sonst jemanden, um das Gedeihen des Getreides zu sichern. »Im Anschluß an irgendeine sexuelle Orgie«, sagte Connor erwartungsvoll. »Diese Naturgöttinnen waren unersättlich.«

Er zählte noch andere Dinge auf, die den Naturgöttinnen geopfert worden waren. Halsketten waren das eine, und Töpfe. Viele Töpfe und Kessel waren aus Mooren gegraben worden, hier und überall in Nordeuropa. Connor hat eine Karte, auf der die Fundorte markiert sind, und eine Liste mit den Dingen, die dort gefunden wurden. Er scheint zu glauben, daß Julie die Liste im Kopf haben sollte, daß sie alle Einzelheiten behält, und zeigt sich erstaunt, wenn sich herausstellt, daß das nicht der Fall ist. Neben all seinen anderen Vorzügen oder Mängeln – Julie merkt gerade erst, wie schwer es ist, das zu unterscheiden – ist Connor sehr pädagogisch. Allmählich kommt Julie der Verdacht, daß er sich bemüht, ihren Geist zu formen. Fragt sich nur, wozu.

Während sie strickt, stellt sie in Gedanken eine Liste von anderen Dingen auf, die auch geformt werden. Plumpudding zu Weihnachten, Gartenzwerge, Gelatinedesserts, wacklig und rosa und mit winzigen bunten Zuckerstückchen besprenkelt. Das bringt Julie auf ihre Mutter und dann auf Connors Frau.

Sie staunt darüber, wie diese unsichtbare Frau zu Fleisch geworden ist, wie sie allmählich immer mehr Festigkeit und Existenz gewinnt. Zu Beginn ihrer zwei Monate alten Beziehung zu Connor war die Ehefrau nur ein unbedeutender Schatten. So völlig uninteressant für Julie, daß sie es nicht einmal für nötig befunden hatte, Connors Brieftasche nach

Familienfotos zu durchsuchen, während er unter der Dusche stand.

Damals hat sie das nicht gekümmert, aber später schon. Hinter dem Führerschein steckt ein Familienfoto, in Farbe, im Garten auf dem Rasen, im Sommer: die Frau, riesig in einem geblümten Kleid und mit zusammengekniffenen Augen; die drei Jungen, mit demselben roten Haar wie Connor, ebenfalls mit zusammengekniffenen Augen; der Hund, ein schwarzer Labrador, der so klug war, nicht in die Sonne zu sehen, mit heraushängender Zunge, sabbernd. Die Normalität, die Schlichtheit dieses Bildes verletzt Julie tief. Es widerspricht ihrer Vorstellung von Connor, von seiner romantischen Isolation; es macht ihn kleiner, und es hat Julie zum ersten Mal das Gefühl vermittelt, billig und verstohlen zu sein. Nicht dazugehörend, ein Anhängsel. Wenn sie alle auf einem Schlitten säßen und die Wölfe kämen näher, würde sie – daran bestand gar kein Zweifel, wenn sie sich den Hund betrachtete, und die rothaarigen Kinder, den Vorstadtrasen – als erste abgeworfen werden. Gemessen an diesen Oberarmen, die aus den kurzen Ärmeln des geblümten Kleides der Frau herausragten – diese wäschekörbeschleppenden, kinderverprügelnden Arme –, ist Julie mit ihren langen dunklen Piratenhaaren und ihrer Sechzig-Zentimeter-Taille nur ein Ornament.

Connor hat gut reden, wenn er sagt, daß seine Frau ihn nicht versteht. Diese kräftige Frau mit den zusammengekniffenen Augen sieht aus, als verstünde sie nur zu gut. Wenn sie und Julie sich begegneten, würde sie Julie gar nicht ernst nehmen. Sie würde einen Blick auf Julie werfen, nur einen Blick, dann leise lachen, und Julie würde im Boden versinken.

Hausfrau, das ist das Wort. Das ist das As, das diese Frau im Ärmel hat, ihre Versicherungspolice. Obwohl sie wie ein Lastwagenreifen aussieht, hat sie das Territorium abgesteckt.

Sie hat das Heim. Sie hat das Haus, sie hat die Garage, sie hat die Hundehütte und den Hund dazu. Sie hat Connors Kinder, mit denen zusammen sie ein einziges unüberwindbares Monstrum mit vier Köpfen und sechzehn Armen und Beinen ist. Sie hat den Schrank, in dem Connor seine Sachen aufhängt, und die Waschmaschine, in der am Waschtag seine Socken herumgeschleudert werden und sich der Fusseln entledigen, die sie von den Badematten in den Motelzimmern, die er mit Julie geteilt hat, aufgelesen haben. Motels sind Niemandsland: sie sind kein Territorium, sie lassen sich nicht verteidigen. Julie hat Connors sexuelle Aufmerksamkeit, aber die Frau hat Connor.

Julie hat für einen Tag genug gestrickt; sie wickelt den neu begonnenen zweiten Ärmel um die Nadeln und stopft ihn in ihren Stoffbeutel. Sie beschließt, ins Moor zu gehen, um Connor zu suchen. Sie hat das Moor noch nicht gesehen; sie hat die Moorleiche noch nicht gesehen. Connor hat ihr den Eindruck vermittelt, sie würde nur im Weg sein. Selbst er hat es aufgegeben, so zu tun, als wäre sie in irgendeinem Sinn seine Assistentin. Sie läuft Gefahr, als störend empfunden zu werden, aber sie ist jetzt bereit, diese Gefahr auf sich zu nehmen. Langeweile macht erfinderisch.

Sie nimmt ihre Schultertasche von dem abgestoßenen Frisiertisch, betrachtet sich in dem trüben Spiegel, schiebt sich das Haar aus dem Gesicht. Sie bekommt schon dieses sonnenlose Aussehen. Sie stöbert in der Kammer nach ihrem Regenmantel, stopft ihre Gitanes in die Tasche, macht die Tür zu und verschließt sie und geht die Treppe hinunter, macht einen Bogen um die Putzfrau, die ihr einen düsteren Blick zuwirft, und geht hinaus in den Nebel.

Sie weiß, wo das Moor ist; jeder weiß das. Sie braucht eine halbe Stunde bis dorthin, immer die Straße entlang, die so alt ist, daß sie sich wie eine Furche in das Land gegraben hat. Connor fährt mit einem Auto dorthin, das er sich von einem Archäologen in Edinburgh geliehen hat. Hoffnungslos, sich in dieser Stadt einen Wagen mieten zu wollen.

Das Moor sieht nicht sehr nach einem Moor aus. Es sieht eher wie ein feuchtes Feld aus; hohe Gräser wachsen darauf, kleine Sträucher. Hier und da klaffen die schokoladenbraunen Narben des gestochenen Torfs. Zu Lebzeiten der Moorleiche war es hier wahrscheinlich feuchter; mehr wie ein See. Zum Ertrinken geeigneter.

Connor steht an einer provisorisch aufgespannten Plane. Ein Mann ist bei ihm, und draußen im Moor sind noch ein paar andere, die, wie Julie annimmt, in dem Torfstich herumstöbern, um zu sehen, welche anderen Schätze dort noch ans Tageslicht gelangen könnten. Julie sagt Hallo, erklärt aber ihre Anwesenheit mit keinem Wort. Soll Connor doch erklären. Connor wirft ihr einen kurzen ärgerlichen Blick zu.

»Wie bist du hierhergekommen?« sagt er, als wäre sie vom Himmel gefallen.

»Zu Fuß«, sagt Julie.

»Ah, die Energie der Jugend«, sagt der andere Mann mit einem Lächeln. Er ist selbst noch ziemlich jung, jedenfalls jünger als Connor, ein großer blonder Norweger. Auch ein Archäologe. Er sieht ein bißchen so aus wie aus einem Wikingerfilm. Der metallische Geruch von Rivalität liegt in der Luft.

»Julie ist meine Assistentin«, sagt Connor. Der Norweger weiß es besser.

»Ah, ja«, sagt er spöttisch. Er gibt Julie einen knochenzermalmenden Händedruck, sieht ihr in die Augen, während sie zusammenzuckt. »Hab ich Ihnen weh getan?« fragt er zärtlich.

»Kann ich die Moorleiche sehen?« sagt Julie. Der Norweger

zeigt spöttische Überraschung, daß sie sie noch nicht gesehen hat, sie, die Assistentin. Voller Besitzerstolz – er war hier, er ist gleich nach den Schotten hierhergekommen, er hat Connor geschlagen – führt er Julie in das Zelt.

Die Moorleiche liegt auf einem Leinentuch, seitlich zusammengerollt. Es ist ein Mann. Seine Hände haben kräftige schlanke Finger, jeder Fingerabdruck ist intakt. Sein Gesicht ist ein bißchen eingesunken, aber völlig erhalten; man kann jede einzelne Pore sehen. Seine Haut ist dunkelbraun, seine Bartspitzen und die Haarspitzen, die unter einem Lederhelm hervorragen, sind erschreckend hellrot. Die Farben sind auf die Gerbsäure im Moor zurückzuführen, das weiß Julie. Trotzdem fällt es schwer, ihn sich in irgendeiner anderen Farbe vorzustellen. Seine Augen sind zu. Er sieht nicht tot aus, nicht einmal wie im Schlaf. Vielmehr scheint er zu meditieren, sich zu konzentrieren: Seine Lippen sind ein wenig gespitzt, zwischen seinen Augen ist eine Falte tiefen Nachdenkens. Um seinen Hals liegt die gewundene Kordel, mit der er erdrosselt wurde. Seine abgetrennten Füße hat man ordentlich neben ihn gestellt, wie Schlafzimmerpantoffeln, die darauf warten, angezogen zu werden.

Einen Augenblick lang empfindet Julie seine Ausgrabung, das Hervorholen aus der Erde, als Entweihung. Sicherlich sollten dem Wunsch nach Wissen, Wissen nur um seiner selbst willen, Grenzen gesetzt sein. Man hat diesen Mann überfallen. Aber der Augenblick geht vorüber, und Julie verläßt das Zelt. Vielleicht ist sie ein bißchen grün im Gesicht: schließlich hat sie gerade einen Toten gesehen. Als sie sich eine Zigarette ansteckt, zittern ihre Hände. Der Norweger wirft ihr einen besorgten Blick zu und stützt sie am Ellbogen. Connor gefällt das gar nicht.

Die drei Männer, die draußen am Torfstich gewesen sind, kommen zurück: ein schottischer Anthropologe und zwei

Arbeiter mit Torfspaten. Man spricht vom Mittagessen. Die Arbeiter haben sich etwas mitgebracht und bleiben hier, um das Zelt zu bewachen. Die Archäologen und Julie steigen in den Mietwagen des Norwegers. Essen gibt es nur im Pub, also fahren sie dorthin.

Julie ißt Brot und Käse zum Lunch, das ist das sicherste, viel sicherer als die schlaffen schottischen Eier und die kaum angewärmten fettriefenden Fleischpasteten. Die drei Männer reden von der Moorleiche. Gar kein Zweifel, daß er geopfert wurde. Fragt sich nur, welcher Göttin? Und zu welcher Sonnenwende? Wurde er zur Wintersonnenwende umgebracht, damit die Sonne zurückkam, oder zur Sommersonnenwende, damit das Korn besser gedieh? Oder vielleicht war es im Frühjahr oder im Herbst? Eine Untersuchung des Magens – den sie rausschneiden wollen, nicht hier und jetzt, sondern später, in Edinburgh – wird Indizien liefern. Samen, Körner und ähnliches. Das ist auch bei allen anderen Moorleichen gemacht worden, die noch Mägen besaßen. Julie ist froh, bei Brot und Käse geblieben zu sein.

»Man sagt, daß Tote nicht reden können«, sagt der Norweger und zwinkert Julie zu. Viele seiner Bemerkungen sind an Connor gerichtet, zielen aber auf sie. Unter dem Tisch legt er, ganz kurz, die Hand auf ihr Knie. »Aber diese Moorleichen können uns viele wunderbare Geheimnisse verraten. Allerdings sind sie schüchtern, wie andere Männer auch. Sie wissen nicht, wie sie ihre Botschaft rüberbringen sollen. Sie brauchen ein bißchen Hilfe. Ermutigung. Finden Sie nicht?«

Julie antwortet nicht. Sie kann ihm nicht antworten, ohne sich, direkt unter Connors Nase, an etwas zu beteiligen, das auf einen offenen Antrag hinausläuft. Es ist eine Möglichkeit, oder es wäre eine, wenn sie nicht in Connor verliebt wäre.

»Vielleicht ekeln Sie sich vor so was wie Mägen?« sagt der

Norweger. »Vor den Dingen des Fleisches. Meine Frau mag das auch nicht.« Er bedenkt sie mit einem Hyänengrinsen.

Julie lächelt und zündet sich eine Gitane an. »Ach, Sie haben eine Frau?« sagt sie. »Connor hat auch eine. Vielleicht könnt ihr beiden euch über eure Frauen unterhalten.«

Sie weiß nicht, warum sie das gesagt hat. Sie sieht Connor nicht an, aber sie spürt seinen Zorn, der sie wie die Hitze aus einem Ofen anspringt. Noch immer lächelnd, nimmt sie ihre Tasche und ihren Mantel und verläßt den Raum. Einer der ersten Grundsätze der Logik geht ihr durch den Kopf: *Ein Ding kann nicht gleichzeitig es selbst und nicht es selbst sein*. Das hat sie noch nie überzeugt, und jetzt sogar noch weniger.

Connor folgt ihr nicht auf ihr Zimmer. Den ganzen Nachmittag taucht er nicht wieder auf. Julie strickt und liest, strickt und raucht. Sie wartet. Irgend etwas hat sich geändert, sie hat etwas geändert, aber sie weiß noch nicht was.

Als Connor nach Sonnenuntergang zurückkommt, ist er mürrisch. Er verliert kein Wort über ihre Grobheit. Er sagt überhaupt nicht viel. Sie essen mit dem Norweger und dem Schotten, und alle drei reden von den Füßen der Moorleiche. In einigen solchen Fällen waren die Füße gebunden, damit der Tote nicht gehen konnte, nicht ins Land der Lebenden zurückkehren konnte, um sich zu rächen oder sonst irgendwas zu tun. Aber nicht in diesem Fall; jedenfalls glauben sie das nicht. Natürlich konnte es sein, daß beim Abtrennen der Füße etwas verändert worden war. Stricke, Riemen.

Der Norweger flirtet nicht mehr; die Blicke, die er ihr zuwirft, sind prüfend, als sei an ihr mehr, als er geglaubt hat, und als wüßte er gern, was. Julie ist es egal. Sie ißt ihr versteinertes Lammkotelett und sagt nichts. Sie denkt an den Mann aus dem Moor, da draußen unter seiner Zeltplane. In diesem Augenblick wäre sie lieber mit ihm als mit den anderen zusammen. Er ist interessanter.

Sie entschuldigt sich schon vor der Nachspeise. Connor, glaubt sie, wird unten bleiben, noch ein oder zwei Bier trinken, und das tut er auch.

Gegen halb elf klopft er, wie gewöhnlich, an Julies Tür, kommt dann herein. Julie ist schon im Bett, sitzt in die Kissen gelehnt und strickt. Sie ist sich sicher gewesen, daß er kommen würde, aber dann auch wieder nicht. Sie stopft die Wolle und die Nadeln in ihren Stoffbeutel und wartet ab, was er tun wird.

Connor sagt nichts. Er zieht den Pullover aus, legt ihn über die Stuhllehne, knöpft bedächtigt das Hemd auf. Er sieht nicht zu Julie, sondern in das flimmernde, fleckige Glas des Spiegels über dem Frisiertisch. Sein Spiegelbild wirkt wäßrig, als tauchte der Grund eines Sees mit verfaulenden Blättern hinter seinem Gesicht und der helleren Haut seines Körpers auf. In diesem Licht ist sein rotes Haar verblichen. »Ich krieg Speckringe«, sagt er und schlägt sich auf den Bauch. In diesem Zimmer klingt seine schöne Stimme flach und dumpf. »Der Fluch der mittleren Jahre.« Das ist ein Signal: auch wenn er böse ist, er wird es nicht erwähnen. Sie werden weitermachen, als sei nichts geschehen. Vielleicht ist ja nichts geschehen.

Das kann ihr nur recht sein. Sie lächelt. »Nein, das stimmt nicht«, sagt sie. Sie mag es nicht, wenn er so ist. Er sollte sich nicht im Spiegel betrachten und über sein Aussehen nachdenken. Männer tun so was nicht.

Connor sieht sie vorwurfsvoll an. »Eines Tages«, sagt er, »wirst du mit so 'nem jungen Spund auf und davon gehen.«

Solche Dinge hat er schon früher gesagt, hat von Julies künftigen Liebhabern gesprochen. Julie hat nicht weiter darauf geachtet. Jetzt tut sie es. Hat das etwas mit dem Norweger zu tun, sucht er Bestätigung? Will er von ihr hören, daß er noch jung ist? Oder will er ihr wirklich etwas sagen? Julie hat ihn bis jetzt noch nie für einen Mann mittleren Alters gehalten, aber nun fällt ihr ein, daß es vielleicht einen Unterschied gibt zwischen ihrer Vorstellung von ihm und seiner eigenen Vorstellung von sich.

Mit einem Seufzer, der nach Resignation klingt, steigt er in das durchgelegene Bett. Er riecht nach Bier und Rauch aus dem Pub. »Du machst mich völlig fertig«, sagt er. Auch das hat er früher schon gesagt, und Julie hat es als ein sexuelles Kompliment aufgefaßt. Aber er meint es wirklich.

Julie knipst die Lampe neben dem Bett aus. Früher hätte sie sich nicht die Mühe gemacht; früher hätte sie keine Zeit dazu gehabt. Früher hätte Connor sie wieder angeknipst. Jetzt tut er es nicht. Er braucht sie nicht zu sehen, sie ist schon genug gesehen worden.

Nachdenklich und ohne große Leidenschaft beginnt seine Hand an ihr entlangzugleiten: vom Knie über den Schenkel zur Hüfte, von der Hüfte zum Knie. Julie liegt steif da, mit offenen Augen. Durch die Ritzen rund ums Fenster fährt der Wind, ab und zu klatscht eine Handvoll Regen gegen die Scheiben. Unter der Tür und von den paar Straßenlampen draußen sickert Licht herein; darin glänzt der Spiegel der Frisierkommode wie schwarzes Öl. Connor ist ein Klotz neben ihr. Sein Streicheln erregt sie nicht. Es irritiert sie, wie Schmirgelpapier, wie knetende Katzenpfoten. Sie hat das Gefühl, daß sie gegen ihren Willen degradiert worden ist. Was für sie Selbstaufgabe war, ist für ihn nur Sünde gewesen. Schmutzige Sünde, Sünde in kleinem Maßstab. Betrug. Jetzt hat er das Gefühl, in einer Falle zu sitzen. Sie ist für ihn nicht mehr Verlangen, sie ist eine Pflicht.

»Ich finde, wir sollten heiraten«, sagt Julie. Sie hat keine Ahnung, woher diese Worte gekommen sind. Aber doch, das ist, was sie findet.

Connors Hand hält inne. Dann wird sie plötzlich zurückgezogen, als wäre Julies Körper heiß, heiß wie glühende Kohle, oder kalt; als hätte Connor gemerkt, daß er mit einer Meerjungfrau im Bett liegt, mit Schuppen und fischigem Schleim von der Hüfte abwärts.

»Was?« sagt er mit schockierter Stimme. Eine gekränkte Stimme, als hätte sie ihn beleidigt.

»Vergiß es«, sagt Julie. Aber Connor wird es nicht vergessen können. Sie hat das Unvergeßliche ausgesprochen, und ab jetzt ist es ein hoffnungsloser Fall. Aber das war es ja sowieso schon längst, ein hoffnungsloser Fall. Connors unsichtbare Frau liegt bei ihnen im Bett, hat die ganze Zeit schon da gelegen. Jetzt nimmt sie Gestalt an, wird zu Fleisch. Die Federn quietschen unter dem zusätzlichen Gewicht.

»Laß uns morgen darüber reden«, sagt Connor. Er hat sich erholt, er sucht nach einem Ausweg. »Ich liebe dich«, fügt er hinzu. Er küßt sie. Sein Mund fühlt sich an, als gehöre er nicht zu ihm: weich, feucht, kühl. Er fühlt sich an wie roher Speck.

»Ich könnte was zu trinken vertragen«, sagt Julie. Connor hat in seinem Zimmer eine Reiseflasche mit Scotch. Froh darüber, daß sie ihm etwas zu tun gibt, etwas Kleines, das er für sie tun kann, statt dessen, was sie wirklich will, steigt er aus dem Bett, zieht sich seinen Pullover und die Cordhosen an und macht sich auf die Suche.

Sobald er aus dem Zimmer ist, schließt Julie die Tür ab. Connor kommt zurück. Er rüttelt am Türknauf; er flüstert und klopft, aber sie antwortet nicht. Sie liegt in ihrem Bett, zittert vor Kummer und Zorn, wartet ab, ob Connor sie genug liebt, um gegen die Tür zu treten, um zu schreien. Ob sie ihm wichtig genug ist. Er tut es nicht. Nach einer Weile geht er weg.

Julie rollt sich unter dem Berg feuchter Decken zusammen

und versucht vergeblich, einzuschlafen. Als es ihr schließlich doch gelingt, träumt sie von der Moorleiche, die durch ihr Fenster steigt, ein dunkler weicher Schatten, ein Schatten verwirrter Sehnsucht, glitschig vom Regen.

Am nächsten Morgen macht Connor noch einen Versuch. »Wenn du mir nicht antwortest«, sagt er durch das Schlüsselloch, »laß ich die Tür aufbrechen. Ich sag ihnen, daß du Selbstmord begangen hast.«

»Bild dir bloß nichts ein«, sagt Julie. Sie ist nicht mehr traurig an diesem Morgen. Sie ist wütend und entschlossen.

»Julie, was hab ich getan?« sagt Connor. »Ich dachte, wir wären so gut ausgekommen.« Er klingt ehrlich erstaunt.

»Sind wir auch«, sagt Julie. »Verschwinde.«

Sie weiß, daß er versuchen wird, ihr im Frühstückszimmer aufzulauern. Mit knurrendem Magen wartet sie, bis er weg ist. Anstatt zu essen, packt sie ihre Tasche, wirft von Zeit zu Zeit einen Blick aus dem Fenster. Schließlich sieht sie, wie er im Auto des Norwegers zum Moor abfährt. Mittags geht ein Bus, der sie zu einem anderen Bus bringen wird, der sie zu einem Zug nach Edinburgh bringen wird. Den Stoffbeutel mit dem angefangenen Pullover läßt sie zurück. Das ist so gut wie eine Notiz.

Als sie wieder in Toronto ist, steckt sich Julie das Haar auf eine flotte, aber zurückhaltende Art nach oben. Sie kauft sich ein beigefarbenes Kostüm und eine weiße Bluse und bringt die Bell Telephone Company mit diesem Täuschungsmanöver dazu, sie als Trainee einzustellen. Sie soll lernen, wie man andere Frauen für die Arbeit im »Beschwerdemanagement« auszubilden hat. Sie hat nicht vor, lange zu bleiben, aber sie verdient ganz gut. Sie mietet sich eine große leere Wohnung in der obersten Etage eines Hauses. Sie hat keine langfristigen Pläne. Obwohl sie es war, die Connor verlassen hat, fühlt sie sich von ihm verlassen. Abends hört sie Radio und kocht sich ihr Essen und weint über ihrem Teller.

Nach einer Weile zieht sie abends wieder ihre schwarzen Sachen an und geht in Folk-Clubs. Sie raucht jetzt keine Gitanes mehr, weil sie die Männer abschrecken. Sie liest einen Jungen auf, den sie flüchtig aus dem Spinoza-Seminar kennt. Er reißt einen Witz über fensterlose Monaden und kauft ihr ein Bier und erzählt ihr, daß er sich früher vor ihr gefürchtet habe. Sie landen im Bett.

Für Julie ist das, als würde sie mit einem Wurf junger Hunde herumtollen. Das ist die gleiche wilde Begeisterung, das gleiche Herumgezapple, das Spiel unkontrollierter Zungen. Es ist nicht leidenschaftlich oder auch nur sinnlich, aber es ist belebend. Julie redet sich ein, daß sie es genießt, und das tut sie auch. Oder sie würde es genießen, wenn es Connor nicht gäbe. Sie möchte, daß er es erfährt. Dann würde es ihr erst richtig Spaß machen. Der Norweger wäre noch besser. Sie hätte das machen sollen, als die Gelegenheit da war.

Connor kommt Ende August zurück. Er braucht nicht lange, um sie aufzuspüren.

»Ich hab dich vermißt«, sagt er. »Ich finde, wir sollten reden.«

»Worüber?« sagt Julie wachsam. Sie hat geglaubt, darüber hinweg zu sein, aber das stimmt nicht.

»Warum können wir nicht da anfangen, wo wir waren?« sagt er.

»Wo waren wir denn?« sagt Julie.

Connor seufzt. »Vielleicht sollten wir wirklich heiraten. Ich laß mich von ihr scheiden.« Er sagt es, als würde es aus ihm herausgerissen.

Julie fängt an zu weinen. Sie weint, weil sie Connor nicht mehr heiraten will. Sie will ihn nicht mehr. Das Göttliche zischt aus ihm heraus wie Luft. Er ist jetzt kein prächtiger Zeppelin mehr, überlebensgroß und frei am Himmel schwebend. Bald wird er nur noch ein feuchtes Stück schlaffen Gummis sein. Sie betrauert sein Zusammensinken.

»Ich komm rüber«, sagt Connor mit zufriedener tröstender Stimme. Tränen bedeuten, daß er Fortschritte gemacht hat.

»Nein«, sagt Julie und legt auf.

Sie zieht ihre schwarzen Sachen an, ißt schnell etwas, sucht ihre Zigaretten. Sie ruft ihren jungenhaften Liebhaber an. Sie möchte ihn über sich ziehen wie eine Bettdecke, ihn an sich drücken wie ein Plüschtier. Sie braucht Trost.

Sie geht durch die Haustür, und da ist Connor und wartet auf sie. Sie hat ihn sich in Gedanken so oft vorgestellt, daß sie ganz vergessen hat, wie er aussieht. Er ist kleiner, als sie dachte, er ist schlaffer. Seine Augen sind eingesunken, und auch zu hell, ein bißchen wild sehen sie aus. Hat sie ihn dazu gemacht, oder war er schon immer so? »Julie«, sagt er.

»Nein«, sagt Julie. Seine braune Cordhose ist an den Knien ausgebeult. Das ist das einzige, was Julie wirklich abstoßend findet. Alles andere läßt sie nur kalt.

Er streckt die Hand nach ihr aus. »Ich brauch dich«, sagt er. Das ist eine platte Phrase, eine Zeile aus einem sentimentalen Song, aber er braucht sie wirklich. Das sieht man an seinen Augen. Das ist das Schlimmste. Bis jetzt war sie es immer gewesen, die ihn angeblich brauchte; er stand doch weit über solchen Schwächen wie jemanden brauchen.

»Ich kann nichts dafür«, sagt Julie. Damit meint sie, daß sie nichts dafür kann, daß die Dinge so sind, wie sie nun mal sind, daß sie nichts für ihn empfindet; aber es klingt schnippischer, mitleidloser, als sie beabsichtig hat.

»Großer Gott«, sagt Connor. Er macht eine Bewegung, als wolle er sie packen. Sie weicht ihm aus und läuft die Straße hinunter. Sie hat ihre schwarze Hose an und ihre flachen schwarzen Schuhe. Jetzt, wo sie nicht mehr soviel raucht, kann sie ziemlich gut laufen.

Was erwartet sie, jetzt, da sie die Flucht ergriffen hat? Daß er endlich verschwindet, daß es ihm nie gelingt, sie einzuholen? Aber er verschwindet nicht, er kommt näher. Sie hört seine Schritte, sie hört ihn keuchen. Ihre eigenen Atemzüge rasseln in der Kehle; sie wird langsamer.

Sie kommt zu einer Kreuzung, da ist eine Telefonzelle. Sie schlüpft hinein, zieht die Tür hinter sich zu, drückt beide Füße dagegen, stemmt sich mit dem Rücken gegen das Brett mit dem Telefonbuch. Der Geruch von altem Urin hüllt sie ein. Dann ist Connor da, steht draußen, rüttelt an der Tür, trommelt gegen sie.

»Laß mich rein!« sagt er.

Ihr Herz schlägt in panischer Angst. »Nein! Nein!« schreit sie. Ihre Stimme ist kaum zu hören, als befände sie sich in einer schalldichten Zelle. Er wirft sich mit seinem ganzen Körper gegen die Glastür, breitet die Arme so weit um die Telefonzelle, wie es nur geht.

»Ich liebe dich!« ruft er. »Verdammt noch mal, hörst du mich nicht? Ich sagte, ich liebe dich!« Julie hält sich die Ohren zu. Sie fürchtet sich jetzt wirklich vor ihm, sie wimmert vor Angst. Er ist nicht mehr jemand, den sie kennt; er ist der Alptraum eines Kindes, das böse brutale Wesen mit Fangzähnen und Greifarmen, das Ungeheuer, das herein will. In einer Geste der Verzweiflung oder der Parodie eines Kusses drückt er das Gesicht an die Scheibe. Sie sieht seine gequetschte Nasenspitze, seinen deformierten Mund, die Lippen über die Zähne zurückgezogen.

Julie fällt ein, daß sie sich in einer Telefonzelle befindet.

Ohne die Augen von ihm zu wenden, kramt sie im Portemonnaie nach Kleingeld. »Ich ruf die Polizei«, kreischt sie ihn an. Und das tut sie.

Sie brauchten eine Weile, bis sie kamen. Aber da war Connor schon weg. Was immer sonst er wollte, bei einem sexuellen Angriff auf eine Telefonzelle erwischt zu werden, gehörte nicht dazu. So jedenfalls drückt sich Julie aus, wenn sie die Geschichte erzählt.

Zuerst hat sie sie überhaupt nicht erzählt. Sie war zu schmerzlich für sie, auf zu komplizierte Art. Auch wußte sie gar nicht, worum es eigentlich ging. Ging es darum, daß jemand, der älter und erfahrener und ihr überlegen war, sie ausgenutzt hatte? Oder ging es darum, daß sie sich im letzten Augenblick vor einem Ungeheuer gerettet hatte? Aber Connor war kein Ungeheuer. Sie hatte ihn geliebt, blind geliebt. Das war so schmerzlich daran: daß sie sich in ihm so getäuscht hatte. Daß sie einer derart erniedrigenden Selbsttäuschung fähig gewesen war. Oder noch ist, denn in mancher Hinsicht vermißt sie ihn noch immer; ihn oder ihre unangebrachte Bewunderung.

Dann, nachdem sie geheiratet hatte, nachdem sie geschieden war, erzählte sie die Geschichte von Connor ab und zu. Sie erzählte sie spät abends, wenn die Kinder im Bett waren und wenn sie ein paar Gläschen getrunken hatte, immer Frauen. Sie war Teil eines Austausches, der Preis, den zu zahlen sie bereit war, um andere, ähnliche Geschichten zu hören. Es waren Detektivgeschichten. Die geheimnisvollen Täter darin waren die Männer, sie und ihre dunklen Motive. Indizien wurden entdeckt und untersucht, Mutmaßungen ausgetauscht. Eine Lösung des Falles gab es nicht.

Jetzt, da sie wieder verheiratet ist, erzählt sie die Geschichte öfters. Sie konzentriert sich dabei auf Atmosphärisches – den schottischen Regen, das schreckliche Essen im Pub, die stirnrunzelnden Einwohner der Stadt, das Moor. Sie bringt komische Elemente ein: ihre obsessive Strickerei, die langen baumelnden Ärmel, das durchgelegene Bett.

Was Connor betrifft, wie kann sie ihn erklären, ihn und seine einst goldene Aura? Sie versucht es gar nicht mehr. Sie übergeht die anbetende Liebe, die sie einmal für ihn empfunden hat und die jetzt abgeschmackt klingen würde. Sie übergeht die Frau, die nun nicht mehr die bedrohliche Rivalin in dem Stück ist: Julie ist selbst Ehefrau und verspürt ein verstohlenes Mitleid mit ihr.

Sie übergeht den Kummer.

Sie läßt völlig jeden Schaden weg, den sie Connor vielleicht zugefügt hat. Sie weiß, daß ihm Schaden zugefügt wurde, sehr schlimmer sogar, wenigstens damals, aber wie soll sie ihm den zugestehen, ohne den Anschein zu wecken, als freute sie sich hämisch darüber? Es war nicht ihre Absicht gewesen, ihm zu schaden; eigentlich nicht. Auf jeden Fall paßt es sowieso nicht so recht zu der Geschichte.

Julie rückt auf ihrem Stuhl ein wenig nach vorn, stützt die Arme auf den Tisch, zündet sich eine Zigarette an. Sie raucht immer noch, wenn auch nicht mehr so viel. Mit den Jahren ist sie im Gesicht voller geworden, und ihre Taille dicker. Auch hat sie sich die Haare abgeschnitten; sie hat jetzt keine Mähne mehr, sondern einen modischen kurzen Schnitt, mit einem wuschligen koboldartigen Mop oben auf dem Kopf. Sie trägt silberne Ohrringe in der Form von Seesternen, ein Hauch von Exzentrik, das letzte Überbleibsel aus ihrer Piratenzeit. Abgesehen von diesen Ohrringen sieht sie aus, wie jede Frau in ihrem Alter aussehen könnte, die in diesem neuerdings schmucken Stadtviertel mit ihrem Hund spazieren- oder einkaufen geht.

»Weiß der Himmel, was ich mir dabei gedacht hab«, sagt sie. Sie lacht – ein reuevolles, verwirrtes Lachen, das auch voller Nachsicht ist.

Die Geschichte ist nun zu einer Geschichte über ihre eigene Dummheit geworden – man kann es auch Unschuld nennen. Aus dieser Ferne erscheint sie in einem weichen und mildernden Licht. Die Geschichte ist jetzt wie ein Gegenstand aus einer vergangenen Zivilisation, deren Sitten und Gebräuche ins Dunkel gefallen sind. Und doch hat sie jedes physische Detail ganz deutlich vor Augen: Sie sieht den trüben Spiegel in dem Zimmer, die trockenen Toastscheiben beim Frühstück, die Gräser, die sich über dem Moor wiegen. An all diese Dinge erinnert sie sich lückenlos. Und jedes Mal, wenn sie die Geschichte wieder erzählt, hat sie das Gefühl, stärker darin präsent zu sein.

Connor dagegen verliert jedes Mal, wenn sie ihn in Worte faßt, ein wenig an Substanz. Er wird immer flacher und lederner, immer mehr fließt das Leben aus ihm heraus. Immer toter wird er. Inzwischen ist er fast eine Anekdote, und Julie ist fast alt.

Tod durch Landschaft

Jetzt, da die Jungen erwachsen sind und Rob tot ist, hat Lois eine Eigentumswohnung in einem der neueren Wohngebiete am Wasser bezogen. Sie ist froh, sich nicht um den Rasen kümmern zu müssen, oder um den Efeu, der seine kleinen muskulösen Saugnäpfe in die Mauerfugen schiebt, oder um die Eichhörnchen, die sich bis in den Speicher vornagen und die Isolierung von den Leitungen fressen, oder um seltsame Geräusche. Dieses Gebäude hat ein Sicherheitssystem, und das einzige Pflanzenleben findet in Töpfen auf der Glasveranda statt.

Lois ist froh, daß sie eine Wohnung gefunden hat, in der ihre Bilder Platz haben. Sie sind enger aneinander gerückt, als sie es im Haus waren, aber durch diese Anordnung bekommen die Wände ein europäisches Aussehen: Blöcke von Bildern, übereinander und nebeneinander, und nicht nur eines über dem Sofa, eines über dem Kamin, eines in der Diele, auf die alte akzeptable Art, Kunst zu verstreuen, damit sie nicht zu aufdringlich wirkt. So kommen sie besser zur Geltung. Man merkt, daß es sich nicht um Möbel handelt.

Keines der Bilder ist sehr groß, was nicht bedeutet, daß sie nicht wertvoll sind. Es sind Gemälde oder Skizzen oder Zeichnungen von Künstlern, die, als Lois anfing, sie zu kaufen, nicht annähernd so bekannt waren, wie sie es jetzt sind. Später tauchten ihre Arbeiten auf Briefmarken auf, oder als Seidensiebdrucke, die in den Büros von High-School-Direktoren hingen, oder als Puzzles, oder auf schöngedruckten Kalendern, die von den Firmen an ihre weniger wichtigen Kunden als Weihnachtsgeschenk verschickt wurden. Diese Künstler malten in den zwanziger, dreißiger und vierziger Jahren; sie malten Landschaften. Lois hat zwei Tom Thomsons, drei A. Y. Jacksons, einen Lawren Harris. Sie hat einen Arthur Lismer, sie hat einen J. E. H. MacDonald. Sie hat einen David Milne. Es sind Bilder von gewundenen Baumstämmen auf einer Insel aus rosafarbenem, vom Wasser geglättetem Gestein, mit noch weiteren Inseln dahinter; von einem See mit rauhen, hellen, spärlich bewaldeten Klippen; von einem leuchtendem Flußufer mit üppigem Buschwerk und zwei an Land gezogenen Kanus, einem roten und einem grauen; von einem gelben Herbstwald mit einem eisblau glitzernden Teich, der durch das Gewirr ineinander verflochtener Zweige halb zu sehen ist.

Es war Lois, die sie ausgesucht hatte. Rob war an Kunst nicht interessiert, obwohl er einsah, daß es notwendig war, etwas an die Wände zu hängen. Er überließ ihr alle Entscheidungen über die Einrichtung, stellte aber natürlich das Geld zur Verfügung. Aufgrund ihrer Sammlung genießt Lois bei ihren Freunden – vor allem den männlichen – den Ruf, eine gute Nase für Kunstinvestitionen zu haben.

Aber das war nicht der Grund gewesen, warum sie die Bilder gekauft hatte, damals. Sie kaufte sie, weil sie sie haben wollte. Sie wollte etwas haben, das in ihnen steckte; obwohl sie, zu dieser Zeit, nicht einmal hätte sagen können, was es war. Es war nicht Frieden: sie findet sie nicht im geringsten friedvoll. Wenn sie sie ansieht, ist sie von einem wortlosen Unbehagen erfüllt. Trotz der Tatsache, daß auf ihnen keine Menschen, nicht einmal Tiere sind, kommt es ihr so vor, als sähe etwas, oder jemand, aus ihnen auf sie zurück.

Als Lois dreizehn war, machte sie eine Kanufahrt. Bis jetzt hatte sie immer nur Fahrten mit einer Übernachtung mitgemacht. Aber diesmal sollte es eine längere sein, in die unberührte Wildnis, wie Cappie es ausdrückte. Es war Lois' erste richtige Kanufahrt, und ihre letzte.

Cappie war die Leiterin des Sommercamps, in das Lois geschickt wurde, seit sie neun war. Es hieß Camp Manitou, und es war eins der besseren, für Mädchen, wenn auch nicht das beste. Die Mädchen in ihrem Alter, deren Eltern es sich leisten konnten, wurden regelmäßig in solche Camps geschickt, die alle zu einer Gattung zu gehören schienen. Sie bevorzugten indianische Namen und hatten herzhafte, tatkräftige Leiterinnen, die Cappie oder Skip oder Scottie hießen. In diesen Camps lernte man gut schwimmen und segeln und ein Kanu paddeln, und vielleicht reiten oder Tennis spielen. Wer all diese Dinge nicht tat, konnte sich mit Kunsthandwerk beschäftigen und für seine Mutter klumpige Aschenbecher aus Ton anfertigen – Mütter rauchten damals noch mehr – oder Armbänder aus geflochtenen bunten Schnüren.

Und zu allen Zeiten war Fröhlichkeit gefordert, sogar beim Frühstück. Lautes Gebrüll und mit den Löffeln auf den Tisch schlagen war erlaubt, wurde sogar in rituellen Abständen ermutigt. Schokolade war rationiert, um dem Zahnverfall und den Pickeln Einhalt zu gebieten. Am Abend, nach dem Essen, fand im Speisesaal oder draußen, an einem von Mükken heimgesuchten Lagerfeuer, ein Gemeinschaftssingen statt. Lois erinnert sich noch immer an jeden Vers von »My Darling Clementine« und »My Bonnie Lies Over The Ocean«, mit allen gespielten Gesten: wellenartige Handbewegungen für »the ocean«, beide Hände zusammen an die Wange für »lies«. Sie wird sie niemals vergessen können, was ein trauriger Gedanke ist.

Lois glaubt, daß sie Frauen, die in solchen Camps waren und sich dort gut machten, erkennen kann. Sie haben, selbst jetzt noch, einen kräftigen Händedruck; die Art und Weise, wie sie dastehen, mit fest auf den Boden gepflanzten und breiteren Beinen, als es sonst üblich ist; die Art und Weise, wie sie einen abschätzend mustern, wie um zu sehen, ob man ein guter Kanute ist; für vorn, nicht für hinten. Hinten, wo man steuerte, würden sie selbst sitzen. Sie würden es das Heck nennen.

Sie weiß, daß es solche Camps noch immer gibt, wenn auch nicht mehr das Camp Manitou. Sie gehören zu den wenigen Dingen, die sich nicht sehr verändert haben. Sie bieten jetzt Kupferglasuren an und funktionslose Stücke aus bemaltem Glas, die in elektrischen Öfen gebrannt werden, aber nach den Produkten zu urteilen, die die Enkelkinder ihrer Freunde mitgebracht haben, hat sich das künstlerische Niveau nicht erhöht.

Lois, die im ersten Jahr nach dem Krieg mit Camp Manitou Bekanntschaft machte, kam es uralt vor. Seine Blockhütten mit dem weißen Mörtel in den Fugen, seine Fahnenstange mit den weißgetünchten Steinen ringsherum, sein verwitterter grauer Landesteg, der in den Lake Prospect ragte, mit den Puffern aus geflochtenen Seilen und den rostigen Ringen zum Festmachen, sein akkurates rundes Blumenbeet mit Petunien an der Tür zum Büro mußten ganz sicher schon immer dort gewesen sein. In Wirklichkeit stammte es aus dem ersten Jahrzehnt dieses Jahrhunderts; es war von Cappies Eltern gegründet worden, die geglaubt hatten, daß das Leben im Camp den Charakter festige, wie kalte Duschen, und war an Cappie weitergegeben worden, als ein Vermächtnis – und eine Verpflichtung.

Später wurde Lois klar, daß es für Cappie ein Kampf gewesen sein muß, Camp Manitou über Wasser zu halten – während der Depression und danach während des Kriegs, als das Geld knapp war. Wenn es ein Camp für die ganz Reichen gewesen wäre und nicht nur für die Wohlhabenden, wäre es wohl nicht so schwierig gewesen. Es mußte aber genügend Old Girls gegeben haben, solche mit Töchtern, um die Sache in Gang zu halten, wenn auch nicht direkt tipptopp: die Möbel waren zerkratzt, die Farbe blätterte ab, die Dächer waren undicht. An den Wänden im Speisesaal hingen verschwommene Fotos von diesen Old Girls, die sehr weite wollene Badeanzüge anhatten und ihre kräftigen Beine zeigten, oder mit verschränkten Armen in komischen Tenniskleidern mit langen Röcken dastanden.

Im Speisesaal, über dem offenen Steinkamin, der nie benutzt wurde, hing ein riesiger, sich mausernder ausgestopfter Elchkopf, der irgendwie raubtierartig aussah. Er war so eine Art Maskottchen; sein Name war Monty Manitou. Die alten Camper verbreiteten die Geschichte, daß er in der Dunkelheit zu Leben erwache, wenn die schwachen unzuverlässigen Lampen ausgeschaltet waren oder wegen eines neuerlichen Generatorausfalls ausgegangen waren. Zuerst fürchtete sich Lois vor ihm, aber als sie sich an ihn gewöhnt hatte, nicht mehr.

Mit Cappie war es dasselbe: man mußte sich an sie gewöhnen. Sie war vielleicht vierzig, oder fünfunddreißig, oder fünfzig. Sie hatte hellbraunes Haar, das aussah, als habe sie es mit Hilfe einer Schüssel geschnitten. Ihr Kopf streckte sich nach vorn und bewegte sich ruckweise wie bei einem Huhn, während sie durch das Lager schritt, immer Notizbücher in den Händen, in denen sie Posten abhakte. Sie war wie der Pfarrer in Lois' Kirche: beide lächelten viel und waren immer besorgt, weil sie wollten, daß alles glatt ging; sie hatten beide die gleiche ausgewaschene Haut und den langen sehnigen Hals. Aber all das verschwand, wenn Cappie ein Gemeinschaftssingen oder sonst irgend etwas anführte. Dann war sie glücklich, selbstsicher, und ihr einfaches Gesicht leuchtete fast. Sie wollte Freude bereiten. Zu diesen Gelegenheiten wurde sie geliebt, zu anderen vertraute man ihr bloß.

Es gab viele Dinge, die Lois an Camp Manitou zuerst nicht mochte. Sie haßte den chaotischen Lärm und das Löffelschlagen im Speisesaal, das ausgelassene Gemeinschaftssingen, bei dem von einem erwartet wurde, daß man lauthals brüllte, um zu zeigen, daß man Spaß hatte. Bei ihr zu Hause wurde nicht gebrüllt. Sie haßte es, pflichtbewußte Briefe an ihre Eltern schreiben und behaupten zu müssen, daß es ihr Spaß machte. Beklagen konnte sie sich nicht, weil das Camp soviel Geld kostete.

Sie mochte es nicht besonders, sich in einem Zimmer voller anderer Mädchen ausziehen zu müssen, selbst in dem trüben Licht, obwohl überhaupt niemand zusah. Oder mit sieben anderen Mädchen in einer Blockhütte zu schlafen. Manche schnarchten, weil sie Polypen hatten oder erkältet waren, manche hatten Alpträume oder machten ins Bett und weinten deswegen. In den unteren Betten hatte sie das Gefühl, eingesperrt zu sein, und aus den oberen fürchtete sie herauszufallen; sie hatte Höhenangst. Sie hatte Heimweh und den Verdacht, daß es ihren Eltern ganz recht war, sie eine Weile aus dem Weg zu haben, obwohl ihre Mutter jede Woche schrieb, um ihr zu sagen, wie sehr sie ihnen fehlte. Das alles war, als sie neun war. Als sie dreizehn war, gefiel es ihr. Da war sie schon ein alter Hase.

Im Camp war Lucy ihre beste Freundin. Im Winter, wenn sie in die Schule ging und kratzende Wollkleider trug und die Nachmittage dunkel waren, hatte Lois andere Freundinnen, aber Lucy war ihre Sommerfreundin.

Sie tauchte im zweiten Jahr auf, als Lois zehn war und ein

Blauhäher. (Meisen, Blauhäher, Raben, Eisvögel – das waren die Namen, die in Camp Manitou den verschiedenen Altersgruppen zugeteilt wurden, eine Art Totem-Klansystem. In jenen Tagen, glaubt Lois, nahm man Vögel für die Mädchen und Tiere für die Jungen: Wölfe und so was. Obwohl sich manche Tiere und Vögel eigneten und andere nicht. Niemals Geier, zum Beispiel; niemals Stinktiere oder Ratten.)

Lois half Lucy ihren Blechkoffer auszupacken und die zusammengefalteten Sachen auf die Holzborde zu legen und das Bett zu machen. Sie gab ihr die Koje direkt über ihr, wo sie sie im Auge behalten konnte. Sie wußte sofort, daß Lucy eine Ausnahme von einer ganzen Reihe von Regeln war; und sie empfand sie sofort als zu sich gehörig.

Lucy kam aus den Vereinigten Staaten, wo auch die Comichefte herkamen und die Filme. Sie war nicht aus New York oder Hollywood oder Buffalo, die einzigen amerikanischen Städte, deren Namen Lois kannte, sondern aus Chicago. Ihr Haus lag am See und hatte Tore und Land. Sie hatten ein Dienstmädchen, die ganze Zeit. Lois' Familie hatte nur zweimal die Woche eine Putzfrau.

Der einzige Grund, warum man Lucy in *dieses* Camp geschickt hatte (sie warf einen fast verächtlichen Blick auf die Hütte und beleidigte damit auch Lois, schüchterte sie gleichzeitig ein), bestand darin, daß ihre Mutter auch hier gewesen war. Ihre Mutter war früher einmal Kanadierin gewesen, hatte aber ihren Vater geheiratet, der eine Klappe über dem einen Auge trug, wie ein Pirat. Sie zeigte Lois ein Bild von ihm, das sie im Portemonnaie hatte. Die Augenklappe hatte er im Krieg bekommen. »Schrapnell«, sagte Lucy. Lois, die unsicher war, was Schrapnell bedeutete, war so beeindruckt, daß sie nur ein Grunzen von sich geben konnte. Ihr eigener zweiäugiger, unverwundeter Vater war zahm daneben.

»Mein Vater spielt Golf«, wagte sie schließlich vorzubringen.

»*Jeder* spielt Golf«, sagte Lucy. »Meine *Mutter* spielt Golf.«

Lois' Mutter tat das nicht. Lois nahm Lucy mit, um ihr die Außenklosetts und den Badesteg und den Speisesaal mit Monty Manitous düsterem Kopf zu zeigen; sie wußte schon im voraus, daß dies alles nicht hinreichen würde.

Das war ein schlechter Anfang; aber Lucy war gutmütig und akzeptierte Camp Manitou auf dieselbe gleichgültige schulterzuckende Art, wie sie alles zu akzeptieren schien. Sie würde das Beste daraus machen, ohne Lois vergessen zu lassen, daß es das war, was sie tat.

Es gab jedoch Dinge, die Lois wußte, aber Lucy nicht. Lucy kratzte sich ihre Mückenstiche auf und mußte ins Krankenzimmer gebracht werden, wo man sie mit Ozonol einrieb. Beim Segeln zog sie ihr T-Shirt aus, und obwohl sie nach einer Weile von der Aufseherin entdeckt wurde und es wieder anziehen mußte, hatte sie einen aufsehenerregenden Sonnenbrand, knallrot, so daß sich das X der Träger ihres Badeanzugs in erschreckendem Weiß abhob; Lois durfte die Schichten hauchdünner verbrannter Haut von ihren Schultern pellen. Wenn sie am Lagerfeuer »Alouette« sangen, kannte Lucy kein einziges der französischen Wörter. Der Unterschied zwischen ihnen war, daß es Lucy völlig egal war, wenn sie etwas nicht wußte, aber Lois nicht.

Während des nächsten Winters und der folgenden Winter schrieben sich Lucy und Lois. Sie waren beide Einzelkinder. Zu der Zeit sah man das als einen Nachteil an, so daß sie in ihren Briefen immer so taten, als wären sie Schwestern oder sogar Zwillinge. Lois kostete das einige Anstrengung, weil Lucy so blond war, mit durchsichtiger Haut und großen blauen Augen, wie die einer Puppe, und Lois nichts Besonderes an sich hatte – sie war nur eine ziemlich große, ziemlich dünne, ziemlich braune Person mit Sommersprossen. Sie unterschrieben ihre Briefe mit LL, die Ls ineinander verschlungen, wie die Monogramme auf Handtüchern. (Lois und Lucy, denkt Lois. Wie sehr uns unsere Namen einer Zeit zuordnen. Lois Lane, Supermans Freundin, die waghalsige weibliche Reporterin; *I Love Lucy*. Jetzt sind wir überholt, jetzt sind es die kleinen Jennifers, die kleinen Emilys, die kleinen Alexandras und Carolines und Tiffanys.)

In ihren Briefen waren sie überschwenglicher, als sie es persönlich je waren. Sie umrandeten ihre Seiten mit X und O, aber wenn sie sich im Sommer wiedersahen, war es immer ein Schock. Sie hatten sich so verändert, oder jedenfalls Lucy. Es war, als würde man zusehen, wie jemand ruckweise größer wurde. Zuerst war es immer schwer, Worte zu finden.

Aber Lucy hatte immer die eine oder andere Überraschung, etwas vorzuzeigen, ein Wunder zu enthüllen. Im ersten Jahr hatte sie ein Bild von sich im Ballettröckchen, ihr Haar war oben auf ihrem Kopf zu einem Ballerinaknoten zusammengebunden; sie tanzte eine Pirouette auf dem Badesteg, um Lois zu zeigen, wie es ging, und wäre fast ins Wasser gefallen. Im nächsten Jahr hatte sie Ballett aufgegeben und lernte jetzt reiten. (Camp Manitou hatte keine Pferde.) Im nächsten Jahr waren ihre Mutter und ihr Vater geschieden, und sie hatte einen neuen Stiefvater, einen mit zwei Augen, und ein neues Haus, aber das Mädchen war noch dasselbe. Im nächsten Jahr, als sie von Blauhähern zu Raben aufstiegen, kriegte sie, gleich in der ersten Woche im Camp, ihre Periode. Sie stahlen ein paar Streichhölzer von ihrer Gruppenleiterin, die heimlich rauchte, und machten in der Dämmerung hinter dem am weitesten entfernten Außenklo ein kleines Feuer. Sie konnten alle möglichen Arten von Feuer machen; das hatten sie im Camp gelernt. In diesem Feuer verbrannten sie eine von Lucys gebrauchten Binden. Lois weiß nicht mehr genau, warum sie das taten oder wer auf die Idee gekommen war. Aber sie erinnert sich noch daran, was für ein Gefühl tiefer

Zufriedenheit es gewesen war, als der weiße Flaum verglühte und das Blut zischte – als wäre irgendein stummes Ritual erfüllt worden.

Man hatte sie nicht erwischt, aber sie wurden sowieso nur selten bei irgendeiner ihrer Übertretungen im Camp erwischt. Lucy hatte so große Augen und war eine vollendete Lügnerin.

In diesem Jahr ist Lucy wieder anders: langsamer, träger. Sie ist nicht mehr daran interessiert, nach Einbruch der Dunkelheit herumzuschleichen, von der Gruppenleiterin Zigaretten zu stehlen, mit Schokoladenriegeln auf dem Schwarzen Markt zu handeln. Sie ist in sich gekehrt und am Morgen schwer wach zu kriegen. Sie kann ihren Stiefvater nicht leiden, aber bei ihrem richtigen Vater will sie auch nicht wohnen. Der hat jetzt eine neue Frau. Sie glaubt, daß ihre Mutter vielleicht ein Verhältnis mit einem Doktor hat; sie weiß es nicht genau, aber sie hat gesehen, wie sie in seinem Auto geknutscht haben, draußen vor der Einfahrt, als ihr Stiefvater nicht da war. Das geschieht ihm recht. Sie haßt ihre Privatschule. Sie hat einen Freund, der sechzehn ist und als Gehilfe bei einem Gärtner arbeitet. So hat sie ihn kennengelernt: im Garten. Sie beschreibt Lois, wie es ist, wenn er sie küßt: zuerst wie Gummi, aber dann wird man ganz weich in den Knien. Ihr wurde verboten, sich mit ihm zu treffen, man hat ihr mit einem Internat gedroht. Sie möchte von zu Hause weglaufen.

Lois hat ihrerseits nur wenig zu bieten. Ihr eigenes Leben ist ruhig und ganz in Ordnung, aber über Zufriedenheit gibt es nicht viel zu sagen. »Wie glücklich du bist«, sagt Lucy ein bißchen überheblich zu ihr. Sie könnte auch *langweilig* sagen, so empfindet es Lois.

Die Kanufahrt läßt Lucy kalt, und Lois muß ihre eigene Aufregung verbergen. Am Abend, bevor es losgehen soll, schlurft sie, als würde sie dazu gezwungen, ans Lagerfeuer und läßt sich mit einem Seufzer des Erduldens nieder, genauso wie Lucy es tut.

Jede Kanufahrt, die das Camp durchführte, wurde von Cappie und den Gruppenleiterinnen und den Aufseherinnen in Anwesenheit der gesamten Abteilung verabschiedet. Mit einem Lippenstift malte sich Cappie drei rote Streifen auf beide Wangen. Es sah aus wie ein dreifingriger Klauenabdruck. Dann zog sie sich mit blauer Tinte einen Kreis auf die Stirn und legte ein zusammengerolltes Tuch um den Kopf und steckte eine Reihe Federn mit ausgefransten Enden hinein und hüllte sich in eine rot-schwarze Hudson's-Bay-Decke. Die Gruppenleiterinnen, auch in Decken, aber mit nur zwei roten Streifen, schlugen auf Tam-Tams aus runden hölzernen Käseschachteln, auf deren Deckel Lederstücke genagelt waren. Cappie war Häuptling Cappeosota. Sie mußten alle »How!« sagen, als sie in den Kreis trat und dort mit erhobener Hand stehenblieb.

Wenn sie jetzt daran zurückdenkt, findet Lois das beunruhigend, sie weiß zu viel über Indianer: das ist der Grund. Zum Beispiel weiß sie, daß man sie gar nicht Indianer nennen sollte und daß sie auch so schon genügend Sorgen haben, daß sich andere Leute nicht auch noch ihre Namen aneignen und sich kleiden sollten wie sie. Es war alles eine Art Diebstahl.

Aber sie erinnert sich auch daran, daß sie das früher nicht gewußt hat. Früher hat sie es geliebt, am Lagerfeuer zu sitzen, das flackernde Licht im Kreis der Gesichter, das Trommeln des falschen Tam-Tams, dumpf und schnell wie ein erschrockener Herzschlag; sie hatte Cappie in ihrer roten und schwarzen Decke und mit ihren Federn geliebt, die feierlich, wie ein Häuptling sein sollte, die Hand hob und sagte: »Ich grüße euch, meine Raben.« Das war nicht komisch, das war kein Spaß. Lois wollte ein Indianer sein. Sie wollte kühn und rein und ursprünglich sein.

»Ihr geht auf großes Wasser«, sagt Cappie. Das ist ihre Vorstellung davon – und die aller anderen auch –, wie Indianer sprechen. »Ihr geht, wo kein Mann Fuß gesetzt hat. Ihr geht viele Monde.« Das ist nicht wahr. Sie gehen nur eine Woche, nicht viele Monde. Die Kanuroute ist deutlich markiert, sie haben es sich auf einer Karte angesehen, und es gibt vorbereitete Lagerplätze mit Namen, die Jahr für Jahr wieder benutzt werden, aber wenn Cappie es sagt, fühlt Lois – trotz der Art und Weise, wie Lucy die Augen verdreht –, wie sich das Wasser dehnt, wie die Ufer auseinandertreten und sich in der Ferne verlieren, alles weit und ein bißchen furchterregend.

»Ihr bringt viel Wampum zurück«, sagt Cappie. »Seid tapfer, meine Krieger, holt viele Skalps.« Das ist auch so etwas, was sie vorgibt: daß sie Jungen sind und blutrünstig. Aber ein solches Spiel kann nicht gespielt werden, indem man das Wort »Squaw« einsetzt. Das würde nicht funktionieren.

Jede von ihnen muß aufstehen und vortreten und sich von Cappie einen roten Strich quer über jede Wange malen lassen. Sie sagt ihnen, daß sie in die Fußstapfen ihrer Vorfahren treten müssen (die ganz bestimmt, denkt Lois, während sie aus dem Fenster ihrer Wohnung blickt und sich an den Stapel von Daguerreotypien und sepiafarbenen Familienporträts auf dem Frisiertisch ihrer Mutter erinnert, an die Männer mit steifen Hemden, schwarzen Jacketts, grimmigen Gesichtern, und an die volantbesetzten Frauen mit ihrem strengen Haar und ihrer eingeschnürten Ehrbarkeit, nie daran gedacht hätten, nur so zum Spaß mit dem Kanu auf einen offenen See hinauszufahren).

Am Ende der Zeremonie standen sie alle auf und hielten sich im Kreis an den Händen und sangen den Zapfenstreich.

Es hörte sich nicht sehr indianisch an, denkt Lois. Es hörte sich an wie das Signalhorn eines Militärpostens in einem Film. Aber Cappie war es nie besonders wichtig gewesen, ob die Dinge zusammenpaßten, sie war keine Archäologin.

Am nächsten Morgen nach dem Frühstück legen sie von dem großen Landesteg in vier Kanus ab, drei in jedem. Die Lippenstiftstriche sind noch nicht völlig weg, sind noch hellrosa, wie heilende Brandwunden. Sie haben ihre weißen Segelmützen aus Drillich auf, wegen der Sonne, und T-Shirts mit schmalen Streifen und blasse weite Shorts mit hochgerollten Hosenbeinen. Das Mädchen in der Mitte kniet, sie stützt sich mit dem Rücken an den zusammengerollten Schlafsäcken ab. Die Gruppenleiterinnen, die sie begleiten, sind Pat und Kip. Mit Kip ist nicht zu spaßen; Pat läßt sich leichter überreden oder an der Nase herumführen.

Weiße Puffwolken stehen am Himmel, und es geht eine leichte Brise. Die kleinen Wellen glitzern. Lois sitzt im Bug von Kips Kanu. Sie beherrscht den J-Schlag noch immer nicht besonders und muß während der ganzen Fahrt im Bug oder in der Mitte bleiben. Lucy ist hinter ihr; ihr J-Schlag ist noch schlechter. Sie spritzt Lois mit ihrem Paddel an. Ein ziemlich kräftiger Spritzer.

»Das kriegst du wieder«, sagt Lois.

»Auf deiner Schulter war 'ne Stechfliege«, sagt Lucy.

Lois dreht sich um, um zu sehen, ob sie grinst. Sie spritzen sich immer gegenseitig an. Dort hinten ist das Camp hinter der ersten langen Felsspitze und den zotteligen Bäumen verschwunden. Lois hat das Gefühl, als sei ein unsichtbares Seil gerissen. Sie gleiten losgelöst dahin, auf sich selbst gestellt, abgeschnitten. Unter dem Kanu liegt die Tiefe, tiefer und kälter als noch vor einer Minute.

»Kein Unsinn im Kanu«, sagt Kip. Sie hat die Ärmel ihres

T-Shirts bis zur Schulter hochgerollt; ihre Arme sind braun und sehnig, ihr Kinn entschlossen, ihr Schlag vollkommen. Sie sieht aus, als wisse sie genau, was sie tut.

Die vier Kanus bleiben dicht zusammen. Sie singen, wild und voller Trotz; sie singen »The Quartermaster's Store« und »Clementine« und »Alouette«. Es ist mehr ein Bellen als ein Singen.

Danach wird der Wind stärker, bläst schräg gegen den Bug, und sie müssen ihre ganze Kraft aufbieten, um sich durch das Wasser zu schieben.

Gab es irgend etwas Wichtiges, irgend etwas, das für das, was dann geschah, einen Grund oder einen Hinweis lieferte? Lois kann sich an alles erinnern, an jede Einzelheit; aber das hilft ihr nicht.

Mittags machten sie halt, um zu schwimmen und zu essen, und am Nachmittag fuhren sie weiter. Schließlich erreichten sie Kleine Birke, das erste Lager für die Nacht. Lois und Lucy machten Feuer, während die anderen die schweren Leinwandzelte aufschlugen. Die Feuerstelle war bereits vorhanden, flache Steine, die zu einem U aufgeschichtet waren. Eine angebrannte Blechdose und eine Bierflasche waren darin zurückgeblieben. Ihr Feuer ging aus, und sie mußten es noch einmal anmachen. »Nun aber los«, sagte Kip. »Wir verhungern gleich.«

Die Sonne ging unter, und im rosafarbenen Licht des Sonnenuntergangs putzten sie sich die Zähne und spuckten den Zahnpastaschaum in den See. Kip und Pat packten alles Essen, das nicht in Dosen war, in einen Rucksack und hängten ihn in einen Baum, falls Bären kamen.

Lois und Lucy schliefen nicht im Zelt. Sie hatten gebettelt, draußen schlafen zu dürfen; so konnten sie reden, ohne daß es die anderen hörten. Falls es zu regnen anfing, sagten sie zu Kip, versprachen sie, nicht pitschnaß über die Beine aller anderen ins Zelt zu kriechen: dann würden sie unter die Kanus gehen. Und so waren sie draußen an der Landzunge.

Lois versuchte es sich in ihrem Schlafsack, der nach muffigem Speicher und früheren Campern roch, eine abgestandene salzige Süße, bequem zu machen. Sie rollte sich zusammen, ihren Pulli hatte sie gefaltet und als Kissen unter den Kopf geschoben, und ihre Taschenlampe hatte sie mit in den Schlafsack genommen, damit sie nicht wegrollen konnte. Die Muskeln ihrer schmerzenden Arme gaben ihr kleine Stiche, wie reißende Gummibänder.

Neben ihr raschelte Lucy. Lois konnte das schimmernde Oval ihres weißen Gesichts sehen.

»Ich hab 'nen Stein im Rücken«, sagte Lucy.

»Ich auch«, sagte Lois. »Willst du lieber ins Zelt?« Sie selbst wollte nicht, aber fragen mußte sie.

»Nein«, sagte Lucy. Sie versank in ihrem Schlafsack. Nach einer Weile sagte sie: »Es wär schön, nicht wieder zurückzufahren.«

»Ins Camp?« sagte Lois.

»Nach Chicago«, sagte Lucy. »Ich find es furchtbar da.«

»Und dein Freund?« sagte Lois. Lucy antwortete nicht. Entweder schlief sie schon, oder sie tat nur so.

Da war der Mond und Bewegung in den Bäumen. Da waren Sterne am Himmel, ganze Schichten von Sternen, die bis zum Horizont hinunterreichten. Kip hatte gesagt, wenn die Sterne so hell waren wie jetzt und nicht dunstig, dann bedeutete das schlechtes Wetter. Draußen auf dem See waren zwei Eistaucher, die sich mit ihren irrsinnigen, klagenden Stimmen etwas zuriefen. Zu der Zeit klang es nicht wie Trauer. Es war nur Hintergrund.

Am Morgen war der See glatt und ruhig. Sie glitten über die glasige Oberfläche, ließen V-förmige Spuren hinter sich; es war wie Fliegen. Als die Sonne höher stieg, wurde es heiß, fast zu heiß. In den Kanus waren Stechmücken, die sich zu einem schnellen Stich auf einen nackten Arm oder ein nacktes Bein setzten. Lois hoffte auf Wind.

Zum Mittagessen machten sie am nächsten Lagerplatz, der Ausguck hieß, halt. Er hieß so, weil ganz in der Nähe eine steile Klippe mit einem Pfad war, der bis zur Spitze hinaufführte, obwohl der Lagerplatz selbst unten, dicht beim Wasser, auf einem flachen Felsstück lag. Die Spitze war der Ausguck, auch wenn nicht klar war, was es von dort oben zu sehen gab. Kip sagte, es sei einfach nur ein Blick.

Lois und Lucy beschlossen, trotzdem hinaufzuklettern. Sie wollten nicht herumhängen und auf das Mittagessen warten. Sie waren nicht mit Kochen an der Reihe, obwohl sie sich nicht viel ersparten, wenn sie es nicht taten, weil es für das Mittagessen nicht viel zu tun gab, außer den Käse auswickeln und das Brot und die Erdnußbutter auspacken, auch wenn Pat und Kip immer ihr Pfadfinderstück spielen und ein Eßgeschirr mit Wasser für ihren Tee kochen mußten.

Sie sagten Kip, wo sie hinwollten. Man mußte Kip sagen, wo man hinging, auch wenn es nur ein kleines Stück in den Wald hinein war, um trockene Zweige zum Feuermachen zu holen. Man durfte niemals allein irgendwohin.

»Sicher«, sagte Kip, die über das Feuer gebeugt war und Treibholz in die Flammen legte. »Fünfzehn Minuten bis zum Mittagessen.«

»Wo wollen sie hin?« sagte Pat. Sie brachte ihr Eßgeschirr mit Wasser vom See.

»Zum Ausguck«, sagte Kip.

»Seid vorsichtig«, sagte Pat. Sie sagte es als Nachgedanken, denn es war etwas, das sie immer sagte.

»Sie sind alte Hasen«, sagte Kip.

Lois sieht auf ihre Uhr: es ist zehn vor zwölf. Sie muß auf die Uhr achten; Lucy kümmert sich nicht um die Zeit. Sie gehen den Pfad hinauf, der aus trockener Erde und Felsen besteht, große abgerundete rosa-graue Felsblöcke oder gespaltene mit ausgezackten Rändern. Zu beiden Seiten wachsen dünne Balsamfichten und Kiefern, links ist in blauen Fragmenten der See. Die Sonne steht direkt über ihnen; nirgends gibt es Schatten. Die Hitze steigt von unten an ihnen herauf und fällt von oben auf sie herunter. Der Wald ist trocken und raschelig.

Es ist nicht weit, aber es ist ein steiler Aufstieg, und sie schwitzen, als sie oben ankommen. Sie wischen sich mit den nackten Armen die Gesichter ab, setzen sich vorsichtig auf einen sengend heißen Felsbrocken, eineinhalb Meter vom Rand, aber zu nah für Lois. Es ist in der Tat ein Ausguck, die Wand fällt steil und glatt ab bis zum See hinunter, und es ist ein weiter Blick über das Wasser, zurück, dahin, von wo sie gekommen sind. Lois ist erstaunt, daß sie so weit gefahren sind, über das viele Wasser, mit nichts anderem zum Vorankommen als ihren eigenen Armen. Es gibt ihr das Gefühl, stark zu sein. So als könnte sie alles mögliche schaffen.

»Das wär ein ziemlicher Sprung hier runter«, sagt Lucy.

»Da müßte man ja verrückt sein«, sagt Lois.

»Wieso?« sagt Lucy. »Es ist wirklich tief. Es geht glatt runter.« Sie steht auf und geht einen Schritt näher an den Rand. Lois spürt einen Stich im Zwerchfell, wie sie es sonst immer kriegt, wenn ein Auto zu schnell über einen Höcker fährt. »Nicht«, sagt sie.

»Nicht was?« sagt Lucy und dreht sich mit schadenfroher Miene zu ihr um. Sie weiß, was Lois bei Höhen empfindet. Aber sie kommt wieder zurück. »Ich muß wirklich pipi machen«, sagt sie.

»Hast du Klopapier?« sagt Lois, die nie ohne geht. Sie kramt in ihrer Shortstasche.

»Danke«, sagt Lucy.

Sie sind beide erfahren darin, es im Wald zu machen: schnell, damit einen die Mücken nicht erwischen, mit zwischen die Knie gezogener Unterwäsche, in der Hocke, mit breiten Beinen, damit man sich nicht naß macht, mit dem Gesicht bergab. Das Gefühl des nackten Hinterns, als würde man von hinten beobachtet. Die Etikette schreibt vor, nicht hinzusehen, wenn man mit jemandem zusammen ist. Lois steht auf und geht auf dem Weg zurück, um außer Sichtweite zu sein.

»Wartest du?« sagt Lucy.

Lois kletterte hinunter, über die Felsblöcke und um sie herum, bis sie Lucy nicht mehr sehen konnte; sie wartete. Sie konnte die Stimmen der anderen hören, die redeten und lachten, beim Ufer unten. Eine Stimme schrie: »Ameisen! Ameisen!« Jemand mußte sich auf einen Ameisenhügel gesetzt haben. Auf der anderen Seite, im Wald, krächzte ein Rabe, ein heiserer einzelner Laut.

Sie sah auf die Uhr: es war zwölf. Da hörte sie den Ausruf.

Seitdem ist sie es in Gedanken immer wieder und wieder durchgegangen, so viele Male, daß der erste, wirkliche Ruf ausgelöscht wurde, wie ein Fußabdruck, der von anderen Fußabdrücken zertrampelt ist. Aber sie ist sicher (sie ist fast absolut sicher, sie ist so gut wie überzeugt), daß es kein Ausruf der Furcht war. Kein Schrei. Mehr wie ein Laut des Erstaunens, der zu schnell wieder abbrach. Kurz, wie ein einzelnes Hundebellen.

»Lucy?« sagte Lois. Dann rief sie. »Lucy!« Jetzt war sie schon dabei, schnell wieder hinaufzuklettern, über die Steine des Weges. Lucy war nicht dort oben. Zumindest war sie nicht zu sehen.

»Hör auf mit dem Unsinn«, sagte Lois. »Es ist Zeit zum Mittagessen.« Aber Lucy tauchte nicht hinter einem Felsen auf, und sie kam auch nicht lächelnd hinter einem Baum hervor. Überall war Sonnenschein; die Felsen sahen weiß aus. »Das ist nicht komisch!« sagte Lois, und das war es auch nicht, Panik stieg in ihr auf, die Panik eines kleinen Kindes, das nicht weiß, wo sich die größeren versteckt haben. Sie konnte ihr eigenes Herz hören. Sie sah sich schnell um; sie legte sich auf den Boden und sah über den Klippenrand. Sie kriegte ein kaltes Gefühl. Da war nichts.

Stolpernd ging sie auf dem Pfad zurück nach unten; ihr Atem ging zu schnell; sie hatte zuviel Angst, um zu weinen. Ihr war schrecklich zumute, sie fühlte sich schuldig und verzweifelt, als hätte sie aus Versehen etwas sehr Schlimmes getan. Etwas, das sich nie wiedergutmachen ließ. »Lucy ist weg«, sagte sie zu Kip.

Kip sah ärgerlich von ihrem Feuer auf. Das Wasser im Eßgeschirr kochte. »Was soll das heißen, weg?« sagte sie. »Wo ist sie denn hin?«

»Ich weiß nicht«, sagte Lois. »Sie ist einfach weg.«

Niemand hatte den Ausruf gehört; aber schließlich hatte auch niemand Lois' Rufe gehört. Sie hatten am Wasser miteinander geredet.

Kip und Pat gingen hinauf zum Ausguck und suchten und riefen und pfiffen auf ihren Trillerpfeifen. Nichts antwortete.

Dann kamen sie wieder nach unten, und Lois mußte genau erzählen, was passiert war. Die anderen Mädchen saßen alle im Kreis und hörten ihr zu. Niemand sagte etwas. Alle sahen erschrocken aus, besonders Pat und Kip. Sie waren die Leiterinnen. Man verlor nicht einfach ein Mädchen, nicht auf diese Weise, ohne jeden Grund.

»Warum hast du sie allein gelassen?« sagte Kip.

»Ich war gleich unten auf dem Pfad«, sagte Lois. »Das hab ich doch schon gesagt. Sie mußte mal.« Vor anderen Leuten, die älter waren als sie, sagte sie nicht pipi.

Kip sah empört aus.

»Vielleicht ist sie einfach in den Wald gegangen und hat sich in der Richtung getäuscht«, sagte eins der Mädchen.

»Vielleicht tut sie's absichtlich«, sagte eine andere.

Niemand glaubte an diese Theorien.

Sie nahmen die Kanus und suchten den Fuß der Klippe ab, starrten hinunter ins Wasser. Aber es war kein Geräusch herunterfallender Felsbrocken zu hören gewesen, kein Aufklatschen. Es gab keinen Hinweis, gar nichts. Lucy war einfach verschwunden.

Das war das Ende der Kanufahrt. Sie brauchten genau dieselben zwei Tage, um zurückzufahren, die sie gebraucht hatten, um hierherzukommen, obwohl sie eine Paddlerin weniger waren. Gesungen wurde nicht. Danach fuhr die Polizei in einem Motorboot hin, mit Hunden; es waren Mounties, und die Hunde waren Deutsche Schäferhunde, die darin geschult waren, in den Wäldern Fährten zu folgen. Aber es hatte inzwischen geregnet, und sie konnten nichts finden.

Lois sitzt in Cappies Büro. Ihr Gesicht ist vom Weinen verquollen, das hat sie im Spiegel gesehen. Sie fühlt sich jetzt wie betäubt; sie fühlt sich, als wär sie ertrunken. Sie kann nicht hierbleiben. Es war ein zu großer Schock. Morgen kommen ihre Eltern, um sie abzuholen. Mehrere der anderen Mädchen, die bei der Kanufahrt dabei waren, werden auch abgeholt. Die anderen werden bleiben müssen, weil ihre Eltern in Europa oder nicht zu erreichen sind.

Cappie ist sehr ernst. Sie haben versucht, es zu vertuschen, aber natürlich weiß es das ganze Camp. Bald werden es auch die Zeitungen wissen. Es läßt sich nicht verheimlichen, aber was soll man sagen? Was soll man sagen, das einen Sinn ergibt? »Mädchen verschwindet bei hellem Tageslicht. Spurlos.« Das kann man nicht glauben; man wird andere Dinge, schlimmere Dinge, vermuten. Nachlässigkeit ist das mindeste. Aber sie waren immer so vorsichtig. Das Unglück wird sich über Camp Manitou legen wie ein Nebel; die Eltern werden es meiden, andere glücklichere Orte vorziehen. Selbst durch ihre Betäubtheit hindurch erkennt Lois, daß Cappie es denkt. Jeder würde das denken.

Lois sitzt auf einem harten Holzstuhl in Cappies Büro, neben dem alten Holzschreibtisch, über dem das Schwarze Brett mit seinen Reißzwecken und den normalen Tagesplänen hängt, und starrt Cappie durch ihre geschwollenen Augenlider an. Cappie lächelt jetzt, es soll ein beruhigendes Lächeln sein. Ihr Benehmen ist zu ungezwungen: sie ist hinter etwas her. Denselben Blick hat Lois schon auf Cappies Gesicht gesehen, wenn sie geschmuggelte Schokoladenriegel aufgespürt hat, oder wenn sie die gestellt hat, von denen es hieß, daß sie sich nachts aus ihren Schlafhütten gestohlen hätten.

»Erzähl es mir noch einmal«, sagt Cappie, »von Anfang an.«

Lois hat ihre Geschichte inzwischen schon so oft erzählt, Pat und Kip, Cappie, der Polizei, daß sie sie Wort für Wort kennt. Sie kennt sie, aber sie glaubt nicht mehr daran. Sie ist zu einer Geschichte geworden. »Das habe ich Ihnen doch schon erzählt«, sagt sie. »Sie mußte mal. Ich hab ihr mein Toilettenpapier gegeben. Ich bin den Pfad ein Stück runtergegangen, ich hab auf sie gewartet. Ich hab diesen Ruf gehört ...«

»Ja«, sagt Cappie und lächelt vertrauensvoll, »aber davor. Was habt ihr da miteinander gesprochen?«

Lois denkt nach. Das hat sie bis jetzt noch niemand gefragt. »Sie sagte, daß man da runterspringen kann. Sie sagte, es geht glatt runter.«

»Und was hast du da gesagt?«

»Ich hab gesagt, daß man verrückt sein müßte.«

»Warst du wütend auf Lucy?« sagt Cappie mit ermutigender Stimme.

»Nein«, sagt Lois. »Warum sollte ich auf Lucy wütend sein? Ich war noch nie wütend auf Lucy.« Sie hat das Gefühl, wieder weinen zu müssen. Die paar Male, die sie tatsächlich auf Lucy wütend gewesen ist, sind bereits ausgelöscht. Lucy war immer vollkommen.

»Manchmal sind wir wütend und wissen gar nicht, daß wir wütend sind«, sagt Cappie wie zu sich selbst. »Manchmal sind wir richtig böse und wissen es nicht einmal. Manchmal tun wir vielleicht etwas, ohne es zu wollen, oder ohne zu wissen, was passiert. Wir verlieren die Fassung.«

Lois ist erst dreizehn, aber sie braucht nicht lange, um zu verstehen, daß sich Cappie bei all dem nicht selbst einbezieht. Mit *wir* ist Lois gemeint. Sie beschuldigt Lois, Lucy von der Klippe gestoßen zu haben. Diese Ungerechtigkeit trifft sie wie ein Schlag. »Hab ich nicht!« sagt sie.

»Was hast du nicht?« sagt Cappie leise. »Was hast du nicht, Lois?«

Lois tut das Schlimmste, sie fängt an zu weinen. Cappies Blick stößt auf sie herab. Sie hat, was sie wollte.

Später, als sie erwachsen war, verstand Lois, worum es bei dieser Befragung gegangen war. Sie konnte Cappies Verzweiflung sehen, die Notwendigkeit für sie, eine Geschichte zu haben, eine richtige Geschichte mit einem Grund; alles, nur nicht die sinnlose Leere, die Lucy hinterlassen hatte und mit der sie fertig werden mußte. Sie wollte, daß ihr Lois den Grund lieferte, daß sie der Grund war. Es war nicht einmal für die Zeitung oder die Eltern, denn ohne einen Beweis hätte sie eine solche Anschuldigung nie erheben können. Es war für sie selbst: etwas, mit dem sie den Verlust von Camp Manitou erklären konnte und von allem, wofür sie gearbeitet hatte, all die Jahre, in denen sie verzogene Kinder unterhalten und Eltern Honig um den Mund geschmiert und sich selbst zur Närrin gemacht hatte, indem sie sich Federn ins Haar steckte. Camp Manitou war tatsächlich verloren. Es überlebte nicht.

Zwanzig Jahre später machte sich Lois all dies klar. Aber da war es viel zu spät. Sogar zehn Minuten danach war es schon zu spät, als sie Cappies Büro verlassen hatte und langsam in ihre Blockhütte zurückging, um zu packen. Lucys Kleider waren noch da, zusammengelegt im Regal, als warteten sie. Sie fühlte, wie die anderen Mädchen in der Hütte sie nachdenklich beobachteten. *Ob sie es getan hatte? Sie mußte es getan haben*. Den Rest ihres Lebens hat sie Menschen dabei erwischt, wie sie sie auf die Weise beobachteten.

Vielleicht haben sie das gar nicht gedacht. Vielleicht hat sie ihnen einfach nur leid getan. Aber sie hatte das Gefühl, angeklagt und verurteilt worden zu sein, und das ist es, was ihr davon geblieben ist: das Wissen, daß man sie, nur sie beschuldigte, daß sie für etwas verurteilt wurde, an dem sie keine Schuld traf.

Lois sitzt im Wohnzimmer ihrer Wohnung und trinkt eine Tasse Tee. Durch das knietiefe Fenster hat sie einen weiten Blick über den Lake Ontario mit seiner Haut aus kräuseligem blaugrauem Licht und auf die Weiden von Toronto Island, die von einem Wind geschüttelt werden, der aus dieser Entfernung und von dieser Seite der Glasscheibe lautlos ist. Wenn der Smog nicht zu schlimm ist, kann sie das Ufer an der anderen Seite sehen, das ausländische Ufer; aber heute ist es verborgen.

Vielleicht sollte sie rausgehen, nach unten gehen, etwas einkaufen; im Kühlschrank ist nicht mehr viel. Die Jungen sagen, sie kommt nicht oft genug raus. Aber sie hat keinen

Hunger; und sich bewegen, sich von der Stelle rühren, wird immer mehr zu einer Anstrengung.

Sie kann sich jetzt kaum noch daran erinnern, wie sie ihre beiden Jungen im Krankenhaus bekommen hat, wie sie sie als Babys gestillt hat; sie kann sich kaum noch daran erinnern, geheiratet zu haben, oder wie Rob ausgesehen hat. Selbst damals hat sie nie das Gefühl gehabt, voll und ganz dabeizusein. Sie war oft müde, als lebte sie nicht nur ein Leben, sondern zwei: ihr eigenes und ein anderes, schattenhaftes Leben, das um sie herumschwebte und sich nicht realisieren lassen wollte: Das Leben, das gewesen wäre, wenn Lucy nicht diesen Schritt zur Seite getan hätte und aus der Zeit verschwunden wäre.

Sie ist niemals wieder in den Norden gefahren, nicht zu dem Haus, das Robs Familie gehörte, und auch an keinen anderen Ort mit wilden Seen und wilden Bäumen und den Rufen der Eistaucher. Sie ist dem niemals auch nur nahe gekommen. Trotzdem war es, als lauschte sie immer einer anderen Stimme, der Stimme einer Person, die eigentlich da sein mußte, es aber nicht war. Ein Echo.

Als Rob noch lebte, als die Jungen aufwuchsen, konnte sie so tun, als würde sie sie nicht hören, diese Leere, die Ton war. Aber jetzt ist nicht mehr viel übrig, um sie abzulenken.

Sie wendet sich vom Fenster ab und sieht ihre Bilder an. Da ist die rosa Insel im See, mit den ineinander verschlungenen Bäumen. Es ist die gleiche Landschaft, durch die sie gepaddelt sind, in jenem fernen Sommer. Sie hat von diesem Land Lichtbildervorträge gesehen, Luftaufnahmen; es sieht von oben anders aus, größer, hoffnungsloser: ein See nach dem anderen, hier und da blaue Pfützen im dunkelgrünen Busch, die Bäume wie Borsten.

Wie sollte man dort je etwas finden, das einmal verloren war? Vielleicht, wenn sie es alles abholzten, alles entwässerten, könnten sie Lucys Knochen finden, irgendwann, wo immer sie verborgen sind. Ein paar Knochen, einige Knöpfe, die Schnalle von ihren Shorts.

Aber ein toter Mensch ist ein Körper; ein Körper braucht Platz, irgendwo existiert er. Man kann ihn sehen; man legt ihn in eine Kiste und vergräbt ihn im Boden, und dann ist er in einer Kiste im Boden. Aber Lucy ist in keiner Kiste, und auch nicht im Boden. Weil sie nirgendwo Bestimmtes ist, könnte sie überall sein.

Und diese Gemälde sind auch keine Landschaften. Weil es gar keine Landschaften gibt dort oben, nicht im alten, ordentlichen europäischen Sinne, mit einem sanften Hügel, einem gewundenen Fluß, einem Haus, einem Berg im Hintergrund, einem goldenen Abendhimmel. Statt dessen ist dort ein Unterholz, ein zurückweichendes Labyrinth, in dem man sich fast im selben Augenblick verirrt, in dem man den Pfad verläßt. Auf keinem der Bilder ist ein Hintergrund, eine Aussicht; nur eine Menge Vordergrund, der immer weiter und weiter zurückweicht, endlos, der einen in sein Gewirr und Geflecht aus Bäumen und Zweigen und Felsen hineinzieht. Egal, wie weit man eindringt in ihn, er nimmt kein Ende. Und die Bäume sind eigentlich kaum Bäume; es sind Energieströme, die mit ungestümen Farben aufgeladen sind.

Wer weiß, wie viele Bäume dort oben auf der Klippe standen, bevor Lucy verschwand? Wer hat sie gezählt? Vielleicht war da hinterher einer mehr.

Lois sitzt in ihrem Sessel und rührt sich nicht. Ihre Hand mit der Tasse ist auf halbem Weg zum Mund stehengeblieben. Sie hat etwas gehört, fast gehört: einen Ruf des Erkennens oder der Freude.

Sie sieht auf die Gemälde, sie sieht in sie hinein. Jedes einzelne von ihnen ist ein Bild von Lucy. Man kann sie nicht genau sehen, aber sie ist da, hinter der rosafarbenen Insel aus

Felsen oder auf der dahinter. In dem Bild von der Klippe wird sie von den heruntergestürzten Felsblöcken verdeckt, in dem vom Flußufer kauert sie unter dem umgedrehten Kanu. In den gelben Herbstwäldern ist sie hinter dem Baum, der wegen der anderen Bäume nicht zu sehen ist, drüben neben dem blauen Splitter eines Teiches; wenn man aber in das Bild hineinginge und den Baum fände, dann wäre es der falsche, denn der richtige wäre noch tiefer darin.

Jeder muß irgendwo sein, und Lucy ist dort. Sie ist in Lois' Wohnung, in den Löchern, die sich in die Wände hinein öffnen, nicht wie Fenster, sondern wie Türen. Sie ist hier. Sie ist vollkommen lebendig.

Onkel

Als sie fast fünf war, machte Susanna einen Steptanz auf einer Käsekiste. Die Käsekiste war zylindrisch und aus Holz und mit weißem Kreppapier und mit kreuz und quer gezogenen roten Bändern geschmückt, damit sie wie eine Trommel aussah. Es gab noch zwei weitere Käsekisten, auf denen Mädchen tanzten, aber sie hatten blauen Schmuck. Die von Susanna war die einzige rote. Sie war in der Mitte, und sie war auch die jüngste und die kleinste. Sie mußte hinaufgehoben werden. Dahinter, hinter ihr, waren drei Reihen mit Mädchen, die nicht gut genug waren, um oben auf den Käsekisten zu sein.

Es war eine Aufführung. Susanna trug weiße Socken und Schuhe und ein rotes Haarband und ein weißes Matrosenkleid mit roter Litze, die ihre Mutter, die sich zu besonderen Gelegenheiten und wenn es um Kleider ging, aus ihrer täglichen Lethargie reißen konnte, sorgfältig rund um den viereckigen Kragen genäht hatte. Vor der Aufführung war Susanna hinter der Bühne wahnsinnig aufgeregt und mußte dreimal auf die Toilette gehen; aber als sie dann draußen auf der Bühne stand, im Licht, war sie wieder in Ordnung und machte keinen falschen Schritt.

Die Melodie war *Anchors Aweigh*. Für die Mädchen war in dem Jahr alles militärisch, denn es war noch Krieg. In den Zeitschriften gab es Bilder von Frauen in weißen Shorts im Marineschnitt und verknoteten Matrosenblusen, so, daß der Bauch zu sehen war, und Matrosenmützen, die schief auf ihren Köpfen saßen. Die Frauen sahen mit kecker, frecher Miene oder überraschtem Schmollmund zur Seite. Von diesen Frauen und dieser Aufmachung hieß es, sie seien niedlich wie ein Knopf, was auch über Susanna gesagt wurde. Susanna verstand nicht, was an Knöpfen so niedlich war. Sie fand sie schwer zuzumachen. Aber sie wußte, wenn etwas Gutes über sie gesagt wurde.

Es waren die Tanten, die es sagten. Sie kamen mit ihren Männern, den Onkeln, und saßen in der ersten Reihe und umarmten und küßten Susanna unaufrichtig mit ihren steifen Armen und gepuderten Gesichtern. Die Onkel sagten wenig und umarmten oder küßten nicht. Aber Susanna machte sich zappelnd von den Tanten los und lief zu den Onkeln, um in Ruhm und Glanz aus der Halle geführt zu werden, wie ein Äffchen zwischen zwei von ihnen pendelnd. Es waren die Onkel, die zählten.

Susannas Mutter kam natürlich auch. Ihr Vater kam nicht, weil er im Krieg verschollen war. Niemand sagte *gefallen*, so daß Susanna die Vorstellung hatte, daß er irgendwo herumwanderte – sie malte sich ein unbebautes Grundstück aus, wie das am Ende ihrer Straße, wo sie nicht spielen durfte – und versuchte, den Weg nach Hause zu finden.

An den Sonntagnachmittagen wiederholte Susanna den Steptanz für die Onkel. Es war Sommer, und sie saßen nach dem Abendessen auf der Veranda vorm Haus. Das war, als die Leute noch auf den Veranden vor ihren Häusern saßen, in Schaukelstühlen oder Verandaschaukeln. Auf Susannas Veranda vor dem Haus gab es beides; die Onkel benutzten die Schaukelstühle. Sie saßen in der Sonne, zwinkerten mit den Augen wie Bären, tranken jeder ein Glas Bier. Sie tranken nur ein oder zwei Gläser und niemals etwas Stärkeres; trotzdem fanden die Tanten, daß sie es auf der Veranda nicht tun sollten, wo es die Leute sehen konnten. Die Onkel kümmerten sich nicht darum. Sie zwinkerten mit den Augen und tranken weiter.

Es waren drei, alle mit blondem Haar, das sich schon lichtete, und rot im Gesicht. Es waren kräftige Männer. Bei Männern sagte man nicht »dick«. Und sie waren auch kräftig; wenn sie kamen, um für Susannas Mutter den Rasen zu mähen – sie wechselten sich ab –, brauchten sie nur eine Hand, um den Rasenmäher zu schieben. Wenn sie einen Arm ausstreckten, konnte sich Susanna draufsetzen und sich gegen ihre breiten Hälse lehnen, die so rot waren wie rote Bete. Sie waren nicht reich, aber es ging ihnen gut. So nannte ihre Mutter es immer, und Susanna fand, daß es stimmte: Sie sahen so aus, als ob es ihnen gutginge. Einer von ihnen hatte die Eisenwarenhandlung, ein anderer war der Bankdirektor, der dritte war im Versicherungsgeschäft. Es war keine große Stadt, und diese Positionen hatten Geltung. Deshalb machten sich die Tanten auch Sorgen wegen des Biers.

Ihre Unterhaltung auf der Veranda war minimal, so daß für Susanna in ihrem gekräuselten gelben Strandkleid aus Baumwolle viel Zeit blieb, um die Melodie zu summen, mit dem Fuß aufzustampfen, auf und ab zu hüpfen, mit den Fersen und den Zehen auf den Boden zu tippen, zu salutieren. Die Onkel strahlten und klatschten, und hinterher durfte sie auf einem der riesigen Schöße sitzen. Sie sog die Gerüche von Bier und Seife und Rasierwasser ein und durchsuchte ihre Taschen nach Kaugummi, das dort versteckt war, oder bettelte so lange, bis sie ihre Tricks zeigten. Jeder von ihnen hatte einen anderen Trick. Einer konnte Rauchringe in die Luft blasen. Ein anderer konnte aus seinem Taschentuch eine Maus machen, die seinen Arm herauflief. Der dritte konnte mit einer komischen krächzenden und betrübten Frauenstimme *Oh Susanna* singen, wobei er klägliche Grimassen schnitt. Es war so ungefähr das einzige Mal, daß sein Gesicht je einen anderen Ausdruck annahm.

»Oh Susanna, oh don't you cry for me...« Dabei tat er so, als weinte er, und Susanna tat so, als tröstete sie ihn. Das und diese Nachmittage setzten einen hohen Maßstab – es war in späteren Jahren sehr schwer, sich ähnlich gut zu vergnügen.

Ab und an erschien Susannas Mutter auf der Veranda. »Susanna, spiel dich nicht so auf«, sagte sie dann, oder: »Susanna, quäl deine Onkel nicht.« Und dann sagte einer der Onkel: »Sie stört überhaupt nicht, Mae.« Aber die meiste Zeit blieb Susannas Mutter in der Küche und erledigte zusammen mit den Tanten dort den Abwasch, wo sie nach Susannas Meinung auch alle hingehörten.

Den größten Teil des Essens für die sonntäglichen Mahlzeiten brachten die Tanten mit. Sie kamen mit Roastbeef, mit Zitronenbaisers, Plätzchen, Gläsern mit selbsteingelegten Pickles. Ihre Mutter kochte höchstens ein paar Kartoffeln oder machte einen gelierten Salat. Von ihr wurde nicht viel erwartet, weil sie eine Kriegswitwe war; sie war noch immer damit beschäftigt, den Verlust zu verwinden, und sie mußte ganz allein ein Kind großziehen. Nach außen schien sie das nicht zu bekümmern. Sie war fröhlich und rundlich und von Natur langsam. Die Onkel hatten zusammengelegt, um ihr das Haus zu kaufen, weil sie ihre kleine Schwester war, sie waren alle zusammen auf einem Bauernhof aufgewachsen, sie standen sich nahe.

Die Tanten taten sich schwer, das zu verzeihen. Am Eßtisch brachten sie in versteckten Andeutungen immer wieder zur Sprache, wie sparsam man sein mußte, um das Geld für zwei Hypotheken aufzubringen. Die Onkel sahen ihre Frauen mit verblüfftem Vorwurf an und reichten Susannas Mutter ihre Teller, um sich noch eine Portion Kartoffelbrei geben zu lassen. Man konnte sein eigenes Fleisch und Blut doch nicht auf die Straße setzen und verhungern lassen. Das wußte Susanna, weil sie gehört hatte, wie einer der Onkel es sagte, als er mit schwerem Schritt die Auffahrt hinunter zu seinem Auto ging.

»Es hätte ja nicht gleich so ein großes Haus sein müssen«, sagte die Tante. »Es ist fast so groß wie unseres.« Ihre hochhackigen Schuhe klapperten über das Pflaster, während sie sich beeilte, um mit ihm Schritt zu halten. Alle Tanten waren kleine, flinke Frauen mit kurzen Beinen.

Susanna schaukelte gerade in dem großen weißen Schaukelstuhl aus Korbweide auf der Veranda. Sie hörte zu schaukeln auf und duckte sich, damit ihr Kopf nicht zu sehen war, während sie lauschte.

»Na, hör mal, Adele«, sagte der Onkel. »Du willst doch wohl nicht, daß sie in einer Hütte leben.«

»Sie könnte sich 'nen Job suchen.« Das war eine Beleidigung, und die Tante wußte es. Es hieße, daß der Onkel sie nicht ernähren konnte.

»Und wer soll auf Susanna aufpassen?« sagte der Onkel und blieb stehen, während er nach seinem Schlüssel kramte. »Du bestimmt nicht, das ist mal sicher.«

In der Stimme des Onkels schwang eine bittere Note mit, die Susanna neu war. Er tat ihr leid. Die Tante tat ihr nicht leid.

Die Onkel hatten Kinder, aber es waren alles Jungen, und älter. Sie waren immer zusammen, ein Rudel. Sie bekamen gesagt, daß sie gerade sitzen sollten, daß sie nicht in den Ohren bohren sollten. Sie bekamen gesagt, daß sie schmutzige Fingernägel hatten. Sie durften nicht widersprechen. »Sei kein Naseweis«, bekamen sie zu hören. Sie ließen es mit Steinen und Schleudern an den Katzen in der Umgebung aus, auf dem unbebauten Grundstück. Wenn sie zum Sonntagsessen mit herüberkamen, ignorierten sie Susanna oder starrten sie mit unpersönlicher Herablassung über den Tisch hinweg an. Susanna ging ihnen aus dem Weg und hielt sich in Reichweite der schützenden Schatten, welche die Onkel auf den Verandaboden warfen. Die Onkel würden auf sie aufpassen; sie wußte, daß sie ihnen etwas bedeutete. Aber in anderer Hinsicht war sie unwichtig. Es machte nicht wirklich etwas aus, ob sie gerade saß oder nicht. Sie konnte mit dem Finger in den Ohren bohren, sie konnte naseweis sein. Sie konnte tun, was immer sie wollte, und war trotzdem niedlich wie ein Knopf.

Als sie alt genug war, um in die Schule zu gehen, versuchten die sentimentaleren unter den Lehrerinnen, sie zu verhätscheln, weil sie keinen Vater hatte. »Aber ich hab drei Onkel«, sagte sie dann, und sie schüttelten den Kopf und seufzten. Aber drei waren besser als einer.

Auf gewisse Art hatte sie einen Vater. Er war auf zwei Bildern: eines nur von ihm, das auf dem Sims über dem Kamin stand, in dem die künstliche Kohle aufleuchtete, wenn man den Schalter andrehte, und das andere auf dem Frisiertisch ihrer Mutter, auf dem sie beide waren. Auf beiden war er in Uniform. Auf dem Bild über dem Kamin war er ernst und lächelte nicht, die dunklen Augen sahen sie aus dem schmalen Gesicht heraus mit einem Ausdruck an, der Susanna Unbehagen bereitete. Manchmal war es wie Sehnsucht, ein anderes Mal wie Entschlossenheit; oder Angst, oder Zorn.

In dem Sommer, als sie zehn war, beschloß Susanna, jeden Tag eine Blume vor dieses Bild zu legen. Die Blumen waren immer Ringelblumen, weil es die einzige Sorte war, die Susannas Mutter anpflanzte, in unregelmäßigen, von Unkraut durchwucherten Reihen auf beiden Seiten des Aufgangs zum Haus. Das mit den Blumen machte Susanna fast einen Monat lang. Ihre Mutter glaubte, sie täte es, weil sie ihren Vater liebte, jedenfalls hörte Susanna, wie sie das in der Küche zu den Tanten sagte. Aber das war es nicht. Wie konnte sie jemanden lieben, den sie gar nicht kannte? Die Blumen legte sie dahin, weil sie ihn nicht liebte, aber Angst hatte, daß er es herausfinden würde. Sie wollte nicht, daß er ihre Gedanken las, wie es, alle wußten das, Gott tat; weshalb also nicht auch die Toten, die mit ihm am selben Ort waren? Während dieser Zeit schien sein Gesicht reinen und starken Ärger auszudrükken. Er fand es furchtbar, daß er tot und Susanna noch am Leben war.

Gelegentlich schwelgte sie in ihrer alten Vorstellung, daß er nur verschollen war, daß er zurückkommen würde. Aber was, wenn er es tat? Sie hatte mehrere Alpträume davon, von dieser Rückkehr: ein langer Schatten, der durch ihre Schlafzimmertür hereinkam, mit düsteren Augen. Es konnte sein, daß er sie nicht mochte.

Auf dem Frisiertischbild war er anders. Zum einen sah er besser aus. Er blickte auf den Boden, lächelte, wie aus Verlegenheit. Seine Mutter, mit Apfelbäckchen und gerade achtzehn, zu jung, wie sie nie müde wurde zu erwähnen, hielt sich an seinem Arm fest, blickte mit einem seelenvollen, nachdenklichen, etwas blöden Lächeln in die Kamera, das Susanna sonst noch nie an ihr gesehen hatte. Dieses Bild war eine Enttäuschung, weil es ein Hochzeitsbild war, Susannas Mutter aber nur einen gewöhnlichen Hut und ein gewöhnliches Kostüm trug, kein langes weißes Hochzeitskleid. Susannas Mutter erklärte ihr, daß das im Krieg so gewesen sei. Damals heirateten die Leute in aller Eile, so daß sie keine Zeit hatten, für das ganze Drumherum zu sorgen.

Für Susanna war das Faulheit: in Wirklichkeit war es, weil ihre Mutter sich um nichts kümmerte. Auch im Haushalt nahm sie es nicht so genau. Susanna hatte gesehen, wie sich die Tanten mißbilligend über den Teil des Fußbodens in der Küche ausließen, der sich unter dem Küchentisch befand, oder wie sie die zerknüllten kleinen Gästehandtücher aus der Schublade zogen, wo sie in einem Knäuel hineingestopft waren, und sie ordentlich zusammenlegten, oder wie sie das Unkraut zwischen den ärmlichen Ringelblumen aus der Erde rissen, wenn sie den Weg entlanggingen. In gewisser Hinsicht betrachteten die Tanten Susannas Haus als ihr eigenes. Sie schenkten Susannas Mutter zu Weihnachten demonstrativ hübsche Schürzen, aber das half alles nichts. Die Schürzen wurden ebenfalls in die Schublade gestopft, und Susannas Mutter verbrachte Stunden im Bad oder lag im Unterrock auf dem ungemachten Bett und las Frauenmagazine oder machte sich vor dem Frisiertischspiegel ihre Fingernägel, obwohl sie gar nicht ausging, und die schmutzige Wäsche sammelte sich in streng riechenden kleinen Bergen in den Ecken ihres Zimmers. Sogar ihre Nähereien wurden oft nicht fertig; es gab zugeschnittene Kleider, die zu Bündeln zusammengesteckt hinter dem Zeitungsständer lagen; es gab auf dem Sofa verstreute Fäden, die an einem hängenblieben, wenn man aufstand.

Das Gute daran war, daß sie von Susanna nicht besonders viel Hilfe erwartete. Als sie zwölf wurde und in der Schule Hauswirtschaft hatte, räumte Susanna manchmal aus reiner Selbstverteidigung auf oder schimpfte mit ihrer Mutter. Aber auch damit erreichte sie nichts.

Susanna selbst war nicht faul, auch wenn sie sich mit den Gästehandtüchern keine besondere Mühe gab. Das war Tantenarbeit. Sie war dünn und drahtig, mehr wie ihres Vaters Seite in der Familie, und sie hatte die dazugehörige Energie. In der neunten Klasse machte sie Hochsprung, und danach spielte sie Volleyball. Sie war im Theaterclub, der Einakter spielte, die keine zweideutigen Texte enthielten, und Operetten von Gilbert und Sullivan aufführte, zur Abwechslung auch mal *Oklahoma!* und *Brigadoon*. Die Onkel kamen und saßen in der ersten Reihe und strahlten und klatschten. Sie waren jetzt älter und röter und fast völlig kahl. Sie kamen noch immer, um den Rasen zu mähen, auch wenn sie inzwischen einen Motorrasenmäher hatten. Susanna legte den Kopf auf die Seite und lächelte sie schelmisch an und sang und tanzte. Aber sie wußte auch, daß Singen und Tanzen nicht mehr ganz ausreichten, um sie zufriedenzustellen.

Einer der Onkel, der mit der Eisenwarenhandlung, nahm sie eines Sonntags auf die Seite und sagte ihr, sie habe einen Kopf auf den Schultern und sollte ihn benutzen. Ein anderer, der Bankier, sagte ihr, daß es noch nie jemandem geschadet habe, die doppelte Buchführung zu beherrschen, und zeigte ihr, wie man das machte. Der dritte sagte, daß sie sich nicht wegwerfen solle, indem sie zu früh heiratete, und daß eine Frau, die sich ihren Lebensunterhalt selbst verdienen könne, niemals von jemandem abhängig sein müsse. Susanna wußte, daß sie von ihrer Mutter sprachen. Sie hörte aufmerksam zu.

In den letzten Jahren der High-School lernte Susanna fleißig und leistete etwas – »etwas leisten« nannten es die Onkel immer –, sie gewann ein kleines Stipendium für die Universität. Die Onkel zahlten den Rest. Ihre eigenen Söhne waren nicht so geraten wie erwartet. Einer von ihnen war Ballettänzer geworden.

Als Susanna ihr College hinter sich gebracht hatte, saßen die Onkel bei der Abschlußfeier in der Aula und applaudierten, mit den Tanten neben ihnen, die ihr kleines verbissenes Lächeln aufsetzten, weil sie wußten, wieviel es gekostet hatte. Bald danach starben die Onkel, einer nach dem anderen. Sie waren kräftige Esser geblieben, die Roastbeef und gebratene Hähnchen liebten, Schlagrahm und dicke Tortenstücke. Sie waren nicht dünner geworden, nur weicher. Sie starben alle plötzlich, an Herzanfällen, und für eine Weile hatte Susanna das Gefühl, die Welt sei taub geworden.

*

Jeder der Onkel hatte Susannas Mutter Geld hinterlassen, und auch etwas für Susanna. Nicht viel, aber den Tanten, die fanden, daß für Susanna schon genug ausgegeben worden war, war es zuviel. Als ihre Mutter bald darauf wieder heiratete, einen Mann, den sie durch die Onkel kennengelernt hatte – einen Witwer, der früher Dächer verkauft hatte, jetzt pensioniert war –, und nach Kalifornien zog, waren sie noch empörter. Das schlimmste Verbrechen ihrer Mutter war, das Haus zu verkaufen und das Geld zu behalten. Sie fanden, daß es ihnen zustünde, aufgrund all dessen, was die Onkel investiert hatten. Daß der Witwer wohlhabend war, machte es nur noch schlimmer. Sie betrachteten seinen Reichtum als eine persönliche Beleidigung.

Das war für Susanna eine Erleichterung: sie brauchte nicht mehr so zu tun, als wären sie ihr sympathisch. Sie fand einen Job in Toronto, einen kleinen Job bei einer der großen Tageszeitungen, sie stellte Todesanzeigen und Geburtsanzeigen und Berichte über Hochzeiten zusammen und war Mädchen für alles. Sie wartete auf ihre Gelegenheit. Das Geld der Onkel war sicher auf der Bank verwahrt. Sie hätte es verwenden können, um weiter zu studieren, aber obwohl sie Talent für eine ganze Menge Dinge hatte, gab es nichts, das sie unbedingt hätte tun wollen.

Mit Männern war es genauso. Sie hatte im Laufe der Jahre Freunde gehabt, sogar ein paar Liebhaber, aber die waren alle in ihrem Alter, und sie hatte Mühe, sie ernst zu nehmen. Sie machte Witze, wenn eine Unterhaltung zu persönlich wurde, wenn die Jungen wissen wollten, was sie wirklich für sie empfand; sie neckte sie, stellte unverschämte und sehr persönliche Fragen. Sie war geschickt darin, sich interessiert zu zeigen, obwohl sie es gar nicht war. Eigentlich war sie nur neugierig. Sie nahm an, daß Flirten harmlos war und daß die Männer immer Nachsicht mit ihr haben würden. Es hatte einige schlimme Szenen gegeben. Einige der Jungen waren böse geworden, hatten sie auf Partys in der Küche gestellt oder in dem Zimmer, in dem die Mäntel lagen, und ihr vorgeworfen, mit ihnen zu spielen. Einige Male war es ihr gerade noch gelungen, aus parkenden Autos zu entkommen. Bei einem Heiratsantrag hatte sie gelacht; sie hatte nicht gemein sein wollen, aber ihr war der Gedanke so komisch vorgekommen. Der Mann warf einen Teller nach ihr, aber er war betrunken. Das war auf einer anderen Party, und damals machten die Männer auf Partys so was.

Susanna reagierte bei solchen Anlässen niemals wütend, nur überrascht. Das Überraschende war, daß sie es irgendwie nicht geschafft hatte, zu gefallen.

An der Zeitung gab es einen Mann, den sie ehrlich bewunderte. Sein Name war Percy Marrow. Er hatte vor allem mit kulturellen Dingen zu tun: nicht, daß es in Toronto viel davon gegeben hätte, damals. Aber wenn eine Theatergruppe in die Stadt kam, dann war es Percy, der darüber schrieb; oder eine Tanzgruppe aus England oder ein Streichquartett, das eine Gastvorstellung gab. Von Percy wußte man, daß er Reisen nach New York machte, obwohl ihn die Zeitung nicht dafür bezahlte. Das verlieh ihm eine kosmopolitische Sicht: er beklagte sich gern über den provinziellen Geschmack und die barbarische Ignoranz der Einheimischen. Er machte auch Jazz, und Filmkritiken, und manchmal eine Buchrezension. Er tat all diese Dinge, weil sie an der Zeitung niemand sonst tun wollte.

»Percy macht all den Schwulenkram« – das war die Version der Nachrichtenredaktion, durch die sie mußte, um an ihren vollgepackten Schreibtisch mit den Stößen neu Verheirateter und frisch Verstorbener zu gelangen. Die Nachrichtenredaktion war sehr stolz auf ihren harten Ton. Hinter seinem Rücken war Percy Marrow dort als »die Pflaume« bekannt. Das war grausam, denn es bezog sich – mit einigem Recht – auf seine äußere Form. Von weitem, Susanna war ihm noch nie näher gekommen, sah er wie Humpty Dumpty aus oder wie Mr. Weatherbee, der glatzköpfige, eiförmige High-School-Direktor aus den *Archie*-Comics. Das Foto von seinem Kopf, das über seiner wöchentlichen Kolumne »Städtische Kultur« erschien, sah wie eine abgepellte Kartoffel aus, auf die kleine Gesichtszüge geklebt waren – eine altmodische randlose Brille und obendrauf ein kleines Büschel Flaum.

»Seid nicht so gemein«, sagte Susanna, als sie seinen Spitznamen zum ersten Mal hörte. »Er ist nicht dick.Er ist nur *kräftig.*«

»Susie-Q und die Pflaume«, sagten sie und wieherten vor Lachen.

»Mach dir keine Sorgen um die Pflaume«, sagte Marty, der Sportredakteur. »Die Pflaume ist hellwach. Die paßt schon selbst auf sich auf.«

»Er ist ein pompöser Einfaltspinsel«, sagte Bill, ein importierter Londoner, der die harten Nachrichten, wie etwa Morde, machte. Er war der Schoßlinke, den sich die Zeitung hielt. Man sah es ihm nach, weil er Ausländer war. »Das sind diese Kunstschwätzer doch alle.«

»Kunstfurzer«, sagte Cam, der für die Politik zuständig und der größte Zyniker von ihnen allen war.

Susanna, die ihre Witzeleien gewöhnlich mitmachte, merkte, daß sie böse wurde. Sie glaubte, daß sie nur neidisch waren, weil Percy Marrow eine ganze Menge mehr wußte als sie, und interessantere Dinge. Aber sie war klug genug, es nicht zu sagen. Sie ging an ihnen vorbei zu ihrem Schreibtisch, durch die von Rauch erfüllte, rauhe, klappernde Luft, gefolgt von ihrem Hm!-Hmm! und den schmatzenden Lippen, die sie sich zur Gewohnheit gemacht hatten.

Susanna sah in den Todesanzeigen keine große Zukunft für sich. Sie begann, sich an Percy Marrow heranzupirschen. Sie merkte sich, wann er kam und ging, und schließlich gelang es ihr, sich ihm am Wasserspender vorzustellen. Sie war von ihm beeindruckt, aber sie war nicht eingeschüchtert. Sie sagte ihm, daß sie seine Arbeit sehr schätze, daß sie ihn als eine Art Vorbild betrachte.

Sie schlug vor, einmal zusammen Lunch essen zu gehen: Vielleicht konnte er ihr ein paar Tips geben? Sie war darauf vorbereitet, von ihm abgeschüttelt zu werden – schließlich, wer war sie denn? –, aber nach einer kurzen Pause, während der sein rundes Gesicht so etwas wie Entsetzen zeigte, willigte er ein. Er war schüchtern, fast scheu. Susanna gewann den Eindruck, daß er nicht daran gewöhnt war, Komplimente zu bekommen.

Draußen auf der Straße ging er langsam, vorsichtig, mit nach außen gestellten Füßen, wie ein Pinguin. Sie gingen in ein Restaurant, in dem sie niemanden aus der Nachrichtenredaktion treffen würden. Susanna glaubte, daß er irgendeinen exotischen Wein bestellen würde – sie nahm an, daß er auch davon etwas verstand –, aber das tat er nicht. Er erklärte, daß er während der Arbeit niemals trank, und bestellte zwei Gläser Wasser. Susanna freute das: es war die Umkehrung der Nachrichtenredaktionswerte. Die Jungen dort stanken wie eine Brauerei, wenn sie vom Lunch zurückkamen; oder sie bewahrten in ihren Schreibtischen Flachmänner auf.

Susanna kam gleich zur Sache. Was sie wollte, war eine Chance, einen Fuß in der Tür. Niemand sonst an der Zeitung würde ihr je eine geben. Sie wußte, daß sie mehr konnte als Geburten und Todesfälle. Wenn sie nichts taugte, konnte er sie einfach wieder dahin zurückschicken, und nichts für ungut.

Percy Marrow musterte sie über die Ränder seiner halbmondförmigen Brillengläser hinweg. Er dachte nach. Er nahm die Brille ab und putzte sie an seiner Krawatte. Seine Hände waren klein; wie viele große Männer hatte er zierliche Hände und Füße. Aus der Nähe war er sehr viel jünger, als er in der Zeitung aussah. Noch lange nicht fünfzig. Wahrscheinlich nicht viel mehr als zehn Jahre älter als sie selbst, oder vielleicht fünf. Das ließ sich bei seiner Figur schwer sagen.

Vielleicht könnte sie ein paar Kunstkritiken probieren, sagte er schließlich. Das war etwas, worauf er selbst nicht allzu großen Wert legte. Damit würde sie ihm einen Gefallen tun. Sie konnte sie abends schreiben und ihren bisherigen Job weitermachen. Auf die Weise würde sie nicht viel riskieren.

»Aber ich kenn mich mit Kunst nicht aus«, sagte Susanna ein wenig bekümmert. Sie hatte sich eher so was wie eine eigene Kolumne vorgestellt, mit ihrem Foto darüber.

»Das brauchen Sie auch nicht«, sagte Percy. »Ich gebe Ihnen ein paar Artikel als Beispiele.« Er machte eine Pause, um sich seine grünen Bohnen anzusehen. »Zu lange gekocht«, erklärte er. Er war ein mäkliger Esser. »Bedenken Sie, dieser Ort ist noch immer eine Kleinstadt. Alle Künstler kennen sich und verabscheuen einander. Sie werden schnell feststellen, wie leicht es ist, gehaßt zu werden.«

»Indem man schlechte Kritiken schreibt?« sagte Susanna.

»Nein. Indem man gute schreibt.« Zum erstenmal lächelte Percy sie an. Es war ein sonderbares Lächeln. Es paßte nicht so recht zu seiner Schüchternheit. Es war eine Andeutung von Boshaftigkeit darin, als wüßte er, daß sie drauf und dran war, sich in Schwierigkeiten zu bringen, und genösse die Vorstellung.

Aber das war nur ein kurzes Aufblitzen, und sie entschied sofort, daß sie sich getäuscht hatte. Im nächsten Augenblick war sein Gesicht wieder ruhig wie sonst; wie ein Buddha, dachte sie, oder ein gutmütiges Walroß, ohne die Stoßzähne und den Schnauzbart.

Im Laufe der nächsten paar Monate machte Percy sie zu einer Art Protégée. Sie waren beide aus einer Kleinstadt, vielleicht war es das. Vielleicht war es das, warum sie sich bei ihm so wohl fühlte. Er half ihr bei ihren ersten Rezensionen, machte kritische Bemerkungen über die Form, den Stil; machte Vorschläge und lobte sie, wenn er der Meinung war, daß ihr etwas gelungen war. Susanna selbst fand, daß ihre Rezensionen Heuchelei waren, das aber würde niemand merken, wenn man bedachte, wie die anderen Kunstkritiken aussahen. Sie lernte, viele Adjektive zu verwenden. Sie kamen in Paaren, gut und schlecht. Ein und dasselbe Gemälde konnte energiegeladen oder chaotisch, statisch oder von klassischen Werten durchdrungen sein, je nach Laune. Sie erhielt ihren ersten bösen Brief und las ihn Percy beim Lunch vor.

Ihre gemeinsamen Mittagessen blieben der Nachrichtenredaktion nicht verborgen. »Du bist also heiß auf die alte Pflaume?« sagte Bill.

»Sei nicht albern«, sagte Susanna defensiver, als sie es hätte tun sollen. »Er ist verheiratet.« Das stimmte. Sie hatte Percys Frau kennengelernt, war mit den beiden im Fahrstuhl zusammengestoßen. Bei der Vorstellung hatte Percy gestottert. Sie war eine kleine Frau mit scharfem Blick, die Susanna deutlich zu verstehen gegeben hatte, daß sie nicht das geringste für sie übrig hatte.

»Verheiratet! Was du nicht sagst! Dann hält er sich also 'n bißchen was nebenher? Schockierend!«

»Wenn ich so'n Pantoffel zu Hause hätte, würd ich das auch.«

»Wenn ich zweihundert Pfund zulegte, würdst du mich dann auch ranlassen, Süße?«

»Susie-Q schläft sich die Leiter rauf. Wir haben diese Kunstfurzer-Kritiken von dir gesehen. Unterzeichnet und alles, sehr schön.«

»Hör dir das an: ›Lyrische, klare Linien und eine gute Raumaufteilung.‹«

»Woraus ist das denn, aus 'ner Büstenhalterreklame?«

»Sie hat die Pflaume bei den Eiern.«

»Wenn er welche hat.«

»Wenn er *noch* welche hat.«

»Verpißt euch«, sagte Susanna, sich in ihre Sprache rettend. Die Nachrichtenredaktion johlte.

Natürlich hatten sie unrecht. Nichts dergleichen lief. Zugegeben, Susanna hatte das Gefühl, Percy beschützen zu müssen, aber er war für sie wie Familie. Im Augenblick hatte sie jemand neues, einen Mann von einer Werbeagentur, der Halstücher trug und dessen Hobby Sportwagen waren. Sie betrachtete ihn mit einer gewissen sexuellen Leidenschaft, oder was sie dafür hielt, darüber hinaus jedoch fand sie ihn ziemlich seicht. Percy war noch immer der intelligenteste Mann, dem sie je begegnet war. So erklärte sie ihn ihren Freunden, von denen sie jetzt eine ganze Menge hatte. Außerdem war er gutmütig und hilfsbereit.

Er hatte damit begonnen, ihr Ratschläge zu geben, wie sie sich kleiden sollte. Er hatte auch zu diesem Thema entschiedene Meinungen, wie zu vielen anderen auch; nun, da er sich an sie gewöhnt hatte, hörte sie mehr davon. Sie freute sich auf ihre Treffen: Sie wußte nie, welche Ratschläge oder welche Klatschgeschichten, welche Hinweise oder welche Schätze er für sie bereithielt. Er verteilte sie sparsam, immer eins nach dem anderen, wie Bonbons.

Dann wurde eine Kolumne frei. Es war im Frauenteil, aber

es war immerhin eine Kolumne. Außerdem rührte sich zu der Zeit gerade etwas bei den Frauen. Da war Bewegung drin. »Frauen« waren nicht mehr nur Rezepte und Kleider und Ratschläge für trockene Achselhöhlen. Die Frauen fingen an, ein wenig Lärm zu schlagen.

Die Kolumne wurde Susanna angeboten, und sie griff zu. »War das dein Werk?« fragte sie Percy. Aber er lächelte undurchschaubar und putzte seine Brille.

Susanna investierte etwas von dem Geld der Onkel in Kleidung, gute Kleidung, und etwas in eine unregistrierte Telefonnummer. Jetzt, da ihr Bild regelmäßig in der Zeitung war, bekam sie obszöne Anrufe, Leute, die in den Hörer keuchten. Sie beging den Fehler, Bill davon zu erzählen, und die ganze nächste Woche wählte die gesamte Nachrichtenredaktion abwechselnd ihr Bürotelefon an und atmete ihr ins Ohr. Sie hatte allmählich genug von ihnen.

Ihre Kolumne war frisch und flott. Das lag an den Adjektiven, die Percy ihnen beifügte. Zwanglos und witzig, aber mit Biß. Er fand, daß sie die entscheidenden Fragen aufgriff, aber auf eine forschende, abgewogene Art. Nicht fanatisch. Er gratulierte ihr, und ein paar Monate später erwähnte er, daß einer der größeren Rundfunksender jemanden suchte. Die neue Sendung hieß *Nachfrage*. Sie suchten jemanden, der Hintergrundinterviews über aktuelle Themen machen konnte; sie suchten eine Frau. Es könnte genau das Richtige sein für sie.

»Ich hab so was noch nie gemacht«, sagte Susanna auf Ermutigung wartend.

»Das spielt keine Rolle«, sagte Percy. »Sie brauchen 'ne Frau, die improvisieren kann und die warm und freundschaftlich klingt. Das kannst du doch, nicht wahr? Denn es ist 'ne echte Gelegenheit.« Er hatte die Brille abgenommen und putzte sie. Er hob den Kopf; seine Augen sahen ungeschützt aus. Wäßrig und bittend, was sie erschreckte.

Sie lachte. »Ich kann immer so tun, als ob«, sagte sie. »Ich versuch es.«

Sie bekam den Job. Die Zeitung gab für sie eine Abschiedsparty in der Nachrichtenredaktion. Es war Juni; es gab Gin und Tonic in Pappbechern.

»Ein Toast auf die immer coole Susie!«

»Bei mir besonders cool, Pech!«

»He, Süße, wo ist dein Kumpel, die Pflaume?«

»Er konnte nicht kommen.«

»Seine Frau hat ihn nicht gelassen. Auch besser so. Ha-ha.«

»Keine schmutzigen Bemerkungen, du Lästermaul. Susie ist jetzt High Society.«

Auf ihre Weise tat es ihnen leid, daß sie ging. Susanna war gerührt.

Als die Party vorbei war und Susanna zur Tür ging, kam Bill ihr nach. »Die alte Pflaume hat dich also hier rausgedrückt, was?«

»Wie meinst du das?« sagte Susanna. »Es ist ein toller Job.«

»Ist nicht der Punkt«, sagte Bill. »Du warst zu gut. Er hat so'n bißchen deinen Atem im Nacken gespürt.«

»Das ist kleinlich«, sagte Susanna.

»Vielleicht bin ich ja schon zu abgewrackt«, sagte Bill. »Aber paß auf deinen Rücken auf. Du wirst allmählich zu groß.«

»Für meine Schuhe?« sagte Susanna leichthin.

»Nein«, sagte Bill. »Für seine *Vorstellung* von deinen Schuhen.« Er gab ihr einen Kuß auf die Wange. »Mach ihnen die Hölle heiß«, sagte er.

Als Moderatorin war Susanna ein Naturtalent. Alle sagten das. Einige nannten sie frech, andere ungekünstelt, aber alle waren sich darin einig, daß ihr wichtigster Aktivposten ihre mangelnde Ehrfurcht vor der Macht war. Sie hatte keine Angst, jeden nach allem zu fragen, selbst wenn es sich um Mitglieder des Königshauses handelte, was manchmal vorkam. Das Interview verlief zunächst meist in freundschaftlichen, vertrauten Bahnen, und während sich der geladene Würdenträger – Politiker oder Wissenschaftler oder Experte oder Filmstar – noch in Sicherheit wiegte, holte Susanna zu ihrem Schlag aus – irgendeine hinterlistige Frage, etwa, wer ihm die Wäsche wusch, oder ob er der Meinung sei, daß Vergewaltiger kastriert werden sollten – und dann kam wirklich Leben in die Sache. Es gab ein paar Beinahekatastrophen und einen vorzeitigen Abgang, bis Susanna gelernt hatte, ihre Fragen zu dosieren.

Sie sammelte schnell eine große Zuhörerschaft. Die Leute hörten ihr zu, weil sie genau die Fragen stellte, für die sie selbst nie den Nerv oder die Unschuld gehabt hätten. Dazu kam der Schockwert: Alles, aber auch alles, konnte über ihre Lippen kommen. Manche Leute fanden sie zu neugierig, taktlos, rücksichtslos, aber sie hörten trotzdem zu. Und je erfolgreicher ihr Programm wurde, um so mehr wirklich wichtige Leute bekam sie. Sie standen Schlange.

Percy Marrow schrieb eine Kolumne über sie, mit dem Titel »Oh Susanna«. Er sagte, sie sei Demokratie in Aktion.

Natürlich sah sie ihn jetzt seltener. Es gab nur wenig Gelegenheit, zusammen Lunch zu essen, obwohl sie telefonischen Kontakt zu ihm hielt. Er war immer hilfreich, wenn es um Tips für die Sendung ging. »Was ist der neueste Klatsch?« fragte sie ihn. Und er hatte immer irgendeine kleine Geschichte für sie.

Sie hörte ihm zu, machte sich Notizen; aber darüber hinaus gefiel ihr einfach der Ton seiner Stimme. Er war so beruhigend; er vermittelte ihr das Gefühl, wertvoll zu sein. Dahinter spürte sie den unsichtbaren Chor ihrer toten Onkel, die sie aus der Dunkelheit beobachteten, die sie beschirmten, alles guthießen, was sie tat.

*

Nach zehn Jahren, als die Leute sie bereits eine nationale Institution nannten, wechselte Susanna zum Fernsehen. Es gefiel ihr sogar noch besser.

Die Radiosendung war zwanglos gewesen. Die Techniker hatten ihr durch die Glasscheibe Grimassen geschnitten oder Hundekot aus Plastik in ihren Kaffee gelegt: sie wollten sie unbedingt zum Lachen bringen, während sie auf Sendung war. So etwas gab es beim Fernsehen nicht, und auch keine alten Pullover. Es war Make-up und Dress-up und keine Faxen. Ihr Gesicht war gut. Zum Glück war sie nicht zu schön; außergewöhnliche Schönheit brachte die Leute auf Distanz. Statt dessen sah sie gesund aus, vitamingestärkt. Vertrauenswürdig.

Die Fernsehshow lief gleich zu Beginn der besten Sendezeit; sie hieß *Bewegendes*. Susanna fand die grellen Lichter und die Spannung anregend, und obwohl sie vor jeder Sendung nervös auf- und ablief, hatte sie sich, sobald der Countdown begonnen hatte, voll unter Kontrolle. Sie bemühte sich, den lockeren Ton ihrer Radiotage beizubehalten, und im großen und ganzen gelang es ihr auch. Natürlich hatte sie jetzt nicht mehr soviel Raum für die einzelnen Themen: die Leute verbrachten mehr Zeit mit Zuhören als mit Zuschauen. Ihre Freunde sagten, daß ihre Nase, direkt bevor sie die tödliche Frage stellte, zu zucken beginne. Sie sah sich die Bänder an: sie hatten recht. Aber dagegen ließ sich nichts machen; und es schien auch nicht weiter wichtig.

Inzwischen hatte sie schließlich geheiratet. Sie lud ihre

Mutter zur Hochzeit ein, bekam aber nur eine vage Antwort. Schon bald danach war ihre Mutter nicht mehr da. Für Susanna war es kein Tod, sondern ein Verblassen, wie das eines Musters aus einem ausgewaschenen Stück Stoff. Es war die Fortsetzung von etwas, das sowieso ihr ganzes Leben lang stattgefunden hatte.

Susannas neuer Mann war der Chef einer großen Firma. Er trug den unwahrscheinlichen Namen Emmett. Susanna war sich nicht sicher, was seine Gesellschaft machte; vor allem schien sie andere Firmen aufzukaufen. Er war fünfzehn Jahre älter als sie und hatte schon drei Kinder, so daß sie sich nicht unter Druck fühlte, selbst noch welche zu kriegen. Sie war den Kindern eine gute Stiefmutter; Emmett sagte, sie sei wie eine ältere Schwester zu ihnen. Ihre künstlerischen Freunde kamen mit Emmett nur schwer zurecht, er war der Inbegriff des reichen alten Langweilers für sie, und sie fragten sich, warum sie so etwas getan hatte, wo sie doch so gut wie jeden hätte haben können. Aber für Susanna war das kein Geheimnis: Emmett war solide. Er war zuverlässig, er war immer da, er wußte Dinge, die sie nicht wußte, und er trug sie auf Händen.

Susanna und Emmett kauften ein großes Haus in Rosedale, und Susanna richtete es ein; die Wände wurden so gestrichen, daß sie Emmetts umfangreiche Sammlung impressionistischer Bilder zur Geltung brachten. An manchen Tagen, wenn sie mit Emmett auf der Terrasse, von der man den herrlich gepflegten Garten überblickte, Kaffee trank, konnte Susanna kaum glauben, daß sie in jenem anderen Haus aufgewachsen war, der weißen holzverkleideten länglichen Schachtel mit der Schaukel auf der Veranda und den zerpflückten Ringelblumen und den riechenden Haufen der Unterwäsche ihrer Mutter. Zwischen den beiden Häusern war eine riesige Kluft, fast wie eine Gedächtnislücke. Das weiße Holzhaus war auf der anderen Seite und verblaßte immer mehr; wie eine Luftspiegelung, wie ihre Mutter. Die Onkel indessen waren noch immer deutlich und klar.

Susanna und Emmett gaben Dinnerpartys, bei denen Emmett wenig redete. Sie luden alle möglichen Leute ein. Emmett gefiel es, seinen Geschäftsfreunden die künstlerischen Glanzlichter zu präsentieren, und Susanna brauchte für die Show einen gewissen Überblick.

Anfangs wurden auch Percy Marrow und seine Frau zu einigen der größeren Partys eingeladen; aber das war kein Erfolg. Die Frau setzte eine gekränkte Miene auf, und obwohl Susanna Percy am Arm nahm und herumführte, als wäre er eine Berühmtheit, blieb er mürrisch.

»Ich vermisse unsere Mittagessen«, sagte sie zu ihm. Aber er zog den Kopf ein und antwortete nicht. Als sie ihn allein ließ, um einen anderen Gast zu begrüßen, sah sie, wie er sie von der Seite musterte: ein merkwürdiger, abschätzender Blick; oder vielleicht ängstlich, oder verärgert. Unergründlich. Susanna war verletzt. Wo war ihre alte gegenseitige Hilfsbereitschaft und Ungezwungenheit geblieben?

Einmal rief er sie an. Das war Anfang der achtziger Jahre. Sie hatte ihn schon eine ganze Weile nicht gesehen oder gesprochen, obwohl sie gelegentlich noch immer seine Artikel in der Zeitung las. Er begann sich zu wiederholen. Wurde älter, dachte sie. Das mußte ja so kommen.

»Susanna. Ich dachte mir, ob wir dich nicht vielleicht dazu verführen können, etwas für die Zeitung zu schreiben, irgendeinen besonderen Artikel. Eine Art Gastkolumne. Natürlich würden wir gut bezahlen.«

Susanna hatte nicht die Absicht, je wieder irgend etwas für eine Zeitung zu schreiben. Sie erinnerte sich noch daran, was für eine Schinderei es war. Aber sie wollte höflich sein,

Interesse zeigen. »Ach, Percy, wie nett von dir, an mich zu denken. Worüber?«

»Na ja, ich hatte an die Frauenbewegung gedacht.«

»Oh, nicht die gefürchtete Frauenbewegung! Ich mein, ich weiß, es ist ein ehrenvolles Anliegen, aber ist sie nicht schon zu Tode geritten? Vor zwei Jahren haben wir eine ganze Serie darüber gebracht.«

»Dies wär aus einem anderen Gesichtswinkel.« Es entstand eine Pause; sie stellte sich vor, wie er die Brille putzte. »Es würde – jetzt, wo die Frauenbewegung ihre Ziele erreicht hat, ist es da nicht an der Zeit, über die Männer zu reden, und wie sie dadurch verletzt worden sind?«

»Percy«, sagte sie vorsichtig, »wie kommst du auf die Idee, daß die Frauenbewegung ihre Ziele erreicht hat?«

Wieder eine Pause. »Na, es gibt doch eine Menge erfolgreicher Frauen.«

»Wie zum Beispiel?«

»Wie du.«

»Ach Percy, das könnte ich nicht. Ich hab die Umfragen gemacht, ich hab die persönlichen Interviews gemacht. Was ist mit den Lohnunterschieden? Was mit den Vergewaltigungszahlen? Was mit all den alleinstehenden Müttern, die von der Sozialhilfe leben? Sie sind die am schnellsten wachsende Gruppe unterhalb der Armutsgrenze! Ich glaub nicht, daß *das* ein Ziel der Frauenbewegung war, oder? Wenn ich so einen Artikel machte, würde man mich steinigen!« Sie redete ein bißchen zu schnell, versuchte die Absage zu überspielen, wußte, daß sie ihn verletzt hatte.

»War nicht meine Idee«, sagte er kühl. »Man hat mich gebeten, dich zu fragen.« Sie hatte den Verdacht, daß er log.

Als sie ihn das nächste Mal sah, waren Jahre vergangen. Es war auf seiner eigenen Abschiedsparty bei der Zeitung.

Bill rief sie deswegen an. »Die alte Pflaume verläßt uns«, sagte er. »Wir dachten, daß du vielleicht gern kommen würdest.«

»Wirklich? Er will sich doch nicht zur Ruhe setzen. Er ist noch nicht alt genug. Was ist passiert?«

»Sagen wir mal, es beruht auf Gegenseitigkeit«, sagte Bill, der jetzt Chefredakteur war.

»Das find ich traurig«, sagte Susanna.

»Mach dir um ihn keine Sorgen«, sagte Bill. »Er ist noch ganz schön munter. Er hat schon andere Pläne.«

Susanna fuhr mit dem Taxi zu der Party. Emmett war nicht in der Stadt, deshalb fuhr sie allein. Sie hatte ihren Pelzmantel an, weil es Dezember war; es war ein dunkler Zuchtnerz, ein Geschenk von Emmett. Als sie auf dem Bürgersteig stand und das Taxi bezahlte, spuckte ihr jemand auf den Mantel. Sie nahm sich fest vor, ihn nicht mehr in der Öffentlichkeit zu tragen, nur zu privaten Partys, wo es Auffahrten gab.

Die Zeitung war noch im selben Gebäude, aber innen hatte sich alles verändert. Alles glatt und weiß war jetzt die Mode. Die Nachrichtenredaktion war völlig renoviert. Da gab es jetzt kein Chaos und keine Hektik mehr, kein lautes Geklapper von Schreibmaschinen. Jetzt gab es nur noch Computer mit ihren grünen leuchtenden Unterwasserschirmen, stumm wie Haie. Und falls es schmutzige Witze gab, dann nur im Flüsterton. Niemand rauchte mehr; jedenfalls nicht öffentlich.

Bill, jetzt völlig ergraut, war der einzige, den sie kannte. Wie sich herausstellte, kannte sie noch einige andere, aber die waren so vom Alter verändert und vom Verlust oder der neuerlichen Hinzufügung von Haaren und Bärten, daß sie sie nicht wiedererkannte.

Percy selbst war fröhlich. Als älterer Mann sah er besser aus als früher. Als wäre seine Gestalt ein zu weiter Anzug gewesen, in den er jetzt hineingewachsen war. Er trug eine Weste mit Taschenuhrkette; seine Brille saß ganz vorne auf der Nasenspitze; er sah aus wie Ben Franklin. Susanna überlief eine plötzliche Zuneigung für ihn.

»Ah«, sagte er, »der Star«, und nahm ihre Hände und führte sie dann vor. Als das vorbei war, unterhielt sich Susanna unter vier Augen mit ihm.

»Tut es dir nicht leid, zu gehen?« sagte sie. »Nach all den Jahren?«

»Überhaupt nicht«, sagte er. »Es wurde Zeit. Ich hab noch Dinge vor, die ich gern machen möchte.« Er hatte ein verstohlenes kleines Lächeln.

»Was wirst du als erstes tun?« fragte sie ihn sanft. Sie machte sich Sorgen um ihn. Wie wollte er Geld verdienen?

»Ich schreib meine Memoiren«, sagte er. »Ich hab schon einen Verlag. Die zahlen mir einen hübschen Vorschuß.«

»Oh«, sagte sie zweifelnd, »das hört sich aufregend an.«

»Ist es auch«, sagte er. »Es ist nicht so sehr über mich selbst; es ist über die Leute, denen ich begegnet bin. Ganz interessante Leute.« Eine Pause. »Du bist auch drin.«

»Ich? Warum?«

»Sei nicht kokett«, sagte er. »Du bist ’ne bedeutende Dame. Du hast es geschafft.« Wieder eine Pause. »Ich glaub, es wird dir gefallen.« Er bedachte sie mit einem sonnigen, aber wachsamen Lächeln, ein rundlicher Schuljunge mittleren Alters, der eine Überraschung in seiner Tasche verborgen hielt.

»Wie nett von dir, mich reinzunehmen«, sagte sie. Es würde zweifellos so wie der *Oh-Susanna*-Artikel sein, den er über die Radiosendung geschrieben hatte. Über ihren Schwung und ihre Unerschrockenheit. Sie drückte seinen Arm und gab ihm zum Abschied einen Kuß auf die Wange.

Als Percys Buch einige Monate später herauskam, war es Bill, der sie anrief. »Es heißt *Stellare Höhen*«, sagte er. »Alles über die berühmten Monster, die er gekannt hat, und ob ihre Unterhosen riechen. Es wird dir nicht gefallen.«

»Warum nicht?« sagte sie. Sie glaubte ihm nicht. Er hatte Percy noch nie leiden können.

»Ein Blutbad, würd ich sagen«, sagte Bill. »Alles andere als 'ne Fußnote. Zwanzig Seiten nur über dich. Hab gar nicht gewußt, wieviel Galle in dem Alten steckte.«

»Na gut«, sagte sie, holte tief Luft und versuchte es mit einem Lachen abzutun. »Wer liest das schon?«

»Die Zeitung bringt 'nen Auszug«, sagte er. »Das Zeug über dich. Fast das Ganze.«

»Warum ich?« sagte sie. Er selbst mußte die Entscheidung getroffen haben.

»Klarer Fall«, sagte er. »Du bist die prominenteste Person da drin, jedenfalls hier vor Ort, und er nimmt dich völlig auseinander.«

»Du Schwein!«

»Werd erwachsen, Susanna. Du kennst das Geschäft. So was verkauft sich eben. Aber ich dachte, ich sollte dich warnen.«

»Tausend Dank«, sagte sie. Sie knallte den Hörer auf und ging los, um sich eine Zeitung zu kaufen. Da war ein großes Bild von ihr, ein kleineres von Percy und eine dicke schwarze Schlagzeile: DRACHENLADY ENTHÜLLT. Sie ging in ihr Büro, schloß die Tür und sagte der Vermittlung, daß sie in einer Besprechung sei.

Es war alles da – ihre erste Begegnung, ihre Freundschaft, fast jedes Gespräch, das sie jemals geführt hatten. Percy besaß, auf eine Art, ein perfektes Gedächtnis. Aber es war alles verdreht. Wie sie sich am Wasserspender auf ihn warf, ein ungeschliffenes Kleinstadtmädchen, praktisch sabbernd vor Ehrgeiz. Wie er allein sie entdeckte und ihr über das anfängliche Geholper und Gestolper hinweghalf. Wie fettere Weidegründe gelockt hatten; daß sie danach nie wieder ihre alten Kumpel von der Zeitung angerufen hatte. Wie ihr Weg mit Leichen gepflastert war, über die sie auf ihrem Weg nach oben ging. Ein Mädchen aus einer kleinen Stadt mit Haaren auf den Zähnen und einem steinernen Herzen. Und was ihre mühelose Freundlichkeit betraf, ihren begeisterten, hündchenhaften Charme, ihr Gesicht einer gesunden Kindergärtnerin, das sich so gut fotografieren ließ – das alles wurde mit Beleuchtung und Spiegeln gemacht, und mit Berechnung. Es gab sogar eine Andeutung – obwohl er nicht direkt damit herauskam –, daß sie Emmett wegen seines Geldes geheiratet hatte.

Da stand nichts davon, daß sie ihn in der Nachrichtenredaktion in seiner Abwesenheit verteidigt hatte; daß sie für ihn eingetreten war und ihm vertraut hatte. Das war das Schlimmste: sie hatte ihm vertraut. Er war älter und mußte doch eigentlich gütig, empfänglich sein, mußte sie schätzen und mögen. Statt dessen war er gehässig. Kleinlich und bösartig. Sie konnte nicht verstehen, wie sie sich in ihm so hatte täuschen können, all die Jahre hindurch.

Sie ging nach Hause und setzte sich in die Badewanne und weinte eine halbe Stunde lang, während Seifenschaum an ihr herunterrann. Dann rief sie im Studio an. »Ich muß die Show morgen absagen. Nehmen Sie einen Ersatz oder sonst irgendwas. Ich hab Fieber.«

»Was ist es denn? Doch nichts Ernstes hoff ich?« Sie hörte schon die Spekulationen, die ungestellten Fragen.

»Wen kümmert das schon?« sagte sie. »Sagen Sie ihnen, Leukämie.«

Dann rief sie Bill in der Zeitung an. »Warum hat er mir das angetan?« sagte sie. »Ich war immer so nett zu ihm.«

»Erklär 'nem Stinktier mal, was nett ist«, sagte Bill. »Ich hab dich gewarnt, falls du dich erinnerst. Komm schon, reiß dich zusammen, du hast nicht das erste Mal 'ne schlechte Presse.«

»Nicht *so* schlecht«, sagte sie. »Nicht von einem *Freund.*«

»Schöner Freund«, sagte Bill. »Du mußt den Tatsachen ins Auge sehen, Susie. Er ist eifersüchtig auf dich.«

»Warum ist er eifersüchtig?« sagte Susanna. »Männer sollten nicht eifersüchtig auf Frauen sein.«

»Warum nicht?« sagte Bill.

»Weil sie *Männer* sind!« Weil ich die kleinste bin, weil ich die jüngste bin, dachte sie. Weil sie größer sind.

»Jeder im Universum ist eifersüchtig auf dich, Susie-Q«, sagte Bill mit müder Stimme. »Du hast es alles. *Ich* bin eifersüchtig auf dich. Ich zeig es nur auf 'ne andere Art, zum Beispiel, indem ich der erste bin, der dir von dem häßlichen kleinen Buch von der Pflaume erzählt. Es würd helfen, wenn du dir das Bein brechen oder Pickel kriegen würdest. Die Leute sehen dich nicht als Mensch, weißt du.«

»Es ist nicht fair«, sagte Susanna. Sie begann wieder zu weinen.

»Mach dir nichts draus, es schlägt schon auf ihn zurück. Ich hab schon zwei Interviews gesehen. Er bemüht sich andauernd, von sich zu reden, aber die wollen von ihm nur was über dich hören, sonst gar nichts. Das ist, als würde man 'ner Ameise zusehen, die aus einer Teetasse raus will.«

»Was über mich?«

»Ob du Gummiunterwäsche trägst. Ob deine Klauen im Dunkeln leuchten. Ob du wirklich die große Hure bist. Er dreht und windet sich und sagt, daß du gelegentlich ganz nett sein kannst.«

»Na, großartig. Damit werd ich *leben* müssen.«

»Nimm's nicht so schwer, Susie«, sagte Bill. »Es ist nur die alte Pflaume. Im Grunde kümmert sich niemand darum, was er sagt. Du bist in Ordnung, weißt du. Neuerdings ein bißchen versnobt, aber in Ordnung.«

»Danke, Bill«, sagte Susanna. Sie spürte ungewöhnliche Dankbarkeit.

Im Morgenrock und mit einer Schachtel Kleenex stieg sie ins Bett und versuchte sich im Fernsehen einen Krimi anzusehen. Sie dachte, es würde helfen, zuzusehen, wie sich die Leute gegenseitig umbrachten. Aber sie konnte sich nicht konzentrieren, also schaltete sie ab. Sie zitterte. Sie fühlte sich so verraten, so beraubt. Das Gesicht verlieren, sagten die Japaner. Sie verstanden es. Sie hatte das Gefühl, als hätte man ihr das Gesicht, das so sorgfältig gepflegte und genährte, heruntergerissen.

Als Emmett nach Hause kam, fand er sie in dem verdunkelten Schlafzimmer. Sie klammerte sich an ihn und weinte und weinte.

»Süße, was hast du denn?« sagte er. »So hab ich dich noch nie gesehen.«

»Findest du, daß ich ein netter Mensch bin?« sagte sie, während er sie in den Armen hielt und ihr über das Haar strich. Sie war sich einfach nicht mehr sicher, was er für sie empfand.

Nach einer Weile hörte sie auf zu weinen und putzte sich die Nase. Sie bat ihn, das Licht auszulassen; sie wußte, daß ihr Gesicht völlig verschwollen war. »Vielleicht hab ich mein ganzes Leben falsch in Erinnerung«, sagte sie. »Vielleicht hab ich mich in allen getäuscht.«

»Ich hol dir was zu trinken«, sagte Emmett wie zu einem kranken Kind. »Dann reden wir darüber.« Er tätschelte ihr die Hand und ging aus dem Zimmer.

Susanna lehnte in den Kissen und starrte durch das Zwielicht auf die gegenüberliegende Wand. Sie war wieder in der Aula, bei der Aufführung, mit ihrem Matrosenanzug und dem flatternden roten Haarband, oben auf der Käsekiste, im Schein der Lichter, hüpfte auf und ab und grinste wie ein dressierter Affe, machte sich selbst zum Narren. Ein freches Mädchen in einem veralteten Kostüm und eine Angeberin, ein lästiges Balg. War es das, was die Onkel in Wirklichkeit gesehen hatten, die ganze Zeit?

Aber die Onkel waren nicht da, in der ersten Reihe, wo sie hätten sein sollen, um sie anzustrahlen, um zu applaudieren. Statt dessen saß ihre Mutter da, in dem Kleid von dem Hochzeitsbild, und sah, von ihrem Tanz gelangweilt, zur Seite, in die Kulissen. Neben ihr saß Susannas verlorener Vater, der schließlich aus dem Krieg, von dem unbebauten Grundstück, nach Hause zurückgekehrt war. Er trug seine Uniform. Sein Gesicht sah dünn und verärgert aus. Er starrte sie haßerfüllt an.

Das Bleizeitalter

Der Mann ist einhundertfünfzig Jahre lang begraben gewesen. Sie gruben ein Loch in das gefrorene Geröll, tief in den Dauerfrostboden, und legten ihn dort hinein, damit die Wölfe nicht an ihn herankamen. Jedenfalls nimmt man das an.

Als sie das Loch gruben, war der Dauerfrostboden der Luft ausgesetzt, die wärmer war. Das taute ihn auf. Aber nachdem der Mann zugedeckt war, gefror er wieder, so daß er, als er an die Oberfläche gebracht wurde, völlig in Eis eingeschlossen war. Sie nahmen den Deckel von dem Sarg, und es war wie bei diesen Maraschinokirschen, die man für tropische Drinks in Eisfächern einfriert: eine verschwommene Form, die hinter einer festen Wolke undeutlich zu erkennen ist.

Dann schmolzen sie das Eis, und er kam ans Licht. Er ist fast noch genauso wie damals, als er begraben wurde. Das gefrierende Wasser hat seine Lippen von den Zähnen weggedrückt, es ist ein erstauntes Fletschen, und er ist beige wie ein Fleck Bratensoße auf Leinen, anstatt rosa, aber es ist noch alles da. Er hat sogar Augäpfel, nur, daß sie nicht weiß sind, sondern hellbraun wie Milchtee. Mit diesen teegefärbten Augen sieht er Jane an: ein nicht zu entziffernder Blick, unschuldig, wild, überrascht, aber nachdenklich, wie ein meditierender Werwolf, eingefangen in einem Blitzschlag genau in dem Sekundenbruchteil seiner turbulenten Verwandlung.

Jane sieht nicht sehr viel fern. Früher hat sie sich mehr angesehen. Früher hat sie sich an den Abenden Komikserien angesehen, und als sie auf die Universität ging, hat sie sich nachmittags Seifenopern über Krankenhäuser und reiche Leute angesehen, um das Arbeiten hinauszuzögern. Für eine Weile, vor noch gar nicht so langer Zeit, hat sie sich die Abendnachrichten angesehen, hat die Katastrophen mit untergeschlagenen Beinen auf dem Sofa zur Kenntnis genommen, mit einer Decke über den Beinen und einer heißen Milch mit Rum, um sich vor dem Schlafengehen zu entspannen. Es war alles eine Form von Flucht gewesen.

Aber was man im Fernsehen sieht, ganz gleich, zu welcher Tageszeit, rückt jetzt zu nah an ihr eigenes Leben heran; wenn auch in Janes Leben nicht alles so ordentlich in Schubläden verteilt ist wie im Fernsehen, Komik hier, schäbige Romanzen und sentimentale Tränen dort, Unfälle und gewaltsame Tode in Dreißig-Sekunden-Clips, in kleinen Häppchen, als wären es Schokoladenriegel. In ihrem eigenen Leben ist alles miteinander vermischt. *Ich dachte, ich sterb vor Lachen,* hatte Vincent vor sehr langer Zeit mit einer Stimme gesagt, welche die Banalität von Müttern nachahmte; so wird es allmählich tatsächlich. Und wenn sie dieser Tage das Fernsehen andreht, dann schaltet sie es bald wieder ab. Selbst die Werbung mit ihrer surrealen Alltäglichkeit beginnt unheimlich auszusehen, Bedeutungen hinter ihrem Rücken anzudeuten, hinter der Fassade von Sauberkeit, Köstlichkeit, Gesundheit, Macht und Geschwindigkeit.

Heute abend läßt sie den Fernseher an, denn was sie sieht, ist dem, was sie gewöhnlich sieht, so gar nicht ähnlich. An diesem Bild von dem gefrorenen Mann ist nichts unheimlich. Es ist völlig es selbst. *Was man sieht, ist was man kriegt,* wie Vincent immer sagte, während er schielte, die Zähne an einer Seite entblößte, die Nase zu einem Horrorfilm-Rüssel hochschob. Obwohl das bei ihm niemals so war.

Der Mann, den sie ausgegraben und aufgetaut haben, war ein junger Mann. Oder ist es noch immer: Es läßt sich schwer sagen, welches Tempus ihm zugeordnet werden sollte, er ist so beharrlich gegenwärtig. Trotz der Entstellungen, die durch das Eis und die Auszehrung seiner Krankheit verursacht wurden, sieht man, daß er jung ist, keine Verhärtung, keine Abnutzung. Nach den Daten, die sorgfältig in sein Namensschild gemalt sind, ist er erst zwanzig Jahre alt gewesen. Sein Name war John Torrington. Er war, oder ist, ein Matrose, ein Seemann. Er war aber kein einfacher Seemann, sondern eine Art Unteroffizier, ein Maat, einer, der unbedeutendere Befehlsbefugnis besaß.

Er war einer der ersten, die starben. Das ist der Grund, warum er einen Sarg und ein metallenes Namensschild bekam, und ein tiefes Loch im Permafrost – weil sie anfangs noch die Kraft hatten für solche Dinge und die Pietät. Es wird eine Begräbnisrede gegeben haben, und Gebete. Als die Zeit voranschritt und alles verschwamm und die Dinge nicht besser wurden, müssen sie ihre Kräfte für sich selbst bewahrt haben; und auch die Gebete. Die Gebete werden nicht mehr Routine gewesen sein, sondern verzweifelt geworden sein, und dann hoffnungslos. Die späteren Toten bekamen Steinhaufen aus übereinandergeschichteten Steinen, und die noch viel späteren nicht einmal das. Sie endeten als Knochen und als Schuhsohlen und gelegentlich als Knopf, die auf dem gefrorenen steinigen baumlosen harten Boden verstreut waren und deren Spur nach Süden führte. Wie die Spuren in Märchen, aus Brotkrumen und Samenkörnern oder weißen Steinen. Aber hier war nichts aus dem Boden gesprossen oder hatte im Mondschein geleuchtet und einen wundersamen Pfad zum Leben gebildet; es war niemand gekommen, um sie zu retten. Es dauerte zehn Jahre, bis auch nur die spärlichsten Ansätze dessen bekannt wurden, was mit ihnen geschehen war.

Alle zusammen waren sie die Franklin-Expedition. Jane hat sich selten mit Geschichte befaßt, außer wenn sie mit ihrem Wissen über antike Möbel und Immobilien zusammenfiel – »Erntetisch aus Kiefer, 19. Jahrhundert« oder »Georgianisches Herrenhaus, beste Lage, einwandfrei renov.« –, aber sie weiß, was die Franklin-Expedition war. Die Schiffe mit den Unglücksnamen waren auf Briefmarken abgedruckt – die *Terror*, die *Erebus*. Auch in der Schule hatte sie es, zusammen mit einer ganzen Reihe anderen untergegangenen Expeditionen, durchgenommen. Nicht viele von diesen Forschern schienen gut davongekommen zu sein. Immer kriegten sie Skorbut oder verirrten sich.

Die Franklin-Expedition hatte nach der Nordwestpassage gesucht, einem offenen Seeweg quer durch die Arktis, damit die Menschen, Kaufleute, von England nach Indien gelangen konnten, ohne erst um ganz Südamerika herum zu müssen. Das war bei weitem nicht so exotisch wie Marco Polo oder die Quellen des Nils; trotzdem, der Gedanke der Erforschung hatte ihr damals gefallen: auf ein Schiff zu gehen und einfach irgendwo hinzufahren, ins Kartenlose, hinaus ins Unbekannte. Sich selbst der Furcht ausliefern; Dinge herausfinden. Das war irgendwie kühn und edel, trotz all der Verluste und Mißerfolge, oder vielleicht gerade deswegen. Es war wie Sex in der High-School, damals, vor der Pille, selbst wenn man sich vorsah. Das heißt, wenn man ein Mädchen war. Wenn man ein Junge war, für den ein solches Risiko ziemlich gering war, mußte man andere Dinge tun: mit Waffen oder großen Mengen Alkohol oder sehr schnellen Wagen; was in ihrer High-School in einem Vorort von Toronto damals zu Beginn der sechziger Jahre Springmesser bedeutete, Bier und am Samstagabend Autorennen auf den Hauptstraßen.

Während Jane jetzt auf den Fernseher sieht, während das rautenförmige Eis langsam schmilzt und die Körperumrisse des jungen Seemanns klar und scharf werden, erinnert sich Jane an Vincent, mit sechzehn und noch mit mehr Haaren, der spöttisch eine Augenbraue hochzieht, und die Lippen in nachgeahmten Spott verzogen, sagt: »Franklin, mein Lieber, das ist mir scheißegal.« Er sagte es laut genug, um gehört zu werden, aber der Geschichtslehrer ignorierte ihn, weil er nicht wußte, was er sonst hätte tun sollen. Es war für die Lehrer schwer, Vincent unter Kontrolle zu halten, weil er sich vor nichts zu fürchten schien, das ihm zustoßen konnte.

Selbst damals war er hohläugig gewesen; oft sah er aus, als wäre er die ganze Nacht lang auf gewesen. Selbst damals ähnelte er einem sehr jungen alten Mann, oder einem frühverdorbenen Kind. Die dunklen Ringe unter seinen Augen waren das Alte an ihm, aber wenn er lächelte, hatte er hübsche kleine weiße Zähne, wie die Werbeanzeigen für Babynahrung in den Illustrierten. Er machte sich über alles lustig und wurde bewundert. Er wurde nicht auf die gleiche Art bewundert, wie andere Jungen bewundert wurden, jene Jungen mit mürrisch verzogener Unterlippe und fettigen Haaren und einer einstudierten schwelenden Bedrohlichkeit. Er wurde wie ein Schoßtier bewundert. Nicht ein Hund, sondern eine Katze. Er ging, wohin er wollte und gehörte niemandem. Niemand nannte ihn Vince.

Seltsam, aber Janes Mutter mochte ihn. Gewöhnlich mochte sie die Jungen, mit denen Jane ausging, nicht. Vielleicht ließ sie ihn deshalb durchgehen, weil ihr klar war, daß Jane keinen Schaden davontragen würde, wenn sie mit ihm ausging: kein gebrochenes Herz, keine Schwere, nichts Belastendes. Nichts von dem, was sie *Folgen* nannte. Folgen: die Schwere des Körpers, das wachsende Fleisch, das wie ein Bündel herumgeschleppt wurde, der kleine rüschenumsäumte Wichtelkopf im Kinderwagen. Babys und Hochzeit, in dieser Reihenfolge. So verstand sie die Männer und ihre verstohlenen, plumpen, bedrohlichen Wünsche, denn Jane war selbst eine Folge gewesen. Sie war ein Fehler gewesen, sie war ein Kriegskind gewesen. Sie war ein Verbrechen gewesen, für das immer wieder und wieder hatte gezahlt werden müssen.

Mit sechzehn hatte Jane schon so viel davon gehört, daß es für mehrere Leben reichte. In den Darstellungen ihrer Mutter über die Art und Weise, wie es zuging im Leben, war man eine kurze Zeit jung, und dann fiel man. Man plumpste runter wie ein reifer Apfel und wurde am Boden zu Brei zerquetscht; man fiel, und alles um einen herum fiel ebenfalls. Man kriegte Senkfüße, und die Gebärmutter senkte sich auch, und Haare und Zähne fielen aus. Das hatte man vom Kinderkriegen. Man wurde den Gesetzen der Schwerkraft unterworfen.

So sieht sie ihre Mutter noch immer vor sich: in baumelnder, sinkender, erschlaffender Bewegung. Ihre hängenden Brüste, die nach unten gezogenen Mundwinkel. Jane beschwört sie herauf: da ist sie, sitzt wie gewöhnlich mit einer Tasse abkühlenden Tees am Küchentisch, erschöpft von ihrer Arbeit als Verkäuferin im Kaufhaus Eaton, wo sie den ganzen Tag hinter dem Schmucktresen steht, den Hintern in einem Hüftgürtel verpackt und die geschwollenen Füße in die vorgeschriebenen halbhohen Schuhe gequetscht, lächelt ihr neidisches, mißbilligendes Lächeln über die verwöhnten Kunden, die hochnäsig auf den glitzernden Trödelkram blicken, den sie sich selbst nie würde leisten können. Janes Mutter seufzt, pickt in den Spaghetti herum, die Jane für sie in der Dose aufgewärmt hat. Stumme Worte steigen von ihr auf wie schales Talkumpuder: *Was kann man schon erwarten,* immer eine Feststellung, nie eine Frage. Aus der Ferne versucht Jane es mit Mitleid, bringt aber keins zustande.

Was Janes Vater angeht, der war von zu Hause weggelaufen, als Jane fünf wurde, er hat ihre Mutter im Stich gelassen. So drückte es ihre Mutter aus – »von zu Hause weggelaufen«, wie ein verantwortungsloses Kind. Ab und zu kam Geld, aber das war auch die Summe dessen, was er zum Familienleben beitrug. Jane war ihm deswegen böse, aber die Schuld gab sie ihm nicht. Ihre Mutter weckte in jedem, der ihr begegnete, ein wildes Fluchtverlangen.

Jane und Vincent saßen immer draußen in dem engen Garten hinter Janes Haus, einem jener mit Gipsmörtel verputzten Kriegsbungalows mit blinzelnden kleinen Fenstern, die am Fuß des Hügels standen. Oben auf dem Hügel waren die reicheren Häuser und die reicheren Leute: die Mädchen, die Kaschmirpullis besaßen, wenigstens einen, und nicht die aus Orlon und Lambswool, die Jane so vertraut waren. Vincent wohnte etwa auf halber Höhe den Hügel hinauf. Er hatte noch einen Vater, theoretisch.

Sie saßen an den hinteren Zaun gelehnt, bei den spindeldürren Schmuckkörbchenblumen, die als Garten durchgingen, so weit vom Haus entfernt, wie sie nur konnten. Sie tranken Gin, den Vincent aus dem Alkoholvorrat seines Vaters abgefüllt und in einer alten Militärtaschenflasche, die er irgendwo aufgelesen hatte, hierher geschmuggelt hatte. Sie machten ihre Mütter nach.

»Ich hetz rum und spare und arbeite mir die Finger wund, und wie dankt man es mir?« sagte Vincent zänkisch. »Du bist auch keine Hilfe, Sonny Boy. Du bist genauso wie dein Vater. Frei wie ein Vogel, die ganze Nacht unterwegs, tust, was dir gefällt, ohne dich auch nur im geringsten um die Gefühle anderer zu kümmern. Und jetzt bring den Müll raus.«

»Das kommt von der Liebe, die tut dir das an«, erwiderte Jane dann mit der resignierten schweren Stimme ihrer Mutter. »Wart nur ab, mein Mädchen. Eines Tages wirst du schon noch runterkommen von deinem hohen Roß.« Während Jane es sagt, und obwohl sie Spaß macht, konnte sie sich LIEBE vorstellen, in Großbuchstaben, die wie ein riesiger Fuß vom Himmel auf sie herabstieg. Das Leben ihrer Mutter war eine Katastrophe gewesen, aber ihrer eigenen Ansicht nach eine unvermeidliche Katastrophe, wie in Liedern und Filmen. Es war die LIEBE, die dafür verantwortlich war, aber was konnte man tun, angesichts der LIEBE? Liebe war wie eine Dampfwalze. Man konnte ihr nicht ausweichen, sie walzte über einen hinweg, und am Ende war man plattgedrückt.

Janes Mutter wartete, ängstlich und Warnungen ausstoßend, aber auch mit einer Art Schadenfreude, daß es Jane genauso erging. Jedes Mal, wenn Jane sich mit einem neuen Jungen traf, betrachtete ihre Mutter ihn als einen potentiellen Gesandten des Untergangs. Sie mißtraute den meisten dieser Jungen; sie mißtraute ihren mürrisch aufgeworfenen Mündern, ihren im aufsteigenden Rauch ihrer Zigaretten halb geschlossenen Augen, ihrer langsamen, schlendernden Art zu gehen, ihrer Kleidung, die zu eng saß, zu voll war, zu voll von ihren Körpern. Sie sahen selbst dann noch so aus, wenn sie die Rolle des verdrossenen Helden ablegten, wenn sie sich vor Janes Mutter bemühten, aufmerksam zu gucken und geschäftig und höflich zu sein, und sich an der Haustür verabschiedeten, in ihren Hemden und Krawatten und ihren gebügelten Anzügen für besondere Anlässe. Sie konnten nichts dafür, wie sie aussahen, wie sie waren. Sie waren hilflos; ein Kuß in einer dunklen Ecke ließ sie in Sprachlosigkeit versinken; sie waren Schlafwandler in ihren eigenen flüssigen Körpern. Jane indessen war hellwach.

Jane und Vincent gingen eigentlich nicht richtig aus. Sondern sie machten sich über das Ausgehen lustig. Wenn die Luft rein war und Janes Mutter nicht zu Hause war, erschien Vincent mit knallgelb angemaltem Gesicht an der Tür, und Jane zog ihren Bademantel verkehrt herum an, und sie bestellten sich chinesisches Essen und erschreckten den Lieferjungen und aßen mit gekreuzten Beinen auf dem Fußboden, unbeholfen mit Stäbchen hantierend. Oder Vincent kreuzte in einem fadenscheinigen, dreißig Jahre alten Anzug und einem Bowlerhut und einem Spazierstock auf, und Jane wühlte in den Schränken nach einem abgelegten Kirchganghut ihrer Mutter, mit zerdrückten Stoffveilchen und einem Schleier, und dann gingen sie in die Stadt und spazierten umher, machten laute Bemerkungen über die Passanten, taten so, als wären sie alt oder arm oder verrückt. Das war gedankenlos und schlechter Geschmack, genau das, was ihnen so gut daran gefiel.

Vincent lud Jane zur High-School-Abschlußfeier ein, und sie suchten ihr Kleid gemeinsam in einem der Secondhand-Kleiderläden aus, die Vincent ständig aufsuchte, kicherten über den Schock und die Bewunderung, die sie beide auszulösen hofften. Sie schwankten zwischen einem Flammendroten mit abfallenden Ziermünzen und einem rückenfreien engen Schwarzen mit tiefem Ausschnitt, und wählten das Schwarze, weil es zu Janes Haaren paßte. Vincent schickte eine giftig aussehende lindgrüne Orchidee, die Farbe ihrer Augen, wie er sagte, und Jane malte sich die Augenlider und die Fingernägel dazu passend an. Vincent trug eine weiße Krawatte und einen weißen Schwalbenschwanz und einen Zylinder, alles durchgescheuerte alte Sachen und lächerlich groß für ihn. Sie tanzten Tango in der Turnhalle, obwohl es keine Tangomusik war, unter den Blumen aus Seidenpapier, zogen einen schwarzen Schnitt durch die Schwaden aus pastellfarbenem Tüll, todernst, stellten eine übertriebene Sexualität zur Schau, Vincent, indem er Janes lange Perlenkette in den Zähnen hielt.

Der Applaus galt vor allem ihm, weil er bewundert wurde. Wenn auch vor allem von den Mädchen, denkt Jane. Aber auch unter den Jungen schien er sehr beliebt zu sein. Wahrscheinlich erzählte er ihnen in der Kabine der Sporthalle schmutzige Witze. Er kannte ja genügend.

Als er Jane nach hinten bog, ließ er die Perlen los und flüsterte ihr ins Ohr: »Kein Gürtel, keine Nadeln, keine Binden, kein Scheuern.« Das war aus einer Reklame für Tampons, aber es war auch ihr Leitmotiv. Es war, was sie beide wollten: Freiheit von der Welt der Mütter, der Welt der Vorsorge, der Welt der Lasten und des Schicksals und der schweren weiblichen Beschränkungen des Fleischs. Sie wollten ein Leben ohne Folgen. Bis vor kurzem hatten sie das geschafft.

Die Wissenschaftler haben jetzt die gesamte Länge des jungen Seemanns aufgetaut, wenigstens die obere Schicht. Sie haben warmes Wasser über ihn geschüttet, vorsichtig und geduldig; sie wollen ihn nicht zu plötzlich auftauen. Es ist, als schliefe John Torrington, und als wollten sie ihn nicht aufschrecken.

Jetzt sind seine Füße sichtbar. Sie sind nackt und eher weiß als beige; sie sehen aus wie die Füße von jemandem, der an einem Wintertag über einen kalten Fußboden gegangen ist. Ein solches Licht reflektieren sie: winterliches Sonnenlicht am frühen Morgen. Das Fehlen von Socken empfindet Jane als ausgesprochen schmerzhaft. Sie hätten ihm seine Socken lassen können. Aber vielleicht haben die anderen sie gebraucht. Seine großen Zehen sind mit einem Stoffstreifen zusammengebunden; der Mann, der spricht, sagt, das sei geschehen, damit sein Körper für die Beerdigung ordentlich verpackt war, aber Jane ist nicht überzeugt. Seine Arme sind an seinen Körper gebunden, seine Knöchel sind zusammengebunden. Das tut man, wenn man nicht will, daß jemand herumläuft.

Dieser Teil ist fast zuviel für Jane, er weckt zu viele Erinnerungen. Sie greift nach der Fernsteuerung, aber zum Glück wechselt die Sendung (es ist nur eine Sendung, es ist nur eine weitere Sendung) zu den beiden historischen Experten über, welche die Kleidung analysieren. Es gibt eine Großaufnahme von John Torringtons Hemd, ein einfaches hochgeschlossenes Nadelstreifenhemd aus weißblauer Baumwolle mit Perlmuttknöpfen. Die Streifen sind aufgedruckt, nicht gewebt; Weben wäre teurer gewesen. Die Hosen sind aus grauem Leinen. Ah, denkt Jane. Garderobe. Ihr ist jetzt wohler: davon versteht sie was. Ihr gefällt die Feierlichkeit, die Ehrerbietung, mit der die Streifen und Knöpfe diskutiert werden. Interesse an der Kleidung der Gegenwart ist eine Frivolität, Interesse an der Kleidung der Vergangenheit ist Archäologie; eine Unterscheidung, die Vincent fasziniert hätte.

Nach der High-School bekamen beide, Jane und Vincent, ein Stipendium für die Universität, obwohl Vincent anscheinend weniger gelernt und dennoch besser abgeschnitten hatte. In jenem Sommer machten sie alles gemeinsam. Sie kriegten im selben »Hamburger Heaven« einen Sommerjob, sie gingen nach der Arbeit zusammen ins Kino, auch wenn Vincent nie für Jane bezahlte. Gelegentlich zogen sie noch alte Sachen an und gingen in die Stadt und taten so, als wären sie ein verrücktes Paar, aber es war nicht mehr dasselbe unbekümmerte und von absurden Phantasien erfüllte Gefühl. Manchmal ging ihnen nun durch den Kopf, daß sie möglicherweise am Ende wirklich so aussehen könnten.

In ihrem ersten Jahr an der Universität hörte Jane auf, mit anderen Jungen auszugehen: Sie brauchte einen Teilzeitjob, um finanziell zurechtzukommen, und der und die Hausaufgaben und Vincent nahmen ihre ganze Zeit in Anspruch. Sie dachte, daß sie vielleicht in Vincent verliebt sei. Sie dachte, daß sie vielleicht miteinander schlafen sollten, um es herauszufinden. So etwas hatte sie noch nie richtig getan; dazu hatte sie viel zuviel Angst vor Männern gehabt, denen man nicht trauen konnte, vor der Schwerkraft der Liebe, zuviel Angst vor den Folgen. Allerdings dachte sie, daß sie Vincent vielleicht trauen könnte.

Aber so liefen die Dinge nicht. Sie hielten Händchen, aber sie umarmten sich nicht; sie umarmten sich, aber sie wurden nicht zärtlich; sie küßten sich, aber sie schmusten nicht. Vincent sah sie gern an, aber es gefiel ihm so gut, daß er niemals die Augen schloß. Sie machte die Augen zu und dann wieder auf, und da war Vincent, und seine Augen glänzten im Licht der Straßenlampe oder des Mondes und sahen sie fragend an, als warteten sie darauf zu sehen, welch merkwürdiges weibliches Benehmen sie wohl als nächstes an den Tag legen würde, um ihn zu amüsieren. Mit Vincent zu schlafen, schien ganz und gar unmöglich.

(Später, nachdem sie sich kopfüber in die Meinungsströmung geworfen hatte, die bis Ende der sechziger Jahre zu einem breiten Fluß angeschwollen war, sagte sie nicht mehr »schlafen«; sie sagte »Sex haben«. Aber es lief auf dasselbe hinaus. Man hatte Sex, und daraus war Liebe gemacht, ob man nun wollte oder nicht. Man wachte in einem Bett auf – oder eher auf einer Matratze – im Arm eines Mannes, und man fragte sich, wie es wohl wäre, wenn man das mit ihm immer weitermachte. An diesem Punkt begann Jane auf die Uhr zu sehen. Sie hatte nicht die Absicht, auf irgendeine Weise sitzengelassen zu werden. Sie wollte es selbst sein, die verließ. Und das tat sie auch.)

Jane und Vincent zogen in verschiedene Städte. Sie schrieben einander Postkarten. Jane tat dies und das. Sie leitete einen Coop-Lebensmittelladen in Vancouver, kümmerte sich um die Finanzen eines kleinen Theaters in Montreal, arbeitete als Geschäftsführerin für einen kleinen Verlag, machte die Öffentlichkeitsarbeit für eine Tanzgruppe. Sie hatte einen Kopf fürs Detail und war gut im Addieren kleiner Summen – sich durchs Studium schlagen zu müssen, war lehrreich gewesen –, und solche Jobs gab es viele, wenn man nicht allzuviel Geld dafür verlangte. Jane sah keinen Grund, warum sie sich binden sollte, warum sie gegenüber irgendwas oder irgendwem irgendwelche seelenverrenkenden Verpflichtungen eingehen sollte. Es war Anfang der siebziger Jahre; die alte beschwerliche Frauenwelt der Hüftgürtel und Vorsichtsmaßnahmen und Folgen war weggefegt worden. Eine Menge Fenster gingen auf, eine Menge Türen: Man konnte hineinsehen, dann hineingehen, dann wieder herauskommen.

Sie lebte mit verschiedenen Männern zusammen, aber in jeder Wohnung standen Pappkartons, die ihr gehörten und nie ausgepackt wurden. Machte nichts, weil es so viel einfacher war, wieder auszuziehen. Als sie dreißig war, kam sie zu dem Schluß, daß es vielleicht schön wäre, ein Kind zu haben, irgendwann, später. Sie versuchte sich etwas einfallen zu lassen, wie sie das anstellen konnte, ohne Mutter zu werden. Ihre eigene Mutter war nach Florida gezogen und schickte langatmige, nörgelnde Briefe, die Jane nur selten beantwortete.

Jane zog wieder nach Toronto und fand es zehnmal interessanter als früher, bevor sie es verlassen hatte. Vincent war schon da. Er war aus Europa zurück, wo er Film studiert hatte; er hatte ein Designstudio. Er und Jane trafen sich zum Lunch, und es war noch immer genauso: dieselbe verschwörerische Atmosphäre, dasselbe Gefühl, zu jeder Unverschämtheit fähig zu sein. Genausogut hätten sie noch immer in Janes Garten sitzen können, neben den Schmuckkörbchen, verbotenen Gin trinkend und herumalbernd.

Jane merkte, wie sie in Vincents Kreise geriet – oder waren es Umlaufbahnen? Vincent kannte sehr viele Leute, Leute jeder Art; manche waren Künstler, und manche wollten gern welche sein, und manche wollten die kennenlernen, die welche waren. Manche hatten von vornherein Geld, manche machten Geld; alle gaben es aus. Es wurde dieser Tage sehr viel mehr über Geld gesprochen, oder jedenfalls unter diesen Leuten. Die wenigsten von ihnen wußten, wie sie damit umgehen sollten, und Jane begann, ihnen dabei zu helfen. Sie brachte eine kleine Firma auf die Beine, indem sie sich um ihr Geld kümmerte. Sie hielt es zusammen, brachte es für sie in Sicherheit, sagte ihnen, wieviel sie ausgeben konnten, gewährte ihnen »Taschengeld«. Jane verfolgte mit großem Interesse, was sie sich kauften, wenn sie ihre Rechnungen beglich: welche Möbel, welche Kleider, welche »Objekte«. Sie freuten sich über ihr Geld, waren entzückt. Es war für sie wie Milch und Plätzchen nach der Schule. Wenn Jane ihnen zusah, wie sie mit ihrem Geld spielten, fühlte sie sich verantwortlich und nachsichtig, und ein wenig matronenhaft. Ihr eigenes Geld sparte sie sorgfältig an und kaufte damit ein Stadthaus.

Während der ganzen Zeit war sie mehr oder weniger mit Vincent zusammen. Sie hatten es ausprobiert, ein Liebespaar zu sein, aber es hatte nicht geklappt. Vincent hatte mitgemacht, weil Jane es wollte, aber er blieb ausweichend, erklärte nichts. Was mit anderen Männern funktionierte, mit ihm funktionierte es nicht: Appelle an seine Beschützerinstinkte, vorgespielte Eifersucht, die Bitte, festsitzende Deckel von Gläsern zu entfernen. Mit ihm war Sex wie eine Aerobic-Übung. Er konnte ihn nicht ernst nehmen und machte ihr den Vorwurf, zu feierlich zu sein. Sie fragte sich, ob er vielleicht schwul war, wagte aber nicht, ihn zu fragen; sie hatte Angst davor, sich überflüssig zu fühlen, ausgeschlossen zu sein. Sie brauchten Monate, bis alles wieder beim alten war.

Er war jetzt älter, beide waren sie älter. An den Schläfen und über der Stirn lichteten sich seine Haare, Geheimratsecken, und seine hellen forschenden Augen versanken noch tiefer in ihren Höhlen. Was zwischen ihnen ablief, sah immer noch aus wie Liebeswerben, war es aber nicht. Er brachte ihr immer etwas mit: irgend etwas neues Ungewöhnliches zum Essen, irgendein neues groteskes Stück zum Anschauen, eine Klatschgeschichte, die er ihr wie eine Blume zu einem besonderen Anlaß überreichte. Und sie wußte ihn zu schätzen. Es war wie eine Yoga-Übung, Vincent zu schätzen; es war, als würde man eine Sardelle schätzen, oder einen Stein. Er war nicht jedermanns Geschmack.

Auf dem Fernsehschirm ist ein Schwarzweißbild, dann noch eins: das 19. Jahrhundert in seiner eigenen Version, in Stichen. Sir John Franklin, älter und dicker, als Jane angenommen hatte; die *Terror* und die *Erebus*, eingeschlossen im drückenden Eis. In der hohen Arktis, vor hundertfünfzig Jahren, im tiefsten Winter. Da ist keine Sonne, kein Mond; nur die knisternden Nordlichter, wie elektronische Musik, und die harten kleinen Sterne.

Was war mit der Liebe, auf einem solchen Schiff, in einer solchen Zeit? Verstohlene, einsame Handhabungen, verworrene und klagende Träume, die Sublimierung der Romane. Das übliche für jene, die einsam geworden sind.

Unten im Laderaum, umgeben von dem Knarren des hölzernen Rumpfs und den muffigen Gerüchen von Männern, die schon viel zu lange eingeschlossen sind, liegt John Torrington im Sterben. Er muß es gewußt haben; man kann es an seinem Gesicht sehen. Er wendet Jane seinen teefarbenen Blick fragenden Vorwurfs zu.

Wer hat seine Hand gehalten, wer hat ihm vorgelesen, wer hat ihm Wasser gebracht? Wer, falls überhaupt jemand, hat ihn geliebt? Und was haben sie ihm gesagt, warum er sterben mußte, was immer es war, das ihn umbrachte? Schwindsucht,

Gehirnfieber, die Erbsünde. All die viktorianischen Gründe, die nichts zu bedeuten hatten und falsch waren. Aber sie müssen tröstlich gewesen sein. Wenn man stirbt, will man wissen, warum.

In den achtziger Jahren gerieten die Dinge ins Rutschen. Toronto war nun nicht mehr so lustig. Da waren zu viele Menschen, zu viele arme Menschen. Man sah sie auf den Straßen betteln, die von Auspuffschwaden und Autos erfüllt waren. Die billigen Künstlerateliers wurden abgerissen oder in modernen Büroraum umgewandelt, die Künstler waren irgendwoanders hingezogen. Ganze Straßenzüge wurden auf- oder abgerissen. Die Luft war voll von körnigem Staub.

Leute starben. Sie starben zu früh. Einer von Janes Klienten, ein Mann, dem ein Antiquitätengeschäft gehörte, starb fast über Nacht an Knochenkrebs. Jemand anders, eine Frau, die Anwältin in der Unterhaltungsbranche war, probierte in einer Boutique ein Kleid an und hatte einen Herzanfall. Sie fiel um, und man rief die Ambulanz, und als die kam, war sie schon tot. Ein Theaterproduzent starb an AIDS, und ein Fotograf; der Liebhaber des Fotografen erschoß sich, entweder aus Kummer oder weil er wußte, daß er der nächste sein würde. Ein Freund eines Freundes starb an einem Emphysem, ein anderer an Lungenentzündung, ein anderer an Hepatitis, die er sich bei einem Urlaub in den Tropen geholt hatte, ein anderer an Hirnhautentzündung. Es war, als wären sie durch irgendeine geheimnisvolle Kraft geschwächt worden, etwas wie ein farbloses Gas, geruchlos und unsichtbar, so daß jeder Krankheitserreger, der zufällig vorbeikam, in ihren Körper gelangen und ihn sich unterwerfen konnte.

Jane begannen bestimmte Nachrichten aufzufallen, über die sie früher hinweggelesen hatte. Ahornwälder, die am sauren Regen starben, Hormone im Rindfleisch, Quecksilber in den

Fischen, Pestizide im Gemüse, Gift, das auf Obst gesprüht war, Gott weiß was im Trinkwasser. Sie bestellte bei einer Lieferfirma Quellwasser in Flaschen und fühlte sich ein paar Wochen lang besser, dann las sie in der Zeitung, daß es ihr nicht viel nützen würde, denn was immer es war, es war in alles eingedrungen. Jedes Mal, wenn man Luft holte, atmete man etwas davon ein. Sie dachte daran, wegzuziehen aus der Stadt, dann las sie von Giftmüllhalden, radioaktivem Abfall, der hier und da auf dem Land verborgen und unter dem üppigen, trügerischen Grün der sich im Wind wiegenden Bäume getarnt war.

Vincent ist noch kein Jahr tot. Er wurde nicht in den Dauerfrostboden gelegt oder in Eis gefroren. Er kam auf den Necropolis, den einzigen Friedhof in Toronto, dessen allgemeines Ambiente er billigte; er kriegte Blumenzwiebeln über sich gepflanzt, von Jane und anderen. Vor allem von Jane. Im Augenblick sieht John Torrington, der gerade nach hundertfünfzig Jahren aufgetaut worden ist, wahrscheinlich besser aus.

Eine Woche vor Vincents dreiundvierzigstem Geburtstag ging ihn Jane im Krankenhaus besuchen. Er war zu Untersuchungen hier. Von wegen. Er war wegen des Unaussprechlichen, des Unbekannten hier. Er war wegen eines mutierten Virus hier, das noch nicht mal einen Namen hatte. Es kroch seine Wirbelsäule rauf, und wenn es sein Gehirn erreichte, würde es ihn töten. Es reagierte nicht auf Medikation, wie sie sagten. Er war auf Dauer hier.

In seinem Zimmer war es weiß, winterlich. Er lag in Eis verpackt da, wegen der Schmerzen. Ein weißes Laken hüllte ihn ein, seine dünnen weißen Füße ragten darunter hervor. Sie waren so blaß und kalt. Jane sah ihn an, wie er dalag, wie ein Lachs auf Eis, und begann zu weinen.

»Ach, Vincent«, sagte sie. »Was soll ich bloß ohne dich

tun?« Es klang schrecklich. Es klang, als würden sich Jane und Vincent über veraltete Bücher, veraltete Filme, ihre veralteten Mütter lustig machen. Es klang auch egoistisch: da stand sie und dachte nur an sich und ihre Zukunft, obwohl es doch Vincent war, der krank im Bett lag. Aber es stimmte. Alles in allem würde es eine ganze Menge weniger zu tun geben ohne Vincent.

Vincent sah zu ihr auf; unter seinen Augen lagen höhlenartige Schatten. »Na, komm schon«, sagte er, nicht sehr laut, denn er konnte jetzt nicht sehr laut sprechen. Sie hatte sich hingesetzt, beugte sich über ihn; sie hielt seine Hand. Die war dünn wie eine Vogelkralle. »Wer sagt denn, daß ich sterbe?« Er dachte einen Moment darüber nach, verbesserte sich. »Du hast recht«, sagte er. »Sie haben mich erwischt. Das waren die ›Body-Snatcher‹* aus dem Weltraum. ›Ich will nichts als deinen Body‹, sagten sie.«

Jane weinte noch mehr. Es war schlimmer, weil er komisch zu sein versuchte. »Aber was *ist* es?« sagte sie. »Wissen sie das schon?«

Vincent setzte sein altes unbekümmertes Lächeln auf, distanziert, amüsiert. Da waren seine wunderbaren Zähne, jugendlich wie eh und je. »Wer weiß?« sagte er. »Es muß was gewesen sein, das ich gegessen habe.«

Jane saß da, und die Tränen rannen ihr übers Gesicht. Sie fühlte sich trostlos: zurückgelassen, gestrandet. Ihre Mütter hatten sie schließlich doch noch eingeholt, hatten recht behalten. Es gab letztlich doch Folgen; aber sie waren die Folgen auf Dinge, von denen man nicht einmal wußte, daß man sie getan hatte.

* ›Body-Snatcher‹ stammen aus einer amerikanischen Fernsehserie, in der Außerirdische Menschen töten und sich ihrer Körper bemächtigen. A. d. Ü.

Die Wissenschaftler sind wieder auf dem Bildschirn. Sie sind aufgeregt, ihre ernsten Münder zucken, man könnte sie fast fröhlich nennen. Sie wissen, warum John Torrington gestorben ist; endlich wissen sie, warum die Franklin-Expedition ein so schreckliches Ende nahm. Sie haben John Torrington ein paar Stückchen abgeschnipselt, einen Fingernagel, eine Haarlocke, sie haben sie durch Maschinen laufen lassen und die Antworten erhalten.

Dann kommt eine Aufnahme von einer alten Blechdose, sie ist aufgerissen, um die Naht zu zeigen. Sie sieht aus wie eine Bombenhülle. Ein Finger weist darauf: es waren die Dosen, damals eine neue Erfindung, die neue Technologie, der endgültige Schutz vor dem Verhungern und dem Skorbut. Die Franklin-Expedition war vorzüglich mit Blechdosen ausgerüstet, die mit Fleisch und Suppe vollgestopft und mit Blei zugelötet worden waren. Die ganze Expedition kriegte Bleivergiftung. Niemand wußte es. Niemand konnte es schmekken. Es breitete sich in ihren Knochen aus, ihren Lungen, ihren Gehirnen, schwächte sie und verwirrte ihre Köpfe, so daß sich am Ende alle, die noch nicht auf den Schiffen gestorben waren, zu einem idiotischen Treck über den steinigen, eisigen Boden aufmachten, ein Rettungsboot ziehend, das vollgepackt war mit Zahnbürsten, Seife, Taschentüchern und Pantoffeln, völlig nutzlosem Zeug. Als man sie zehn Jahre später fand, waren sie Skelette in zerfallenen Mänteln, sie lagen dort, wo sie zusammengebrochen waren. Sie waren auf dem Weg zurück zum Schiff. Was sie gegessen hatten, war das, was sie getötet hatte.

Jane schaltet den Fernseher ab und geht in ihre Küche – völlig weiß, im vorletzten Jahr neu eingerichtet, die Fleischertresen aus den siebziger Jahren, die aus der Mode gekommen waren, rausgerissen und weggekarrt –, um sich heiße Milch mit Rum zu machen. Dann überlegt sie es sich anders; sie kann sowieso nicht schlafen. Alles hier drin sieht aus, als gehörte es niemandem. Ihr Toaster, so perfekt für ein Soloessen, ihre Mikrowelle für das Gemüse, ihre Espressomaschine –, sie stehen herum und warten auf ihren Abgang, für diesen Abend oder für immer, um ihre endgültige reale Erscheinung zweckfreier Objekte anzunehmen, die durch die physische Welt dahintreiben. Genausogut könnten sie Stücke von einem explodierten Raumschiff sein, die den Mond umkreisen.

Sie denkt an Vincents Wohnung, so sorgfältig eingerichtet mit den schönen oder absichtlich häßlichen Sachen, die er einmal geliebt hat. Sie denkt an seinen Kleiderschrank mit den schrulligen, eigentümlichen Kleidungsstücken, jetzt ohne seine Arme und Beine darin. Es ist alles aufgelöst, verkauft, weggegeben worden.

Zunehmend ist jetzt der Gehsteig, der an ihrem Haus vorbeiführt, mit Plastikbechern, zusammengedrückten Getränkedosen, benutzten Papptellern übersät. Sie hebt sie auf, räumt sie weg, aber über Nacht sind sie wieder da, wie eine Spur, die eine Armee auf dem Marsch oder die flüchtenden Bewohner einer bombardierten Stadt hinterlassen, die Gegenstände abwerfen, welche früher für notwendig gehalten wurden, aber jetzt zu schwer zum Tragen sind.

Das Tatsachenmaterial über die Franklin-Expedition und die Ausgrabung von John Torrington ist aus Frozen in Time *von Owen Beattie und John Geiger, Western Producer Prairie Books, 1987. Es hat zu diesem Thema ein Fernsehprogramm gegeben, aber die Sendung in dieser Geschichte ist erfunden.*

Gewicht

Ich nehme zu. Ich werde nicht dicker, nur schwerer. Das zeigt die Waage nicht an: technisch bin ich dieselbe geblieben. Meine Kleider passen mir noch, es ist also nicht die Größe, die sie meinen, wenn sie von Fett reden, das mehr Platz braucht als Muskeln. Die Schwere, die ich fühle, kommt von der Energie, die ich verbrenne, um mich fortzubewegen: auf dem Gehsteig, die Treppe hoch, durch den Tag. Es ist der Druck auf meinen Füßen. Es ist eine Dichte der Zellen, als hätte ich Schwermetalle getrunken. Nichts, was man messen kann, obwohl natürlich die üblichen kleinen Fleischwülste vorhanden sind, die gefestigt, gezügelt, abgearbeitet werden müssen. *Arbeiten.* Es wird alles langsam zuviel Arbeit. An manchen Tagen denke ich, daß ich es nicht schaffen werde. Ich werde einen Hitzschlag kriegen, einen Autounfall haben. Ich werde einen Herzanfall haben. Ich werde aus dem Fenster springen.

Das ist es, was ich denke, während ich den Mann ansehe. Er ist ein reicher Mann, das versteht sich von selbst: wenn er nicht reich wäre, dann wäre keiner von uns beiden hier. Er hat überschüssiges Geld, und ich versuche, etwas davon aus ihm rauszuholen. Nicht für mich selbst; ich komme ganz gut zurecht, danke. Für das, was wir früher Wohltätigkeit nannten und was wir jetzt einen guten Zweck nennen. Um genau zu sein, ein Haus für mißhandelte Frauen. Es heißt *Molly's Place.* Es ist nach einer Rechtsanwältin benannt, die von ihrem Mann ermordet wurde – mit einem Schreinerhammer. Er war ein Mann, der sich mit Handwerkzeugen auskannte. Er hatte im Keller eine Werkbank. Die Drehbank, der Schraubstock, die Kreissäge, alles, was man so braucht.

Ich frage mich, ob dieser andere Mann, der mir auf der anderen Seite des Tischtuchs so wachsam gegenübersitzt, auch eine Werkbank im Keller hat. Seine Hände sehen nicht danach aus. Keine Schwielen oder kleine Schrammen. Ich erzähle ihm nichts von dem Schreinerhammer und den Armen und Beinen, die hier und da in der Provinz versteckt waren, in Abwasserkanälen, in Schneisen, wie Ostereier oder wie die Zeichen einer grotesken Schnitzeljagd. Ich weiß, wie leicht man solche Männer mit diesen Dingen erschrecken kann. Mit richtigem Blut, mit der Art Blut, das zu einem aufschreit vom Boden.

Wir haben das Bestellen der Speisen hinter uns, das, beiderseits, mit dem wehmütigen Zutagefördern von Lesebrillen verbunden war, um die reichgeschmückte Speisekarte überfliegen zu können. Eines zumindest haben wir gemeinsam: unsere Augen lassen nach. Jetzt lächle ich ihn an und drehe den Stiel meines Weinglases und erzähle ihm wohlüberlegte Lügen. Es ist nicht einmal meine Idee, sage ich ihm. Ich bin da reingezogen worden, weil ich so schlecht nein sagen kann. Ich tue es für eine Freundin. Das ist allerdings wahr: Molly war eine Freundin von mir.

Er lächelt und entspannt sich. Gut, denkt er. Ich bin keine von diesen ernsten Frauen, von denen man ständig Lektionen zu hören bekommt, die schimpfen und ihre Wagentür selbst aufmachen. Er hat recht, das ist nicht mein Stil. Aber das hätte er an meinen Schuhen erkennen können: Frauen, die so was machen, tragen nicht solche Schuhe. Mit einem Wort, ich bin nicht *schrill*, und sein Instinkt, mich zum Lunch einzuladen, ist gerechtfertigt.

Dieser Mann hat natürlich einen Namen. Er heißt Charles. Er hat auch schon gesagt: »Sagen Sie bitte Charles.« Wer weiß, welche Vergnügen mir noch bevorstehen? Es könnte »Chuck« daraus werden, oder »Charlie«. *Charlie heißt mein Liebster. Chuck, du dicker Brocken.* Ich glaub, ich werd bei Charles bleiben. Die Vorspeisen kommen, Lauchsuppe für ihn, ein Salat für mich, Endivien mit Äpfeln und Walnüssen, unter einem leichten Dressing-Schleier, wie die Menükarte sagt. *Schleier.* Soviel zu Bräuten. Der Kellner ist ein weiterer arbeitsloser Schauspieler, aber seine Anmut und sein Charme sind an Charles verschwendet. Er antwortet nicht, als er aufgefordert wird, sein Essen zu genießen.

»Cheers«, sagt Charles und hebt das Glas. Das hat er schon einmal gesagt, als der Wein gebracht wurde. Harte Arbeit. Wie stehen die Chancen, durch diesen Lunch zu kommen, ohne daß er zu sehr zur Sache kommt?

Charles wird gleich einen Witz erzählen. Die Symptome sind alle da: die leichte Röte, das Zucken der Kiefermuskeln, die Fältchen um die Augen.

»Was ist braun und weiß und sieht an einem Anwalt gut aus?«

Kenn ich. »Ich passe. Was?«

»Ein Pitbull.«

»O, wie schrecklich. O, wie scheußlich Sie sind.«

Charles gestattet seinem Mund ein kleines halbkreisförmiges Lächeln. Dann, entschuldigend: »Natürlich sind keine weiblichen Anwälte gemeint.«

»Ich praktizier nicht mehr. Ich bin jetzt Geschäftsfrau, haben Sie das vergessen?« Aber vielleicht meinte er Molly.

Hätte Molly diesen Witz komisch gefunden? Wahrscheinlich. Zuerst ganz bestimmt. Während des Jurastudiums, als wir uns die Finger blutig arbeiteten, weil wir wußten, daß wir doppelt so gut sein mußten wie die Männer, um am Ende mit weniger zufrieden zu sein, machten wir immer zusammen Kaffeepause und lachten uns halbtot, wenn wir den Wörtern, mit denen uns die Männer bedachten, alberne Bedeutungen gaben. Oder mit denen sie Frauen im allgemeinen bedachten: aber wir wußten, daß sie uns meinten.

»*Keifen*. Kei-Fen, eine chinesische Einwanderin, die nicht englisch spricht.«

»Okay! *Schrill*. Wie der Große Schrillvogel. Ein langschnabeliger Watvogel, beheimatet an den Küsten von . . .«

»Kalifornien? Ja. *Hysterie*?«

»Eine süßlich duftende, Blüten tragende Efeuart, die Südstaaten-Herrenhäuser überwuchert. *Haare auf den Zähnen*?«

»Schwierig. Ein weiblicher Haifisch, der sich zu tarnen versucht?«

Nicht gut genug, dachte ich. Für *Haare auf den Zähnen* müßte es was Besseres geben.

Molly hatte Haare auf den Zähnen. Man konnte es auch entschlossen nennen. Sie mußte es sein, sie war so klein. Sie war ein streitsüchtiger kleiner Wicht, große Augen, Pony in der Stirn, ein festes kleines Kinn, das sie nach vorn streckte, wenn sie wütend war. Sie kam aus keinem guten Elternhaus. Sie hatte es mit Intelligenz geschafft. Kam ich auch nicht, hatte ich auch; aber es wirkte sich verschieden auf uns aus. Zum Beispiel war ich ordentlich und hatte eine Phobie vor Schmutz. Molly hatte eine Katze namens Catty, natürlich zugelaufen. Sie lebten in glücklicher Verwahrlosung. Oder nicht Verwahrlosung: Unordnung. Ich selbst hätte es nicht ausgehalten, aber bei ihr gefiel es mir. Sie schuf das Durcheinander, das ich mir selbst nie gestatten würde. Chaos in Vertretung.

Molly und ich hatten damals große Ideen. Wir würden die Dinge ändern. Wir würden den Code knacken, durch das Netzwerk der alten Knaben schlüpfen, beweisen, daß Frauen es konnten, was auch immer. Wir würden gegen das System antreten, bessere Scheidungsregelungen erzielen, für gleichen Lohn kämpfen. Wir wollten Gerechtigkeit und Fairplay. Wir dachten, dazu seien die Gesetze da. Wir waren tapfer, aber wir packten es am falschen Ende an. Wir wußten nicht, daß man bei den Richtern anfangen mußte.

Aber Molly haßte die Männer nicht. Bei Männern war Molly eine Froschküsserin. Sie dachte, jeder Frosch ließe sich in einen Prinzen verwandeln, wenn sie ihn nur lange genug küßte. Ich war anders. Ich wußte, daß ein Frosch ein Frosch war und es auch bleiben würde. Es ging darum, den Frosch ausfindig zu machen, der einem am meisten zusagte, und seine besseren Seiten schätzen zu lernen. Man mußte seinen Blick für Grüntöne schärfen.

Ich nannte das einen Kompromiß. Molly nannte es Zynismus.

Mir gegenüber trinkt Charles ein weiteres Glas Wein. Ich glaube, er ist zu dem Schluß gekommen, daß ich ein anständiger Kerl bin. Unverzichtbar bei einer Frau, mit der man das anfangen will, was früher als außereheliche Affäre bezeichnet wurde; denn genau darum geht es eigentlich bei diesem Lunch. Es ist ein Bewerbungsgespräch – und zwar auf beiden Seiten. Ich hätte meine Bitte um eine Spende in Charles' Büro vorbringen und kurz und nett abgewiesen werden können. Wir hätten es förmlich halten können.

Charles sieht gut aus, wie solche Männer eben aussehen, obwohl man es, wenn man sie an einer Straßenecke träfe, unrasiert und mit ausgestreckter Hand, vielleicht nicht denken würde. Solche Männer scheinen immer dasselbe Alter zu behalten. Als sie fünfundzwanzig waren, haben sie sich danach gesehnt, in diesem Alter zu sein, und haben es imitiert; und wenn sie über dieses Alter hinaus sind, werden sie wieder versuchen, es zu imitieren. Was sie wollen, ist das Gewicht von

Autorität und noch genügend Jugend, um es zu genießen. Es ist das, was man »das beste Alter« nennt – bei einem Mann. Sie haben alle etwas Beefsteakhaftes an sich. Eine fleischige Festigkeit. Sie spielen alle etwas: sie fangen mit Squash an, machen weiter mit Tennis, enden bei Golf. Es hält sie fit. Hundertachtzig Pfund gepfeffertes Steak. Ich muß es wissen.

Und alles eingewickelt in teuren dunkelblauen Anzugstoff mit Nadelstreifen. Vorn eine konservative Krawatte, kastanienbraun mit kleinem Muster. Diese hat Pferde.

»Mögen Sie Pferde, Charles?«

»Was?«

»Ihre Krawatte.«

«Oh. Nein. Nicht besonders. Geschenk meiner Frau.«

Ich schiebe jede weitere Erwähnung von Molly's Place bis zum Nachtisch auf – man hole niemals vorher zum entscheidenden Schlag aus, sagt die Geschäftsetikette, gib dem Burschen Gelegenheit, sich vorher etwas Protein reinzuziehen –, falls ich allerdings recht haben sollte und Charles ebenfalls um sein Gewicht besorgt ist, werden wir beide den Nachtisch weglassen und uns mit einem doppelten Espresso begnügen. Inzwischen höre ich Charles zu, während ich vorsichtig die Suggestivfragen stelle. Die Grundregeln werden stillschweigend niedergelegt: bereits zwei Erwähnungen der Ehefrau, eine vom Sohn, der auf dem College ist, eine von der Teenager-Tochter. Stabile Familie, heißt die Botschaft. Paßt zu der Pferdekrawatte.

Die Frau interessiert mich natürlich am meisten. Wenn Männer wie Charles keine Frauen hätten, müßten sie welche erfinden. So nützlich, um andere Frauen abzuwehren, falls sie ihnen zu nahe kommen. Wenn ich ein Mann wäre, würde ich das tun: eine Frau erfinden, sie aus einzelnen Stücken und Enden zusammensetzen – ein Ring aus dem Pfandhaus, ein oder zwei Fotos, gestohlen aus dem Album eines anderen, ein dreiminütiges gefühlvolles Porträt der Kinder. Man könnte Anrufe vortäuschen, sich selber Postkarten schicken, von den Bermudas, oder, noch besser, von Tortuga. Aber Männer wie Charles könnten das nicht. Sie sind nicht sehr umsichtig bei ihren Täuschungsmanövern. Ihre Killerinstinkte sind auf anderes gerichtet. Sie verheddern sich in ihren eigenen Lügen, oder sie verraten sich durch unruhige Blicke. Im Grunde sind sie zu aufrichtig.

Ich hingegen habe einen Kopf für Intrigen und wenig Neigung zu Schuldgefühlen. Meine Schuld ist anders gelagert.

Ich ahne schon, wie seine Frau aussieht: allzu braungebrannt, allzu gut durchtrainiert, mit wachen, ledrigen Augen und zu vielen Sehnen im Nacken. Ich sehe diese Frauen, in Rudeln oder zu zweit oder in Teams, wie sie drüben im Club in ihrem Tennisweiß herumhüpfen. Selbstzufrieden, aber nervös. Sie wissen, daß dieses Land nur dem Namen nach monogam ist. Ich beunruhige sie.

Aber sie sollten mir dankbar sein, weil ich ihnen aushelfe. Wer sonst hat die Zeit und das Geschick, die Egos von Männern wie Charles zu glätten, sich ihre Witze anzuhören, ihnen etwas über ihre sexuellen Fähigkeiten vorzulügen? Die Pflege solcher Männer ist eine Kunst, die im Aussterben begriffen ist, wie Muschelschnitzereien oder das Anfertigen von Rosettenbändern für den Kaminsims. Die Ehefrauen sind viel zu beschäftigt dafür, und die jüngeren Frauen wissen nicht, wie. Ich weiß, wie. Ich bin noch von der alten Schule.

Manchmal, wenn ich eine weitere häßliche Armbanduhr oder Brosche angesammelt habe (sie schenken einem niemals Ringe; wenn ich einen haben will, kauf ich ihn mir selbst), wenn ich zugunsten der Kinder und der Georgian Bay Cottage an einem Wochenende gestrandet bin, muß ich daran denken, was ich alles erzählen könnte, und fühle mich mächtig. Ich stelle mir vor, wie ich der betreffenden Frau einen rachsüchtigen kleinen Zettel in den Briefkasten werfe, auf dem strategisch plazierte Leberflecken angegeben sind, Spitznamen, die Fehltritte des Familienhundes. Beweise des Wissens.

Aber dann würde ich die Macht verlieren. Wissen bedeutet nur so lange Macht, wie man den Mund hält.

Hier ist was für dich, Molly: *Menopause*. Eine Pause, während der du die Männer neu überdenkst.

Endlich kommen die Hauptspeisen, mit blitzenden Zähnen und einem einnehmenden Blick seitens des Kellners. Kalbfleisch Scallopini für Charles, der offenbar diese scheußlichen Bilder von den Kälbern noch nicht gesehen hat, die in der Dunkelheit gebleicht wurden, Meerestiere *en brochette* für mich. Ich denke: Jetzt wird er wieder »Cheers« sagen, und dann wird er irgendeine Bemerkung machen, daß Meeresfrüchte gut für Sex seien. Genügend Wein dafür hat er inzwischen intus. Dannach wird er mich fragen, warum ich nicht verheiratet bin.

»Cheers«, sagt Charles. »Sind da Austern drin?«

»Nein«, sage ich. »Nicht eine.«

»Schade. Sind für allerlei gut.«

Sprich für dich, denke ich. Er macht eine oder zwei meditative Kaubewegungen. »Wie kommt es, daß Sie nie geheiratet haben – eine attraktive Frau wie Sie?«

Ich zucke mit den Schulterpolstern. Was soll ich ihm erzählen? Die Geschichte von dem toten Verlobten, die ich mal von der Großtante eines Freundes gehört habe? Nein. Zu sehr eine Erste-Weltkrieg-Geschichte. Soll ich sagen: »Ich war zu wählerisch?« Das könnte ihn verschrecken: wenn ich schwer zu befriedigen bin, wie soll er mich dann befriedigen können?

Ich weiß eigentlich nicht, warum. Vielleicht habe ich auf die große Liebe gewartet. Vielleicht habe ich auf die Wahre

Liebe gewartet, mit wegretuschierten Achselhöhlen und ohne bitteren Nachgeschmack. Vielleicht wollte ich mir alle Optionen offenhalten. In jenen Tagen hatte ich das Gefühl, daß alles mögliche passieren könnte.

»Ich war mal verheiratet«, sage ich, traurig, bedauernd. Ich hoffe, damit zu vermitteln, daß ich das Richtige getan habe, daß es aber nicht geklappt hat. Irgendein Schuft hat mich sitzenlassen, eine viel zu schreckliche Geschichte, um näher darauf einzugehen. So kann Charles denken, daß es mit ihm besser gelaufen wäre.

Es hat etwas Endgültiges an sich, wenn man sagt, daß man mal verheiratet war. Es ist, als sagte man, daß man schon mal tot war. Es bringt sie zum Schweigen.

Es ist komisch, daß Molly die war, die heiratete. Man hätte glauben sollen, daß ich es sein würde. Ich war diejenige, die zwei Kinder haben wollte, eine Garage für zwei Autos, den antiken Eßtisch mit der Rosenvase in der Mitte. Na ja, den Tisch zumindest hab ich. Die Ehemänner anderer Frauen sitzen daran, und ich füttere sie mit Omeletts, während sie verstohlen auf ihre Uhren sehen. Aber wenn sie auch nur eine Andeutung machen, daß sie sich von ihrer Frau scheiden lassen wollen, schicke ich sie so schnell aus dem Haus, daß sie nicht einmal mehr wissen, wo sie ihre Boxershorts gelassen haben. Ich habe die Bindung nie gewollt. Oder ich habe das Risiko nie eingehen wollen. Es läuft auf dasselbe hinaus.

Es gab eine Zeit, da haben mich meine verheirateten Freundinnen beneidet, jedenfalls haben sie das gesagt. Ich hatte meinen Spaß, konnte tun und lassen, was ich wollte, und sie nicht. In letzter Zeit haben sie diese Sicht revidiert. Sie sagen mir, daß ich auf Reisen gehen soll, da ich ja die Freiheit habe, es zu tun. Sie geben mir Reiseprospekte mit Palmen darauf. Was ihnen vorschwebt, ist eine Kreuzfahrt unter südlicher Sonne, eine romantische Liebe an Bord eines Schiffes, ein Abenteuer. Etwas Schlimmeres kann ich mir gar nicht vorstellen: auf einem siedendheißen Schiff mit einem Haufen faltiger Frauen gefangen zu sein, die auch alle auf Abenteuer aus sind. Deshalb habe ich die Prospekte hinter den Grillofen gestopft, der für Soloessen so praktisch ist, wo sie zweifellos eines Tages in Flammen aufgehen werden.

Ich kriege genug Abenteuer, direkt hier, um mich herum. Das reicht mir.

Vor zwanzig Jahren habe ich mein Jurastudium beendet. In weiteren zwanzig Jahren werde ich pensioniert sein, und es wird das 21. Jahrhundert sein, egal für wen. Einmal im Monat wache ich nachts auf, in Schweiß gebadet vor Entsetzen. Ich habe Angst, aber nicht, weil jemand im Zimmer ist, in der Dunkelheit, im Bett, sondern weil niemand da ist. Ich habe Angst vor der Leere, die wie eine Leiche neben mir liegt.

Ich denke: Was wird aus mir werden? Ich werde allein sein. Wer wird mich im Altersheim besuchen? Für mich ist der nächste Mann, was für ein alterndes Pferd ein Sprung sein muß. Werde ich die Nerven verlieren? Kann ich es noch schaffen? Sollte ich heiraten? Habe ich noch die Wahl?

Tagsüber geht es mir gut. Ich führe ein reiches erfülltes Leben. Da ist natürlich meine Karriere. Ich putze sie wie antikes Messing. Ich füge ihr dauernd etwas hinzu – wie einer Briefmarkensammlung. Sie stützt mich: eine Karriere wie ein versteifter Büstenhalter. Manchmal hasse ich sie.

»Nachtisch?« sagt Charles.

»Sie?«

Charles klopft sich auf sein Zwerchfell. »Ich versuch abzunehmen«, sagt er.

»Dann lassen Sie uns doch einen doppelten Espresso trinken«, sage ich. Ich sage es wie eine köstliche Verschwörung.

Doppelter Espresso. Eine diabolische Tortur, von der spanischen Inquisition ersonnen, mit zwei dreihundert Pfund schweren Priestern.

Molly, ich habe dich verraten. Ich bin früh ausgebrannt. Ich habe dem Druck nicht standgehalten. Ich wollte Sicherheit. Vielleicht habe ich geglaubt, der schnellste Weg, das Los aller Frauen zu verbessern, sei, mein eigenes zu verbessern.

Molly machte weiter. Sie verlor diesen rundlichen Babyspeck, ihre Stimme bekam eine rauhe Kante, und sie wurde zur Kettenraucherin. Ihr Haar verlor den Glanz, und ihre Haut war ungepflegt, aber sie kümmerte sich nicht darum. Sie begann mir Vorträge über meinen mangelnden Ernst zu halten, und auch über meine Kleidung, für die ich ihrer Meinung nach zuviel Geld ausgab. Sie begann, Wörter wie *Patriarchat* zu verwenden. Ich begann, sie schrill zu finden.

»Molly«, sagte ich. »Warum gibst du es nicht auf? Du schlägst mit dem Kopf gegen eine dicke Backsteinmauer.« Ich kam mir wie eine Verräterin vor, als ich es sagte. Aber wenn ich es nicht gesagt hätte, wäre ich mir auch wie eine Verräterin vorgekommen, weil Molly sich völlig verausgabte, und zwar für Kleingeld. Die Art Frauen, die sie vor Gericht vertrat, hatte nie Geld.

»Wir machen Fortschritte«, sagte sie immer. Und ihr Gesicht nahm diesen zähen Ausdruck an, wie das einer Missionarin. »Wir schaffen etwas.«

»Wer ist *wir*?« sagte ich dann. »Ich kann nicht besonders viele Leute sehen, die dir helfen.«

»O doch, das tun sie«, sagte sie vage. »Es gibt einige von ihnen, die es tun. Auf ihre Art tun sie, was sie können. So wie das Scherflein der armen Witwe, weißt du?«

»Welcher Witwe?« sagte ich. Ich wußte es, aber ich war wütend. Sie wollte mir ein schlechtes Gewissen machen.

»Hör auf, die Heilige zu spielen, Molly. Was genug ist, ist genug.«

Das war, bevor sie Curtis heiratete.

»Und jetzt«, sagt Charles. »Die Karten auf den Tisch, ja?«

»Richtig«, sage ich. »Nun, die grundsätzliche Situation habe ich Ihnen ja bereits erklärt. In Ihrem Büro.«

»Ja«, sagt er. »Und wie ich Ihnen schon sagte, hat die Firma ihr diesjähriges Spendenbudget schon vergeben.«

»Aber Sie könnten eine Ausnahme machen«, sage ich. »Sie könnten etwas vom Budget des nächsten Jahres abzweigen.«

»Das könnten wir, wenn – also, der springende Punkt ist, daß wir gern das Gefühl haben, etwas zurückzubekommen, wenn wir was geben. Nichts Aufwendiges, nur irgendsoetwas, das man vielleicht gute Verbindungen nennen könnte. Mit Herz und Nieren, zum Beispiel, völlig problemlos.«

»Was haben Sie denn gegen mißhandelte Frauen?«

»Nun, da wäre unser Firmenzeichen, und direkt daneben diese mißhandelten Frauen. Das könnte in der Öffentlichkeit falsch verstanden werden.«

»Sie meinen, man könnte auf den Gedanken kommen, daß die Firma das Prügeln selbst besorgt?«

»Mit einem Wort, ja«, sagt Charles.

Es ist wie bei jeder anderen Verhandlung. Man stimmt ihnen zu und versucht dann, von einer anderen Seite an sie ranzukommen. »Das ist ein Argument«, sage ich.

Molly war dreißig, als sie Curtis heiratete. Er war nicht der erste Mann, mit dem sie zusammengelebt hatte. Ich habe mich oft gefragt, warum sie es getan hat. Warum ihn? Möglicherweise war sie nur müde geworden.

Trotzdem, es war eine seltsame Wahl. Er war so abhängig von ihr. Er ließ sie kaum aus den Augen. Hat sie das angezogen? Wahrscheinlich nicht. Molly war so eine Heilmacherin. Sie glaubte, sie könne die Dinge wieder zusammenflicken, wenn sie kaputt waren. Manchmal konnte sie es. Aber Curtis war auch für sie viel zu kaputt. Er war so kaputt, daß er glaubte, es wäre der normale Zustand der Welt, kaputt zu sein. Vielleicht versuchte er deshalb, auch Molly kaputtzumachen: sie normal zu machen. Als er es auf die eine Weise nicht schaffte, tat er es auf eine andere.

Zuerst war er noch ganz plausibel. Er war Rechtsanwalt, er trug die richtigen Anzüge. Ich könnte jetzt sagen, ich hätte vom ersten Augenblick an gewußt, daß er nicht richtig tickte, aber das wär gelogen. Ich wußte es nicht. Ich hab ihn nicht besonders gemocht, aber ich wußte es nicht.

Nach der Hochzeit habe ich Molly eine Weile kaum gesehen. Sie war dauernd damit beschäftigt, dieses oder jenes mit Curtis zu tun, und dann waren da auch noch die Kinder. Ein Junge und ein Mädchen, genau das, was ich immer für mich erwartet hatte. Manchmal schien es, als führte Molly ein Leben, wie ich es hätte führen können, wenn ich nicht so vorsichtig und in gewisser Weise anspruchsvoll gewesen wäre. Letztlich, muß ich sagen, sind mir anderer Leute Ränder in der Badewanne zuwider. Das ist das Gute an verheirateten Männern: für die Wartung ist jemand anderes zuständig.

»Ist alles in Ordnung?« fragt der Kellner zum vierten Mal. Charles antwortet nicht. Vielleicht hört er es gar nicht. Für Männer wie ihn ist ein Kellner nichts anderes als eine Art warmblütiger Teewagen.

»Wunderbar«, sage ich.

»Warum nehmen sich diese mißhandelten Frauen nicht einfach einen guten Anwalt?« sagt Charles. Er ist ehrlich erstaunt. Es hat keinen Sinn, ihm zu sagen, daß sie es sich nicht leisten können. Das ist für ihn unvorstellbar.

»Charles«, sage ich. »Manche von diesen Burschen *sind* gute Anwälte.«

»Niemand, den ich kenne«, sagt Charles.

»Sie würden sich wundern«, sage ich. »Natürlich nehmen wir auch persönliche Spenden.«

»Was?« sagt Charles, der mir nicht gefolgt ist.

»Nicht nur von Firmen. Bill Henry von ConFrax hat zweitausend Dollar gespendet.« Bill Henry mußte es tun. Weil ich sein nützliches Muttermal auf der rechten Pobacke kenne, das wie ein Kaninchen geformt ist. Ich weiß, wie er schnarcht.

»Ah«, sagt Charles, den es unvorbereitet erwischt hat. Aber er läßt sich nicht kampflos festnageln. »Wissen Sie, ich geb mein Geld gern dahin, wo es was bewirkt. Diese Frauen. Man holt sie raus, aber wie ich hör, gehen sie schnurstracks nach Hause zurück und lassen sich wieder verprügeln.«

Das kenn ich schon. Sie sind süchtig. Sie können es gar nicht abwarten, sich ein blaues Auge zu holen. »Geben Sie's der Herzstiftung«, sage ich, »aber früher oder später kratzen diese undankbaren Dreifach-Bypässe trotzdem ab. Fast so, als würden sie es extra tun.«

»*Touché*«, sagt Charles. Ah, gut. Er kann etwas französisch. Also kein totaler Esel, im Unterschied zu manchen anderen. »Wie wär's, wenn ich Sie mal zum Dinner einlade, sagen wir –« er zieht sein kleines Buch zu Rate, eins von denen, die sie alle in ihrer Brusttasche mit sich herumtragen – »Mittwoch? Dann können Sie mich überzeugen.«

»Charles«, sage ich, »das ist nicht fair. Ich würde wahnsinnig gern mit Ihnen essen gehen, aber nicht als Preis für Ihre Spende. Spenden Sie zuerst, dann können wir mit gutem Gewissen zusammen essen gehen.«

Charles gefällt der Gedanke eines guten Gewissens. Er grinst und greift nach seinem Scheckbuch. Er wird nicht unter Bill Henry bleiben. Nicht an diesem Punkt des Spiels.

Molly kam mich in meinem Büro besuchen. Sie hatte vorher nicht angerufen. Es war gleich, nachdem ich meine letzte feste Luxuslakaien-Stellung bei einer Gesellschaft aufgegeben und mich selbständig gemacht hatte. Ich hatte jetzt meine eigenen Lakaien, und ich schlug mich mit dem Kaffeeproblem herum. Wenn man eine Frau ist, bringen einem die Frauen nicht gern den Kaffee. Und die Männer auch nicht.

»Was ist los, Molly?« sagte ich. »Möchtest du einen Kaffee?«

»Ich bin jetzt schon so aufgeladen, das würd ich nicht aushalten«, sagte sie. Sie sah ganz danach aus. Unter ihren Augen waren Halbkreise, so groß wie Zitronenscheiben.

»Es ist wegen Curtis«, sagte sie. »Könnte ich heute nacht bei dir schlafen? Wenn es sein muß?«

»Was hat er getan?« sagte ich.

»Nichts«, sagte sie. »Noch nicht. Es geht um nichts, was er getan hat, es geht darum, wie er ist. Er hat bald die Grenze erreicht.«

»In welcher Hinsicht?«

»Vor einer Weile fing er an zu behaupten, ich hätte Affären im Büro. Er dachte, ich hätte ein Verhältnis mit Maurice, von gegenüber auf dem Flur.«

»Maurice!« sagte ich. Wir hatten beide mit Maurice zusammen studiert. »Aber Maurice ist schwul!«

»Wir reden hier nicht von Vernunft. Dann fing er damit an, daß ich ihn verlassen wollte.«

»Und wolltest du?«

»Nein. Aber jetzt weiß ich es nicht mehr so genau. Jetzt glaub ich, daß ich es tun werde. Er bringt mich dazu.«

»Er ist paranoid«, sagte ich.

»*Paranoid*«, sagte Molly. »Eine Weitwinkelkamera für Schnappschüsse von Verrückten.« Sie legte den Kopf auf die Arme und lachte und lachte.

»Komm heut abend zu mir«, sagte ich. »Denk nicht lange darüber nach. Tu's einfach.«

»Ich will nichts überstürzen«, sagte Molly. »Vielleicht regelt sich alles von allein. Vielleicht kann ich ihn dazu überreden, sich helfen zu lassen. Er hat ziemlichen Streß hinter sich. Ich muß an die Kinder denken. Er ist ein guter Vater.«

Opfer, hieß es in den Zeitungen. Molly war kein Opfer. Sie war nicht hilflos, sie war nicht hoffnungslos. Sie war voller Hoffnung. Es war die Hoffnung, die sie umgebracht hat.

Am nächsten Morgen rief ich sie an. Ich hatte gedacht, sie würde zu mir kommen, aber sie war nicht gekommen. Sie hatte auch nicht angerufen.

Curtis war am Telefon. Er sagte, Molly sei verreist.

Ich fragte ihn, wann sie zurückkomme. Er sagte, er habe keine Ahnung. Dann begann er zu weinen. »Sie hat mich verlassen«, sagte er.

Gut für sie, dachte ich. Sie hatte es also doch getan.

Eine Woche später begannen Glieder, Arme und Beine, aufzutauchen. Er hatte sie im Schlaf getötet, soviel halte ich ihm zugute. Sie hat es gar nicht gemerkt. Jedenfalls sagte er das, nachdem er sich wieder daran erinnern konnte. Zuerst behauptete er, sich an nichts erinnern zu können.

Zergliederung. Der Akt der Erkenntnis durch Zerstörung.

Ich bemühe mich, Molly nicht so zu sehen. Ich bemühe mich, sie als Ganzes im Gedächtnis zu behalten.

Charles begleitet mich an die Tür, an einem weißen Tischtuch nach dem anderen vorbei, jedes von wenigstens vier Nadelstreifenellbogen an seinem Platz gehalten. Es ist wie die Titanic direkt vor dem Eisberg: Macht und Einfluß vergnügen sich, keine Sorge auf der Welt. Was wissen sie von den Knechten im Zwischendeck? Volle Kraft voraus.

Ich lächle nach rechts, ich lächle nach links. Da sind ein

paar vertraute Gesichter, ein paar vertraute Muttermale. Auf eine besitzergreifende, wenn auch diskrete Art nimmt Charles meinen Ellbogen. Eine leichte Berührung, eine schwere Hand.

Ich denke nicht mehr, daß alles mögliche passieren kann. Ich will nicht mehr so denken. *Passieren*, das ist, worauf man wartet, nicht, was man tut; und *alles mögliche* ist eine weite Kategorie. Zum Beispiel ist es unwahrscheinlich, daß ich von diesem Mann ermordet werde; genauso unwahrscheinlich ist es, daß ich ihn heirate. Im Augenblick weiß ich noch nicht einmal, ob ich mit ihm am Mittwoch essen gehe. Mir fällt ein, daß ich nicht muß, wenn ich nicht will. Wenigstens ein paar Optionen bleiben offen. Schon bei dem Gedanken tun mir meine Füße weniger weh.

Heute ist Freitag. Morgen früh laufe ich auf dem Friedhof, tu was für die inneren und äußeren Schenkel. Das ist einer der wenigen Orte in der Stadt, wo man das tun kann, ohne überfahren zu werden. Es ist nicht der Friedhof, auf dem Molly begraben ist, was immer sie von ihr noch zusammensetzen konnten. Aber das spielt keine Rolle. Ich werde mir einen Grabstein aussuchen, an dem ich meine Streckübungen machen kann, und werde so tun, als wäre es ihrer.

Molly, werde ich sagen. Wir sind uns nicht in allem einig, und du würdest meine Methoden nicht billigen, aber ich tu, was ich kann. Unterm Strich ist Geld Geld, von Luft können wir nicht leben.

Unterm Strich, wird sie antworten. Wo du landest, wenn du so weit runtergehst, wie du es tust. Danach bleibst du dort. Oder du kommst wieder nach oben.

Ich werde Beugungen machen, ich werde den Boden berühren, oder jedenfalls so gut ich kann, ohne Muskelriß. Ich werde einen Kranz aus unsichtbarem Geld auf ihr Grab legen.

Tips für die Wildnis

Prue hat zwei große rote Halstücher zu Dreiecken gefaltet, sie hinter dem Rücken und um den Hals zusammengeknotet und trägt sie als Top. Ein anderes Tuch, ein blaues, hat sie sich um den Kopf gewickelt und vorn einen kleinen Kreuzknoten gemacht. Jetzt stolziert sie mit ihrem improvisierten Oberteil und ihren weiten weißen Shorts und ihrer Sonnenbrille mit dem weißen Plastikgestell und auf Plateausandalen über den Landungssteg.

»Das ist die Mode der Vierziger«, sagt sie zu George, legt die Hand auf die Hüfte und dreht eine Pirouette. »Aus dem Krieg. Erinnerst du dich?«

George, dessen richtiger Name nicht George ist, erinnert sich nicht. Er hat die vierziger Jahre damit verbracht, in Müllhaufen zu wühlen und betteln zu gehen und andere Dinge zu tun, die nichts für Kinder sind. Er erinnert sich schwach an einen Filmstar auf einem Kalender, der an einer Latrinenwand vergilbte. Vielleicht hat Prue den gemeint. Einen Augenblick lang erinnert er sich an seinen intensiven Widerwillen gegen das strahlende, einfältige Lächeln, den wohlgenährten Körper. Ein paar Kumpel hatten ihm geholfen, ihn mit der rostigen Klinge eines Küchenmessers, die sie im Müll gefunden hatten, zu zerstückeln. Er zieht nicht in Betracht, Prue etwas davon zu erzählen.

George sitzt in einem grün und weiß gestreiften Segeltuchliegestuhl und liest die *Financial Post* und trinkt einen Scotch. Der Aschenbecher neben ihm quillt über von Kippen: Viele

Frauen haben versucht, ihm das Rauchen abzugewöhnen; viele sind damit gescheitert. Er sieht hinter seiner Zeitung zu Prue auf und lächelt sein listiges Lächeln. Bei diesem Lächeln hat er die Zigarette mitten im Mund: rechts und links davon sind seine Lippen zurückgezogen, entblößen Zähne. Er hat lange Eckzähne, erstaunlicherweise noch seine.

»Da warst du noch nicht geboren«, sagt er. Das ist nicht wahr, aber er läßt nie eine Gelegenheit aus, Komplimente zu machen, wenn sie einfach so herumliegen. Was kostet das schon? Keinen Cent, was die Männer in diesem Land noch gar nicht bemerkt haben. Prues gebräuntes Zwerchfell befindet sich in Höhe seines Gesichts; es ist noch fest, noch biegsam und geschmeidig. Seine Mutter ist in diesem Alter schon ganz weich gewesen – wabbeliges Samtfleisch, wie eine alte Pflaume. Heutzutage essen sie jede Menge Gemüse; sie trainieren, sie halten länger.

Prue schiebt die Brille bis auf die Nasenspitze und sieht ihn über die Plastikränder an. »George, du bist absolut schamlos«, sagt sie. »Warst du schon immer.« Sie lächelt ihn unschuldig an, eine Art Lausbubenlächeln. Ein Lächeln, das wie ein Benzinfilm auf dem Wasser flimmert, glänzt, changiert.

Dieses Lächeln von Prue war das erste Interessante, worüber George gestolpert war, als er damals, Ende der fünfziger Jahre, in Toronto landete. Es war auf einer Party, die ein Immobilienmann mit Verbindungen nach Osteuropa gegeben hatte. Er war eingeladen worden, weil Ungarnflüchtlinge als etwas Besonderes galten, damals gleich nach dem Aufstand. Zu der Zeit war er jung, dünn wie eine Schlange, mit einer gefährlich aussehenden Narbe über einem Auge und einigen bizarren Geschichten. Ein Sammelobjekt. Prue war in einem schulterfreien schwarzen Kleid dort gewesen. Sie hatte ihm mit ihrem Glas zugeprostet, ihn über den Rand hinweg angesehen, ihr Lächeln wie eine Fahne gehißt.

Das Lächeln ist noch immer einladend, aber nichts, worauf George eingehen würde – nicht hier, nicht jetzt. Später vielleicht, in der Stadt. Aber dieser See, diese Halbinsel, Wacousta Lodge selbst, sie sind sein Refugium, sein Kloster, sein heiliger Boden. Er will ihn nicht entweihen.

»Wieso kannst du es nicht ertragen, ein Geschenk anzunehmen?« sagt George. Er bekommt Rauch in die Augen; er blinzelt. »Wenn ich jünger wär, würd ich auf die Knie fallen. Ich würd dir beide Hände küssen. Glaub mir.«

Prue, die aus ungestümeren Tagen weiß, daß er solche Dinge tatsächlich getan hat, dreht sich auf dem Absatz um. »Zeit zum Mittagessen«, sagt sie. »Das wollte ich dir nur sagen.« Sie hat die Abweisung gespürt.

George betrachtet ihre weißen Shorts und die noch immer wohlgeformten Oberschenkel (allerdings mit leichten Fettgrübchen), die, zwinker-zwinker-zwinker, durch den hellen Sonnenschein gehen, am Bootshaus vorbei, über den Steinpfad, den Hügel hinauf zum Haus. Von dort oben ertönt eine Glocke: die Mittagsglocke. Dieses eine Mal in ihrem Leben hat Prue die Wahrheit gesagt.

George sieht noch einmal in die Zeitung. Quebec redet von Separatismus; bei Montreal verschanzen sich Mohawks hinter Barrikaden, und die Leute werfen Steine auf sie; wie es heißt, ist das Land dabei, auseinanderzufallen. George macht sich keine Sorgen: er ist früher schon in Ländern gewesen, die auseinanderfielen. Das kann auch Gelegenheiten mit sich bringen. Allerdings begreift er nicht, wieso die Leute hier soviel Aufhebens wegen der Sprache machen. Was ist schon eine zweite Sprache, eine dritte, eine vierte? George selbst spricht fünf, wenn man Russisch mitzählt, was er lieber nicht täte. Und was das Steinewerfen betrifft, das ist typisch. Keine Bombe, keine Kugeln: nur Steine. Sogar der Aufruhr ist hier gedämpft.

Er kratzt sich den Bauch unter dem weiten Hemd, das er trägt; er hat ein bißchen viel auf den Hüften. Dann drückt er die Zigarette aus, trinkt den Scotch und zieht sich aus dem Liegestuhl. Sorgfältig klappt er den Stuhl zusammen und stellt ihn in das Bootshaus: es könnte Wind aufkommen, und der Stuhl könnte in den See segeln. Die Habe und die Rituale von Wacousta Lodge behandelt er mit einer Zärtlichkeit, einer Ehrfurcht, die alle in Erstaunen versetzen würde, die ihn nur in der Stadt kennen. Trotz seiner von manchen als unorthodox bezeichneten Geschäftspraktiken ist er in gewisser Hinsicht ein konservativer Mann; er liebt Traditionen. Sie sind auf dem Boden dieses Landes nur dünn gesät, aber wenn ihm eine begegnet, erkennt er sie und zollt ihr seine Achtung. Diese Liegestühle hier sind, was andernorts die Wappen sind.

Als er den Hügel hinaufgeht, langsamer als früher, hört er, daß hinter dem Küchentrakt Holz gehackt wird. Er hört einen Lastwagen auf der Straße, die am See entlangführt; er hört den Wind in den Fichten. Er hört einen Eistaucher. Er erinnert sich an das erste Mal, als er einen gehört hat, und legt sich die Arme um die Schultern. Er hat es zu etwas gebracht.

Wacousta Lodge ist ein großer, rechteckiger, einstöckiger Bau mit holzverkleideten Wänden, die in einem dunklen rötlichen Braun gestrichen sind. Es wurde Anfang des Jahrhunderts von dem Urgroßvater der Familie errichtet, der einen Haufen Geld mit einer Eisenbahngesellschaft verdient hatte. Das Haus hatte auch ein Mädchenzimmer und ein Zimmer für die Köchin nach hinten hinaus, obwohl darin noch nie ein Mädchen oder eine Köchin gewohnt haben, nicht soviel George weiß, ganz gewiß nicht in den letzten Jahren. Das zerfurchte, schnauzbärtige Gesicht des Urgroßvaters, das über dem einschnürenden steifen Hemdkragen die Stirn runzelt, hängt, oval gerahmt, im Waschraum, der nur mit einem Waschbekken und einem Wasserkrug ausgerüstet ist. George erinnert sich an eine Zinkbadewanne, aber die wurde ausrangiert. Bäder finden im See statt. Für den Rest gibt es draußen ein Plumpsklo, das diskret hinter einer Kieferngruppe versteckt ist.

Was für eine Menge nackter und halbnackter Körper der alte Herr über die Jahre gesehen und wie er sie mißbilligt haben muß. Wenigstens wurde der alte Knabe nicht in das Plumpsklo verbannt: das wäre zuviel für ihn gewesen. George macht vor dem Urgroßvater eine kleine, abergläubische, seltsam japanische Verbeugung, bevor er hinausgeht. Das tut er immer. Die Anwesenheit dieses stirnrunzelnden Ahnentotems ist einer der Gründe, warum er sich hier oben mehr oder weniger benimmt.

Der Tisch für das Mittagessen ist auf der großen, fliegengittergeschützten Veranda vor dem Haus gedeckt, von der man auf den See blickt. Prue sitzt nicht daran, aber ihre beiden Schwestern: Pamela, die älteste, mit ihrer gelangweilten Miene, und die sanfte Portia, die jüngste von den dreien, die Georges Frau ist. Dann ist da noch Roland, der Bruder, breit, rundlich und mit beginnender Glatze. George, der bei rein gesellschaftlichen Anlässen mit Männern nicht viel im Sinn hat, weil es nur wenige Möglichkeiten gibt, sie zu manipulieren, nickt Roland höflich zu und richtet dann die volle Kraft seines Wolfslächelns auf die beiden Frauen. Pamela, die ihm nicht traut, sitzt mit geradem Rücken da und tut so, als bemerkte sie es nicht. Portia lächelt ihn an, ein wehmütiges, vages Lächeln, als wäre er eine Wolke. Roland ignoriert ihn, wenn auch nicht absichtlich, denn Roland besitzt das Innenleben eines Baums, möglicherweise eines Baumstumpfs.

George weiß nie, was Roland denkt, oder ob er überhaupt etwas denkt.

»Ist das Wetter nicht wunderbar?« sagt George zu Pamela. Im Lauf der Jahre hat er gelernt, daß hier oben jedes Gespräch mit dem Wetter zu beginnen hat. Pamela ist viel zu gut erzogen, um einer direkten Frage die Antwort zu verweigern.

»Wenn man Ansichtskarten mag«, sagt sie. »Wenigstens schneit es nicht.« Pamela ist erst kürzlich zum Frauendekan an ihrem College ernannt worden, ein Titel, dessen Bedeutung George noch immer nicht völlig versteht. Das Lexikon hat ihn belehrt, daß das Wort Dekan von »decanus« abgeleitet ist, einem Vorsteher von zehn Mönchen in einem Kloster. Es ist ebenso mysteriös wie vieles von dem, was Pamela sagt; unverständlich, aber so, als wenn es sich als bedeutungsvoll erweisen könnte, wenn man sich näher darauf einließe.

George würde gern mit Pamela ins Bett gehen, nicht weil sie hübsch ist – sie ist viel zu eckig und brettartig für seinen Geschmack, hat überhaupt keinen Hintern, und ihr Haar sieht aus wie getrocknetes Gras –, sondern weil er es noch nie getan hat. Außerdem möchte er gern wissen, was sie sagen würde. Sein Interesse an ihr ist rein anthropologisch. Oder vielleicht geologisch: sie müßte erstiegen werden, wie ein Gletscher.

»Hast du was Interessantes gelesen?« sagt Portia. »Du hast dir hoffentlich keinen Sonnenbrand geholt. Gibt es irgendwelche Neuigkeiten?«

»Falls man das Neuigkeiten nennen kann«, sagt Pamela. »Die Zeitung ist eine Woche alt. Warum steht ›Neuigkeiten‹ meist im Plural? Warum sagen wir nicht ›Altigkeiten‹?«

»George mag altes Zeug«, sagt Prue, die mit einem Tablett hereinkommt. Sie hat ein weißes Männerhemd über ihre Tücher gezogen, hat es aber nicht zugeknöpft. »Zum Glück für uns Damen, was? Greift zu, alle. Es gibt – mm! – Käse-

und-Chutney-Sandwiches und – mh! – Sardinen. George? Bier oder sauren Regen?«

George trinkt ein Bier und ißt und lächelt, ißt und lächelt, während die Familie um ihn herum redet – alle außer Roland, der seine Nahrung schweigend aufnimmt, mit unbeweglichem Blick durch die Bäume auf den See starrt. Manchmal denkt George, daß Roland seine Farbe ein wenig ändern kann, um mit dem Hintergrund zu verschmelzen; ganz im Unterschied zu George, der dazu verdammt ist, aufzufallen.

Pamela beschwert sich wieder über die ausgestopften Vögel. Es gibt drei davon, alle unter Glasglocken im Wohnzimmer: eine Ente, ein Eistaucher, ein Waldhuhn. Das war eine besonders helle Idee des Großvaters, es sollte zum jagdhüttenähnlichen Dekor passen: zu dem räudigen Bärenfell, mitsamt Klauen und Kopf; zum Miniaturkanu aus Birkenrinde auf dem Kaminsims; zu den Schneeschuhen, rissig und ausgetrocknet, die über Kreuz an die Wand genagelt sind; zur Hudson-Bay-Decke, die von Motten angegriffen an der anderen Wand hängt. Pamela ist überzeugt, daß die ausgestopften Vögel auch die Motten kriegen werden.

»Sie sind von innen bestimmt ein See von Maden«, sagt sie, und George versucht sich vorzustellen, wie ein See von Maden wohl aussehen würde. Es sind ihre metaphorischen Sprünge, ihre verschlungenen verbalen Pfade, die ihn durcheinanderbringen.

»Sie sind hermetisch abgeschlossen«, sagt Prue. »Weißt du: nichts geht rein, nichts kommt raus. Wie Nonnen.«

»Werd nicht eklig«, sagt Pamela. »Wir sollten sie auf Fraßmehl untersuchen.«

»Wen, die Nonnen?« sagt Prue.

»Was ist Fraßmehl?« sagt George.

»Kot von Maden«, sagt Pamela, ohne ihn anzusehen. »Wir könnten sie gefriertrocknen.«

»Geht das?« sagt Prue.

Prue, die in der Stadt immer als erste den Trends folgt – die erste weiße Küche, das erste Paar riesige Schulterpolster, den ersten Hosenanzug aus Leder – zögert hier oben genau wie die anderen, etwas zu ändern. Sie will, daß auf dieser Halbinsel alles ganz genauso bleibt, wie es immer gewesen ist. Und das tut es auch, allerdings mit einem allmählichen Absinken ins Schäbige. Aber George stört das Schäbige nicht. Wacousta Lodge ist ein kleines Stück Vergangenheit, eine fremde Vergangenheit. Er empfindet es als ein Privileg, hier zu sein.

Ein Motorboot, eins von diesen mit Plastikrumpf, diesen superschnellen, fährt, viel zu dicht, vorbei. Sogar Roland zuckt zusammen. Die Heckwelle rüttelt am Landungssteg.

»Die hasse ich«, sagt Portia, die an den ausgestopften Vögeln nicht viel Interesse gezeigt hat. »Noch ein Sandwich, Lieber?«

»Während des Krieges war es hier so schön ruhig«, sagt Pamela. »Da hättest du hier sein sollen, George.« Sie sagt es anklagend, als wäre es seine Schuld, daß er nicht hier war. »Fast gar keine Motorboote, wegen der Benzinrationierung. Mehr Kanus. Natürlich war die Straße da noch nicht gebaut, da gab es nur den Zug. Ich frag mich, warum wir ›Gedankengang‹ sagen und nie ›Gedankenfahrt‹?«

»Und Ruderboote«, sagt Prue. »Ich finde, man sollte diese Leute aus ihren Motorbooten herausholen und erschießen. Wenigstens die, die zu schnell fahren.« Prue fährt selbst wie eine Wahnsinnige, aber nur an Land.

George, der gesehen hat, wie Menschen rausgeholt und erschossen wurden, wenn auch nicht, weil sie mit dem Motorboot gefahren waren, lächelt und nimmt sich eine Sardine. Er hat selbst einmal drei Männer erschossen, obwohl nur zwei wirklich nötig gewesen wären. Der dritte war eine Vorsichtsmaßnahme. Er hat deswegen noch immer ein ungutes Gefühl, denkt an den möglicherweise Harmlosen mit seinen allzu unschuldigen Spitzelaugen, der blutbespritzten Hemdbrust. Aber es hätte wohl wenig Sinn, davon zu sprechen, beim Mittagessen oder zu sonst einer Zeit. George hat kein Verlangen danach, Menschen zu erschrecken.

Prue ist es gewesen, die ihn in den Norden gebracht hat, ihn hierher gebracht hat, als sie ihre Affäre hatten, die erste. (Wie viele Affären hat es gegeben? Sind sie voneinander zu trennen, oder sind sie in Wirklichkeit eine einzige lange Affäre mit Unterbrechungen, wie eine Schnur von Würsten? Die Unterbrechungen waren Prues Ehen, die nie lange hielten, vielleicht weil sie während ihrer Dauer monogam war. Er wußte es, wenn die Ehe sich ihrem Ende näherte: Dann klingelte in seinem Büro das Telefon, und Prue war dran und sagte: »George. Ich kann das nicht. Ich war so brav, aber jetzt kann ich nicht mehr. Er kommt ins Badezimmer, wenn ich mir mit Zahnseide die Zähne sauber mach. Ich sehne mich danach, mit dir in einem Fahrstuhl zu sein, zwischen den Etagen festzustecken. Erzähl mir irgendwas *Schmutziges*. Ich hasse die Liebe, du nicht?«)

Das erste Mal, als er hier war, wurde er in Ketten vorgeführt, in Prues Fußstapfen, wie ein Barbar in einem römischen Triumphzug. Definitiv eine Beute, auch ein vorsätzlicher Frevel. Er sollte dazu dienen, Prues Familie zu erschrecken, was er tat, wenn auch nicht mit Absicht. Sein Englisch war nicht gut, seine Haare glänzten, seine Schuhe waren zu spitz, seine Anzüge zu gebügelt. Er trug eine dunkle Brille, verteilte Handküsse. Damals lebte die Mutter noch, wenn auch nicht der Vater; so daß er vier Frauen gegen sich hatte, ohne jede Hilfe von dem undurchdringlichen Roland.

»Mutter, das ist George«, sagte Prue damals am Landungssteg, auf dem sie alle in ihren ererbten Liegestühlen saßen, die Töchter in Badeanzügen mit Hemden darüber, die Mutter in gestreiftem Pastell. »Das ist nicht sein richtiger Name, aber er läßt sich besser aussprechen. Er ist hier raufgekommen, um wilde Tiere zu sehen.«

George beugte sich hinunter, um die sommersprossige Hand der Mutter zu küssen, und seine dunkle Brille fiel in den See. Die Mutter stieß gurrende Töne des Mitgefühls aus, Prue lachte ihn aus, Roland ignorierte ihn, Pamela wandte sich irritiert ab. Aber Portia – die zauberhafte, schmalgliederige Portia mit ihren Samtaugen – zog wortlos das Hemd aus und sprang in den See. Sie holte ihm die dunkle Brille zurück, lächelte schüchtern, reichte sie ihm aus dem Wasser entgegen, ihr nasses Haar tropfte über ihre kleinen Brüste wie bei einer Wassernymphe eines Art-Nouveau-Brunnens, und da wußte er, daß sie es war, die er heiraten würde. Eine Frau von Höflichkeit und Takt und wenigen Worten, die nett zu ihm sein würde, die ihn decken würde; die die Sachen, die er fallenließ, aufheben würde.

Am Nachmittag nahm ihn Prue in einem der undichten mit Leinentuch bespannten Kanus aus dem Bootshaus mit auf den See. Er saß vorn, stocherte mit seinem Paddel albern im Wasser herum und dachte darüber nach, wie er Portia dazu bringen würde, ihn zu heiraten. Prue landete an einer felsigen Landzunge, führte ihn nach oben zwischen die Bäume. Sie wollte, daß er sie auf seine ausgefallene, wilde Art auf dem Rentiermoos und den Tannennadeln liebte; sie wollte irgendein Familientabu brechen. Was sie vorhatte, war ein Sakrileg: das war ihm so klar, als hätte er es schriftlich bekommen. Aber George hatte schon seinen Angriffsplan erdacht, und so vertröstete er sie. Er wollte Wacousta Lodge nicht entweihen: er wollte es heiraten.

An jenem Abend beim Essen vernachlässigte er alle drei Töchter zugunsten der Mutter: die Mutter war die Wächterin;

die Mutter war der Schlüssel. Trotz seines holprigen Vokabulars konnte er verheerend charmant sein, wie Prue allen verkündet hatte, während sie ihre Hühnersuppe mit Nudeln aßen.

»Wacousta Lodge«, sagte er zu der Mutter und richtete seine Narbe und seine glitzernden Piratenaugen im Licht der Petroleumlampe auf sie. »Das klingt so romantisch. Ist das der Name eines Indianerstamms?«

Prue lachte. »Es wurde nach irgendeinem blöden Buch benannt«, sagte sie. »Urgroßvater gefiel es, weil ein General es geschrieben hatte.«

»Ein Major«, sagte Pamela ernst. »Im 19. Jahrhundert. Major Richardson.«

»Ah?« sagte George und fügte diesen Posten seinem bereits wachsenden Vorrat an lokalen Traditionen hinzu. Es gab also Bücher hier, und Häuser, die nach ihnen benannt waren! Die meisten Menschen waren, was ihre Bücher betraf, empfindlich; vielleicht war es gut, ein bißchen Interesse zu zeigen. Und er war auch wirklich interessiert. Aber als er sich nach dem Inhalt des Buchs erkundigte, stellte sich heraus, daß keine der Frauen es gelesen hatte.

»Ich hab's gelesen«, sagte Roland unerwartet.

»Ah?« sagte George.

»Es ist über den Krieg.«

»Es steht im Regal im Wohnzimmer«, sagte die Mutter gleichgültig. »Sie können es sich nach dem Essen ansehen, wenn es Sie so sehr interessiert.«

Es war die Mutter (wie Prue ihm gesagt hatte), die die Schuld trug an den alliterierenden Namen. Sie war eine launische Frau, wenn auch nicht sadistisch; es war in dieser Zeit einfach üblich, daß die Eltern so etwas taten – daß sie ihren Kindern Namen gaben, die zueinander paßten, als kämen sie aus einem Buchstabenbuch. Der Bär, die Biene, der Buntspecht. Mary und Marjorie Murchison. David und Darlene Daly. Jetzt tat das niemand mehr. Aber natürlich hatte sich die Mutter nicht mit den Namen allein begnügt, sondern hatte sie auch noch in Spitznamen umgewandelt. Pam, Prue, Porsh. Prue ist der einzige Spitzname, der sich gehalten hat. Pamela ist jetzt zu würdevoll für ihren, und Portia sagt, es sei schon schlimm genug, mit einem Auto verwechselt zu werden, und warum sie nicht einfach Initialen haben kann?

Roland war, auf Drängen des Vaters, verschont geblieben. Prue war der Meinung, daß ihn das immer geärgert habe. »Woher willst du das wissen?« fragte George sie, während er mit der Zunge um ihren Nabel fuhr und sie nur in ihrem kurzen Hemd auf dem chinesischen Teppich in seinem Büro lag und eine Zigarette rauchte, eingerahmt von Blättern Papier, die beim einleitenden Geplänkel heruntergefallen waren. Sie hatte sich vergewissert, daß die Tür nicht verschlossen war: sie genoß das Risiko, daß jemand hereinkommen könnte, vorzugsweise Georges Sekretärin, die sie als Konkurrentin verdächtigte. Welche Sekretärin, und wann war das? Die verstreuten Papiere waren Teile einer Übernahmekampagne – die Adams-Gruppe. Nur so konnte sich George der verschiedenen Episoden mit Prue vergewissern: indem er sich in Erinnerung rief, welche Gaunerei er zu dieser Zeit gerade begangen hatte. Er war schnell zu Geld gekommen, und dann zu noch mehr. Es war viel leichter gewesen, als er geglaubt hatte; es war wie das Aufspießen von Fischen bei Lampenlicht. Diese Leute waren lax und gutgläubig und durch einen Hinweis auf ihre Intoleranz oder ihren Mangel an Gastfreundschaft gegenüber Fremden leicht in Verlegenheit zu bringen. Sie waren auf ihn nicht vorbereitet. Er hatte sich wohl gefühlt wie ein Missionar unter den Hawaiianern. Nur die Andeutung von Widerstand, und er verstärkte seinen Akzent und machte dunkle Andeutungen über kommunistische Greueltaten. Entwaffne den Feind mit der Moral, und dann greif dir, soviel du kriegen kannst.

Nach diesem ersten Essen waren sie alle ins Wohnzimmer gegangen, hatten ihre Tassen Kaffee mitgenommen. Auch dort waren Petroleumlampen – alte, mit runden Kugelschirmen. Prue nahm George schamlos an der Hand und führte ihn zu dem Bücherregal, auf dem eine Muschelsammlung und Treibholzstücke aus der Kindheit der Mädchen lagen. »Hier ist es«, sagte sie. »Lies es und heul.« Sie ging, um ihm frischen Kaffee zu holen. George schlug das Buch auf, eine alte Ausgabe, die, wie er gehofft hatte, ein Frontispiz mit einem zornig blickenden Krieger mit Tomahawk und Kriegsbemalung aufwies. Dann ließ er den Blick über die Buchrükken gleiten. *Von Meer zu Meer. Die Wildtiere meines Lebens. Die gesammelten Gedichte von Robert W. Service. Die Geschichte unseres Empires. Tips für die Wildnis.*

»Tips für die Wildnis«, machte ihn stutzig. »Wildnis« war ihm bekannt, aber »Tips«? Er war sich nicht sofort darüber im klaren, ob dieses Wort ein Name oder ein Substantiv war. Aber wahrscheinlich war es eine Art Hinweis, wie in der Rubrik »Praktische Tips für Hausfrauen« in den Frauenmagazinen, die er immer las, um sein Englisch zu verbessern – die Wörter waren ziemlich einfach, und es waren Bilder dabei, was eine große Hilfe war.

Als er das Buch aufschlug, sah er, daß er richtig geschätzt hatte. *Tips für die Wildnis* trug das Erscheinungsjahr 1905. Da war ein Foto von dem Autor in einer dicken karierten Wolljacke und einem Filzhut, der eine Pfeife rauchte und ein Kanu paddelte, vor einem Hintergrund, der mehr oder weniger zeigte, was man hier durch das Fenster sah: Wasser, Inseln, Felsen, Bäume. Das Buch selbst beschrieb, wie man nützliche Dinge tat, etwa wie man kleine Tiere mit der Schlinge fing und sie zubereitete – etwas, das George selbst schon getan hatte, wenn auch nicht im Wald – oder wie man bei Regen Feuer machte. Zwischen den Anleitungen gab es lyrische Absätze über die Freuden der Ungebundenheit und Freiheit in der Natur, dazu Schilderungen des Fischfangs und von Sonnenuntergängen. George nahm das Buch mit zu einem Sessel neben eine der Kugellampen; er wollte etwas darüber lesen, wie man Tieren das Fell abzog – aber Prue kam mit seinem Kaffee zurück, und Portia bot ihm Pralinen an, und er wollte nicht riskieren, eine der beiden zu verärgern, nicht in diesem frühen Stadium. Dazu war später noch Zeit.

Jetzt geht George wieder in das Wohnzimmer, wieder mit einer Tasse Kaffee. Inzwischen hat er alle Bücher der Sammlung des Urgroßvaters gelesen. Er ist der einzige, der das getan hat.

Prue folgt ihm. Die Frauen wechseln sich mit Tischabräumen und Geschirrabwaschen ab, und sie ist nicht an der Reihe. Rolands Job ist das Holzhacken. Einmal wurde der Versuch unternommen, George dazu zu bringen, mit dem Geschirrtuch Dienst zu tun, aber er ließ vergnügt drei Weingläser fallen, brach in laute Klagen über seine Tolpatschigkeit aus und hat seither seine Ruhe.

»Willst du noch Kaffee?« sagt Prue. Sie steht dicht neben ihm, bietet ihr offenes Hemd an, die beiden Tücher. George ist sich nicht sicher, ob er wieder etwas mit ihr anfangen soll, aber er stellt seinen Kaffee oben auf das Bücherregal und legt die Hand auf ihre Hüfte. Er will prüfen, ob er noch Chancen hat, will sichergehen, daß er noch willkommen ist. Prue stößt einen Seufzer aus – einen langen Seufzer der Begierde, oder der Erbitterung, oder beides.

»Ach, George«, sagt sie. »Was soll ich nur mir dir tun?«

»Was du willst«, sagt George, den Mund dicht an ihrem Ohr. »Ich bin Wachs in deinen Händen.« In ihrem Ohrläppchen steckt ein winziger silberner Ohrring in Form einer Muschel. Er unterdrückt den Impuls, daran zu knabbern.

»George, der Neugierige«, sagt sie. Es ist einer ihrer alten Spitznamen für ihn. »Du hattest früher Augen wie ein junger Ziegenbock. Lüsterne Augen.«

Und jetzt bin ich ein alter Bock, denkt George. Er kann nicht widerstehen, er möchte wieder jung sein; seine Hand gleitet unter ihr Hemd.

»Später«, sagt Prue triumphierend. Sie tritt zurück und lächelt ihr flimmerndes Lächeln, und George stößt mit dem Ellbogen seine Kaffeetasse um.

»Fene egye meg«, sagt er, und Prue lacht. Sie kennt diesen Fluch, und auch schlimmere.

»Trottel«, sagt sie. »Ich hol 'nen Lappen.«

George steckt sich eine Zigarette an und wartet, daß sie zurückkommt. Aber es ist Pamela, die stirnrunzelnd und mit einem zerfetzten Wischtuch und einer Metallschüssel in der Tür erscheint. Garantiert ist Prue eingefallen, daß sie etwas Dringenderes zu tun hat. Wahrscheinlich sitzt sie auf dem Plumpsklo, blättert in einer Illustrierten und schmiedet Pläne, überlegt, wann und wo sie ihn das nächste Mal verführen soll.

»Also, George, was hast du wieder angestellt?« sagt Pamela wie zu einem kleinen Hündchen. Wenn sie eine zusammengerollte Zeitung hätte, denkt George, würde sie mir einen Klaps auf die Nase geben.

»Es stimmt, ich bin ein Dummkopf«, sagt George liebenswürdig. »Aber das wußtest du ja schon immer.«

Pamela kniet sich hin und beginnt zu wischen. »Wenn die Mehrzahl von ›Loch‹ ›Löcher‹ ist, was ist dann die Mehrzahl von ›Kopf‹?« sagt sie. »Warum nicht ›Köpfer‹?« George wird klar, daß eine Menge von dem, was sie sagt, nicht an ihn oder sonst jemanden gerichtet ist, sondern einfach an sie selbst. Kommt das etwa daher, weil sie glaubt, daß niemand sie hören kann? Er findet ihren Anblick unten am Boden, auf den Knien, suggestiv – sogar erregend. Er kann sie riechen: Seifenflocken, ein Hauch von etwas Süßem. Handlotion? Ihr Hals und ihre Kehle sind anmutig. Er überlegt, ob sie je einen Liebhaber hatte, und wenn ja, wie er war. Ein unsensibler Mann, ungeschickt. Ein Dummkopf.

»George, du rauchst wie ein Schlot«, sagt sie, ohne sich umzudrehen. »Du solltest wirklich damit aufhören, es wird dich noch umbringen.«

George denkt über das nach, was sie gesagt hat: »Wie ein Schlot rauchen.« Er sieht sich als Drachen, der Rauch und Feuer speit, aus dessen gierigem Rachen rote Flammen schlagen. Ist das ihre Version von ihm? »Das könnte dir so passen«, sagt er und beschließt impulsiv, einen Frontalangriff zu versuchen. »Du würdest mich am liebsten sechs Fuß unter der Erde sehen. Du konntest mich noch nie leiden.«

Pamela hört auf zu wischen und sieht ihn über die Schulter an. Dann steht sie auf und wringt das schmutzige Tuch über der Schüssel aus. »Das ist kindisch«, sagt sie ruhig, »und deiner unwürdig. Du brauchst Bewegung. Heut nachmittag nehm ich dich im Kanu mit.«

»Du weißt, daß das bei mir hoffnungslos ist«, sagt George wahrheitsgemäß. »Ich fahr immer auf Felsen. Ich seh sie nicht.«

»Geologie ist Schicksal«, sagt Pamela wie zu sich selbst. Sie betrachtet finster den ausgestopften Eistaucher unter seiner Glasglocke. Sie denkt nach. »Ja«, sagt sie schließlich. »Dieser See ist voller verborgener Felsen. Es kann gefährlich sein. Aber ich passe schon auf dich auf.«

Flirtet sie mit ihm? Kann so eine Eisblume flirten? George kann es kaum glauben, aber er lächelt sie an, während er die Zigarette mitten im Mund hält, seine Eckzähne entblößt, und zum ersten Mal in ihrer beider Leben lächelt Pamela zurück. Ihr Mund sieht völlig anders aus, wenn sie die Winkel nach oben zieht; es ist, als sähe er sie auf dem Kopf stehend. Die Schönheit ihres Lächelns überrascht ihn. Es ist kein wissendes Lächeln, wie das von Prue, und auch nicht das einer Heiligen wie bei Portia. Es ist das Lächeln eines Kobolds, eines boshaften Kindes, mit etwas drin, das er nie bei ihr erwartet hätte. Einer Großzügigkeit, Sorglosigkeit, Größe. Sie hat etwas, das sie ihm geben möchte. Was könnte das sein?

•

Nach dem Mittagessen und einer Verdauungspause fängt Roland wieder an, neben der Holzhütte hinter der Küche Holz zu hacken. Er schlägt Birkenholz – von einem sterbenden Baum, den er vor einem Jahr gefällt hat. Die Biber hatten sich darüber hergemacht, haben es sich dann aber wieder anders überlegt. Weiße Birken leben sowieso nicht lange. Er hatte die Motorsäge benutzt, hatte den Stamm säuberlich in Stücke gesägt, das Blatt war durch das Holz geglitten wie ein Messer durch Butter, das Geräusch hatte alle anderen Geräusche ausgelöscht – den Wind und die Wellen, das Gejaule der Lastwagen vom Highway am anderen Ufer. Er mag keine Maschinengeräusche, aber sie lassen sich leichter ertragen, wenn man sie selbst verursacht, wenn man sie unter Kontrolle hat. Wie Gewehrschüsse.

Nicht, daß Roland schießen würde. Früher hat er es getan: früher hat er während der Saison Rotwild gejagt, aber das ist jetzt zu unsicher, zu viele Leute laufen da rum – Italiener, und wer weiß, was noch –, sie schießen auf alles, was sich bewegt. Auf jeden Fall hat er den Spaß am Endresultat verloren – die Kadaver mit den Geweihen, die, wie grotesker Kühlerschmuck vorn auf die Motorhauben gebunden werden, die prächtigen, ermordeten Köpfe, die mit stumpfen Augen von den Dächern der Minivans starren. Er kann verstehen, daß man Wild erlegt, um es zu essen, aber nur um einen Kopf abzuschneiden und ihn sich an die Wand zu hängen? Was beweist das schon, außer daß ein Hirsch nicht abdrücken kann?

Er spricht diese Gefühle nie aus. Er weiß, daß man sie an seinem Arbeitsplatz, den er haßt, gegen ihn wenden würde. Sein Job ist es, für andere Leute Geld zu verwalten. Er weiß, daß er nicht besonders gut ist, nicht nach den Maßstäben seines Urgroßvaters. Jeden Morgen, wenn er sich rasiert, funkelt ihn der alte Mann böse aus dem Rosenholzrahmen im Waschraum an. Sie wissen es beide: wenn Roland gut wäre, dann wäre er auf den Beinen, um Beute zu machen, dann würde er nicht dasitzen und Erbsen zählen. Dann hätte er irgendeinen grauen, harmlosen, unzufriedenen Mann, der an seiner Stelle die Erbsen zählen würde. Ein ganzes Regiment davon. Ein Regiment von Männern, wie er selbst einer ist.

Er hebt einen Birkenklotz hoch, stellt ihn aufrecht auf den Hackklotz, schwingt die Axt. Ein sauberer Schnitt, aber er ist aus der Übung. Morgen wird er Blasen haben. Noch eine Weile, dann wird er aufhören, sich bücken und aufschichten, sich bücken und aufschichten. Es ist schon genügend Holz da, aber er macht es gern. Es ist eines der wenigen Dinge, die ihm Spaß machen. Lebendig fühlt er sich nur hier oben.

Gestern ist er direkt aus der Stadtmitte hier heraufgefahren, an den Lagerhäusern und Fabriken und glänzenden Glastürmen vorbei, die anscheinend über Nacht in die Höhe geschossen sind; an den Vorstadtsiedlungen vorbei, die, darauf könnte er schwören, im letzten Jahr, im letzten Monat noch nicht da gewesen waren. Kilometerweit kein Baum, dafür kleine neue

Häuser mit kleinen spitzen Dächern – wie Zelte, wie eine Invasion. Die Zelte von Goten und Vandalen. Die Zelte von Hunnen und Magyaren. Die Zelte von George.

Seine Axt saust auf den Kopf von George hinunter, der sich in zwei Hälften spaltet. Wenn Roland gewußt hätte, daß George an diesem Wochenende hier sein würde, wäre er nicht gekommen. Diese verdammte Prue mit ihren albernen Halstüchern und ihrem offenen Hemd und ihren mittelalterlichen Brüsten, die sie wie heiße Brötchen mit Sardinen und Käse darbietet, und George, dessen schmieriger Blick überall an ihrem Körper klebt, und Portia, die so tut, als merkte sie nichts. Diser verdammte George mit seinen dunklen Geschäften und seinen Schmiergeldern für die Ratsherren der Stadt; dieser verdammte George mit seinen Millionen und seinem unechten übertriebenen Charme. George sollte in der Stadt bleiben, wo er hingehört. Schon da ist er schwer zu ertragen, aber da kann Roland ihm wenigstens aus dem Weg gehen. Hier in Wacousta Lodge ist er unerträglich, stolziert durch die Gegend, als gehörte sie ihm. Noch nicht. Wahrscheinlich wartet er nur darauf, bis sie alle abgekratzt sind, um dann ein lukratives Altersheim für reiche Japaner daraus zu machen. Er wird ihnen, mit riesigem Gewinn, Natur verkaufen. So was würde George tun.

Roland hatte auf den ersten Blick gesehen, daß der Mann eine Eidechse war. Warum hatte Portia ihn geheiratet? Sie hätte jemand Anständiges heiraten können, George Prue überlassen können, die ihn Gott weiß wo aufgegabelt und wie einen preisgekrönten Fisch zur Schau gestellt hatte. Prue hatte ihn verdient; Portia nicht. Aber warum gab Prue ihn kampflos auf? Das paßte gar nicht zu ihr. Es ist, als habe es irgendeinen Handel gegeben, irgendeine unsichtbare Abmachung zwischen ihnen. Portia kriegte George, aber was tauschte sie dafür ein? Was hatte sie aufgeben müssen?

Portia war immer seine Lieblingsschwester gewesen. Sie war die Jüngste, das Baby. Prue, die die Zweitjüngste war, hatte sie immer schrecklich gehänselt, obwohl Portia bemerkenswert lange brauchte, bis sie zu weinen anfing. Statt dessen hatte sie immer so geguckt, als könne sie sich nicht recht erklären, was Prue ihr antat, oder warum. Und dann war sie weggegangen, um allein zu sein. Roland kam dann zu ihrer Verteidigung, und es gab einen Streit, und Roland wurde beschuldigt, auf seiner Schwester herumzuhacken, und bekam zu hören, daß er sich nicht so benehmen dürfe, weil er ein Junge war. Welche Rolle Pamela bei all dem gespielt hatte, weiß er nicht mehr. Pamela war älter als sie alle und hatte ihre eigenen Pläne, in die niemand sonst einbezogen zu sein schien. Pamela las beim Abendessen und fuhr allein mit dem Kanu los. Pamela durfte das.

In der Stadt gingen sie auf verschiedene Schulen oder in verschiedene Klassen; das Haus war groß, und jeder hatte seine Pfade, sein eigenes Lager. Nur hier überschnitten sich die Territorien. Wacousta Lodge, das so friedlich aussah, ist für Roland der Schauplatz der Familienkriege.

Wie alt war er gewesen – neun? zehn? –, damals, als er Prue fast umgebracht hätte? Es war in dem Sommer, in dem er Indianer sein wollte – er hatte *Tips für die Wildnis* gelesen. Damals hatte er das Buch immer heimlich aus dem Regal geholt und mit nach draußen genommen, hinter den Holzschuppen, und dann darin gelesen, immer wieder von vorn. *Tips für die Wildnis* sagte einem, wie man auf sich allein gestellt in den Wäldern überleben konnte – etwas, wonach er sich sehnte. Wie man Unterkünfte baute, wie man aus Fellen Kleider machte, wie man eßbare Pflanzen fand. Es waren auch grafische Darstellungen dabei und Federzeichnungen – von Tierfährten, von Blättern und Samen. Beschreibungen der verschiedenen Arten von Tierexkrementen. Er weiß noch, wie er zum ersten Mal Bärenkot fand, frisch und übelriechend und purpurrot von Blaubeeren. Es jagte ihm einen höllischen Schreck ein.

Es stand auch eine Menge über die Indianer darin; wie edel sie waren, wie mutig, treu, sauber, ehrerbietig, gastfreundlich und ehrenhaft. (Schon diese Wörter klingen heute überholt, archaisch. Wann hatte Roland das letzte Mal gehört, daß jemand als *ehrenhaft* bezeichnet wurde?) Sie griffen nur in Selbstverteidigung an, damit ihnen ihr Land nicht gestohlen wurde. Sie gingen auch anders. Auf Seite 208 waren Fußabdrücke abgebildet, einer von einem Indianer und einer von einem Weißen: der Weiße trug mit Nägeln beschlagene Stiefel, und seine Zehen zeigten nach außen; der Indianer trug Mokassins, und seine Füße zeigten ganz gerade nach vorn. Seit dieser Zeit ist sich Roland immer seiner Füße bewußt gewesen. Er dreht die Zehen noch immer ein bißchen nach innen, um dem entgegenzuwirken, was ihm wie ein genetisch programmiertes Watscheln vorkommt.

In jenem Sommer lief er immer mit einem Geschirrtuch herum, das er sich vorn in seine Badehose stopfte – als Lendentuch, und er malte sich das Gesicht mit Holzkohle aus der Feuerstelle an, dazu mit roter Farbe, die er aus Prues Malschachtel stibitzt hatte. Er versteckte sich draußen hinter den Fenstern, lauschte. Um Rauchsignale auszuprobieren, zündete er unten beim Bootshaus ein kleines Stück Gebüsch an, löschte es aber wieder, bevor er erwischt wurde. Mit einem ledernen Schnürsenkel, den er sich von einem Stiefel seines Vaters lieh (der lebte da noch), befestigte er einen länglichen Stein an einem Stock. Er schlich sich an Prue ran, die auf dem Landungssteg Comics las und die Beine ins Wasser baumeln ließ.

Er hatte seine Steinaxt. Er hätte ihr den Schädel einschlagen können. Natürlich war sie nicht Prue: sie war Custer, sie war Verrat, sie war der Feind. Er ging sogar so weit, die Axt zu heben, die überzeugende Silhouette zu beobachten, die sein Schatten auf dem Landungssteg abgab. Dann fiel der Stein herunter, auf seinen nackten Fuß. Er schrie vor Schmerzen auf. Prue wandte sich um, sah ihn, ahnte sofort, was er getan hatte, und lachte sich krank. Und *da* hätte er sie fast getötet. Das andere, der Stein, war nur ein Spiel gewesen.

Die ganze Sache war nur ein Spiel gewesen, aber es tat weh, davon abzulassen. Er hatte sich so sehr gewünscht, an diese Art Indianer zu glauben, an die Art in dem Buch. Es war für ihn so wichtig gewesen, daß sie existierten.

Bei der Fahrt hier herauf war er an einer Gruppe wirklicher Indianer vorbeigekommen, drei, an einem Blaubeerstand. Sie trugen Jeans und T-Shirts und Tennisschuhe, genau wie alle anderen auch. Einer von ihnen hatte ein Transistorradio. Neben dem Stand parkte ein gepflegter kastanienbrauner Minivan. Was erwartete er denn auch, Federn? All das war schon vorbei, verloren, zugrunde gerichtet gewesen, viele, viele Jahre, bevor er geboren wurde.

Er weiß, daß das alles Unsinn ist. Er ist schließlich ein Erbsenzähler; er hat mit der harten Währung der Realität zu tun. Wie kann man etwas verlieren, das einem von Anfang an nicht gehört hat? (Aber das kann man, denn *Tips für die Wildnis* hatte ihm einmal gehört, und er hatte es verloren. Er hatte das Buch heute aufgeschlagen, vor dem Mittagessen, nach vierzig Jahren. Da war das unschuldige, etwas verstaubte Vokabular, das ihn einmal inspiriert hatte: Männlichkeit in Großbuchstaben, Mut, Ehre. Der Geist der Wildnis. Es war naiv, großspurig, lächerlich. Es war Staub.)

Roland hackt mit seiner Axt. Der Laut fährt durch die Bäume, über die kleine Lichtung links von ihm, prallt an dem hohen Kamm eines Felsens ab, ruft ein schwaches Echo hervor. Es ist ein alter Laut, ein Laut, der übriggeblieben ist.

Portia liegt auf ihrem Bett, lauscht dem Geräusch, das Roland beim Holzhacken macht, und hält ihren Mittagsschlaf. Sie hält ihren Mittagsschlaf, wie sie es immer tut – ohne zu schlafen. Der Mittagsschlaf wurde ihr früher von ihrer Mutter aufgezwungen. Jetzt hält sie ihn einfach. Als sie klein war, hat sie immer so hier gelegen – in Sicherheit vor Prue –, im Zimmer ihrer Eltern, im Doppelbett ihrer Eltern, das jetzt ihr und George gehört. Sie hat an alle möglichen Dinge gedacht; in den Astlöchern der Fichtendecke hat sie Gesichter und Tierformen gesehen und Geschichten über sie erfunden.

Jetzt handeln die einzigen Geschichten, die sie noch erfindet, von George. Wahrscheinlich sind sie sogar noch unrealistischer als die Geschichten, die er sich über sich selbst erfindet, aber wirklich wissen kann sie es nicht. Manche lügen instinktiv, und manche lügen nicht, und die es nicht tun, sind denen, die es tun, ausgeliefert.

Prue, zum Beispiel ist eine unbekümmerte Lügnerin. Das ist sie schon immer gewesen; es macht ihr Spaß. Als sie noch Kinder waren, sagte sie immer: »Schau mal, du hast ganz viel Rotz an der Nase«, und Portia rannte zum Spiegel im Waschraum. Es war nichts da, aber daß Prue es gesagt hatte, machte es irgendwie wahr, und Portia schrubbte und schrubbte, bemühte sich, unsichtbaren Schmutz abzuwaschen, während sich Prue halb totlachte. »Glaub ihr doch nicht«, hatte Pamela immer gesagt. »Sei doch nicht so dumm.« Aber manchmal waren die Dinge, die Prue sagte, wahr, wie sollte man es also wissen?

George ist genauso. Er blickt ihr in die Augen und lügt mit einer solchen Zärtlichkeit, einer solchen Innigkeit, einer solchen Traurigkeit darüber, daß sie ihm nicht traut, daß sie ihn nicht zur Rede stellen kann. Ihn zur Rede zu stellen, würde sie zynisch und hart machen. Sie will sich lieber küssen lassen; sie will sich geliebt wissen. Sie will lieber glauben.

Natürlich wußte sie von Anfang an über George und Prue Bescheid. Es war ja Prue gewesen, die ihn zuerst hier heraufgebracht hatte. Aber nach einer Weile schwor George, daß die Sache mit Prue nichts Ernstes gewesen sei, und vorbei sei sie in jedem Fall. Prue selbst schien es nichts auszumachen. Sie hatte George bereits gehabt, wie sie andeutete; er war abgetragen, wie ein Kleid. Wenn Portia ihn als nächstes haben wollte, machte ihr das nichts aus. »Bedien dich«, sagte sie. »Gott weiß, daß von George genügend für alle da ist.«

Portia wollte es so machen, wie Prue es machte; sie wollte sich die Hände schmutzig machen. Sie wollte eine intensive Beziehung, gefolgt von einer gleichgültigen Trennung. Aber sie war zu jung: sie konnte das einfach nicht. Sie war aus dem See aufgetaucht und hatte George seine dunkle Brille gereicht, und er hatte sie nicht auf die richtige Art angesehen: mit Verehrung, nicht mit Leidenschaft – ein offener Blick, ohne etwas Schmutziges darin. Nach dem Essen an jenem Abend hatte er mit makelloser Höflichkeit zu ihr gesagt: »Das alles hier ist so neu für mich. Ich wünsche mir, daß Sie für mich in diesem wunderbaren Land zur Führerin werden.«

»Ich?« sagte Portia. »Ich weiß nicht. Und Prue?« Sie hatte bereits ein schlechtes Gewissen.

»Prue hat für Verpflichtungen nichts übrig«, sagte er (was völlig richtig war, das hatte sie nicht, und daß George es begriff, war beeindruckend). »Aber Sie schon. Ich bin Gast: Sie sind der Gastgeber.«

»Die Gastgeberin«, sagte Pamela, die gar nicht zugehört zu haben schien. »Den Gast gibt es nur in männlicher Form. Es gibt aber sowohl einen Gastgeber als auch eine Gastgeberin.«

»Ich finde, Sie haben eine sehr intellektuelle Schwester«, sagte George lächelnd, als sei diese Eigenschaft von Pamela eine Kuriosität, oder vielleicht eine Mißbildung. Pamela warf ihm einen Blick purer Abneigung zu, und seit dieser Zeit hat sie nie wieder irgendwelche Anstrengungen gemacht, ihm entgegenzukommen. Was sie angeht, könnte er genausogut ein Holzklotz sein.

Aber Portia macht Pamelas Gleichgültigkeit nichts aus; sie freut sich sogar darüber. Früher wollte sie immer mehr wie Prue sein, aber jetzt ist es Pamela. Pamela, die in den fünfziger Jahren als so exzentrisch und seltsam und unscheinbar angesehen wurde, scheint jetzt die einzige von ihnen zu sein, die es richtig macht. Freiheit bedeutet nicht, einen Haufen Männer zu haben, nicht, wenn man glaubt, es zu müssen. Pamela macht, was sie will, nicht mehr und nicht weniger.

Es ist eine gute Sache, daß es wenigstens eine Frau im Universum gibt, die George gegenüber vollkommen gleichgültig ist. Portia wünschte, sie könnte auch so gelassen sein. Selbst nach zweiunddreißig Jahren ist sie noch immer in der Atemlosigkeit, der engen Luft der Liebe gefangen. Es ist noch genauso wie in jener ersten Nacht, als er sich heruntergebeugt hatte, um ihr einen Kuß zu geben (unten beim Bootshaus, nach einem abendlichen Paddelausflug), als sie dort wie ein Reh im grellen Licht der Scheinwerfer gestanden hatte, erstarrt, während sich etwas Gewaltiges und Unaufhaltsames auf sie herabsenkte, und sie auf das Kreischen der Bremsen wartete, den Schock des Zusammenpralls. Aber ein solcher Kuß war es nicht gewesen: Sex war es nicht, was George von ihr wollte. Er hatte das andere gewollt – die weißen Baumwollblusen der Ehefrau, die Kinderwiegen. Er ist traurig, daß sie keine Kinder haben.

Er war so ein schöner Mann, damals. Schöne Männer gab es genug, aber im Vergleich zu ihm schienen die anderen leer, unbeschrieben. Er ist der einzige, den sie je gewollt hat. Aber sie kann ihn nicht haben, das kann niemand. George hat sich selbst, und er läßt sich nicht los.

Das ist es, was Prue treibt: sie möchte ihn am Ende doch zu fassen kriegen, ihn öffnen, ein Zugeständnis aus ihm herauswringen. Er ist der einzige Mensch in ihrem Leben, bei dem sie es nie geschafft hat, ihn herumzukommandieren oder zu ignorieren oder zu betrügen oder klein zu machen. Portia weiß immer, wann Prue wieder zum Angriff übergeht: es gibt verräterische Hinweise; es gibt stumme Telefonanrufe; es gibt die ernsten, melancholischen Lügen von George – ein untrügliches Zeichen. Er weiß, daß sie es weiß; er schätzt an ihr, daß sie nichts sagt; sie läßt es zu, geschätzt zu werden.

Aber im Moment spielt sich nichts ab. Nicht jetzt, nicht hier oben, nicht in Wacousta Lodge. Das würde Prue nicht wagen, und George auch nicht. Er weiß, wo für sie die Grenze ist; er kennt den Preis ihres Schweigens.

Portia sieht auf die Uhr: ihr Mittagsschlaf ist vorbei. Wie gewöhnlich ist er nicht sehr erholsam gewesen. Sie steht auf, geht in den Waschraum, benetzt ihr Gesicht. Sie legt etwas Creme auf, massiert sie rund um ihre schlaffen Augen ein. In diesem Alter stellt sich einem die Frage, welchem Hund man in Kürze ähneln wird. Sie wird ein Beagle sein, Prue – ein Terrier. Pamela wird ein Afghane sein oder irgend etwas ähnlich Unirdisches.

Ihr Urgroßvater beobachtet sie im Spiegel, mißbilligt sie, wie er es immer getan hat, obwohl er längst tot war, als sie geboren wurde. »Ich hab das Beste getan, was ich tun konnte«, sagt sie zu ihm. »Ich hab einen Mann geheiratet, der so ist wie du. Einen Raubritter.« Nie wird sie ihm gegenüber oder irgend jemand anderem gegenüber zugeben, daß es vielleicht ein Fehler war. (Warum taucht ihr Vater nie in ihrem Innenleben auf? Weil er nicht da war, nicht einmal als Bild. Er war im Büro. Selbst im Sommer – besonders im Sommer – war er eine Abwesenheit.)

Draußen vor dem Fenster hat Roland mit dem Holzhacken aufgehört und sitzt auf dem Hackklotz, hat die Arme auf die Knie gestützt, läßt die großen Hände baumeln und starrt hinaus in die Bäume. Ihn hat sie am liebsten; er war es, der sie immer verteidigt hat. Das hat aufgehört, als sie George heiratete. Prue gegenüber wußte Roland, was er tun konnte, aber George verwirrte ihn. Kein Wunder. Portias Liebe schützt George, sie hüllt ihn ein. Portias dumme Liebe.

Wo ist George? Portia geht durch das Haus, sucht ihn. Gewöhnlich hat er sich zu dieser Tageszeit im Wohnzimmer auf der Couch ausgestreckt, döst; aber dort ist er nicht. Sie sieht sich in dem leeren Zimmer um. Alles ist wie immer: die Schneeschuhe an der Wand, das Birkenrindenkanu, mit dem sie immer hatte spielen wollen, aber nicht durfte, weil es ein Souvenir war, der Vorleger aus Bärenfell, stumpf, mit kahlen Stellen. Dieser Bär ist einmal ein Freund gewesen, er hatte sogar einen Namen, aber den hat sie vergessen. Auf dem Bücherbord steht eine leere Kaffeetasse. Das ist ein Ausrutscher, ein Versehen; sie sollte dort nicht stehen. Sie spürt die ersten Regungen des Gefühls, das sie immer hat, wenn sie weiß, daß George mit Prue zusammen ist, ein Gefühl von Taubheit, das am unteren Teil der Wirbelsäule beginnt. Aber nein, Prue liegt in der Hängematte auf der Veranda und liest eine Zeitschrift. Es kann sie nicht zweimal geben.

»Wo ist George?« fragt Portia, obwohl sie weiß, daß sie es nicht sollte.

»Woher, zum Teufel, soll ich das wissen?« sagt Prue. Ihre Stimme klingt mürrisch, als würde sie sich das gleiche fragen. »Was ist los – hat er sich von der Leine gerissen? Komisch, hier oben gibt's doch gar keine Sekretärinnen.« An der Sonne macht sie einen unordentlichen Eindruck: Ihr zu orangefarbener Lippenstift windet sich bis in die winzigen Fältchen um ihren Mund; ihr Pony hat einen seltsamen Bronzeton; sie scheint Probleme zu haben.

»Es gibt keinen Grund, gemein zu sein«, sagt Portia. Das hat ihre Mutter immer zu Prue gesagt, über dem Körper einer zerstückelten Puppe, über einer zerstörten Sandburg, über einer gestohlenen Flasche Nagellack, die an die Wand geschleudert worden war; und Prue hatte darauf damals nie antworten können. Aber jetzt ist ihre Mutter nicht da, um es zu sagen.

»Doch, den *gibt* es«, sagt Prue heftig. »Es gibt einen Grund.«

Gewöhnlich würde Portia einfach weggehen, so tun, als habe sie nichts gehört. Jetzt sagt sie: »Wieso?«

»Weil du von allem immer das beste gekriegt hat«, sagt Prue.

Portia ist erstaunt. Sie ist doch die Stille, der Schatten; hat sie nicht immer das Mauerblümchen gespielt, während Prue durchs Leben tanzte? »Was?« sagt sie. »Was hab ich immer gehabt?«

»Du warst immer zu gut, um wahr zu sein«, sagt Prue voller Verbitterung. »Warum bleibst du bloß bei ihm? Ist es das Geld?«

»Er hatte keinen Heller, als ich ihn geheiratet hab«, sagt Portia nachsichtig. Sie fragt sich, ob sie Prue haßt oder nicht. Sie ist sich nicht sicher, wie sich richtiger Haß anfühlen würde. Auf jeden Fall verliert Prue diesen straffen, gefährlichen Körper, mit dem sie soviel Unheil angerichtet hat, und was bleibt ihr dann noch, wenn der weg ist? An Waffen, meint sie.

»Als *er dich* geheiratet hat, meinst du«, sagt Prue. »Als Mutter dich verheiratet hat. Du hast das einfach geschehen lassen, der kleine Einfaltspinsel, der du warst.«

Portia fragt sich, ob das wahr ist. Sie wünscht, sie könnte

ein paar Jahrzehnte zurückgehen, noch einmal aufwachsen. Beim ersten Mal ist ihr etwas entgangen; irgendein Stadium ist ihr entgangen, oder irgendeine lebenswichtige Information, die andere Leute zu haben schienen. Dieses Mal würde sie sich anders entscheiden. Sie würde nicht so folgsam sein; sie würde nicht um Erlaubnis bitten. Sie würde nicht sagen: »Ich will«, sondern »Ich bin«.

»Warum hast du dich nie gewehrt?« sagt Prue. Sie klingt ehrlich betrübt.

Portia kann den Weg hinunter zum See sehen, zum Landungssteg. Dort unten steht ein Liegestuhl aus Leinen, in dem niemand sitzt. Darunter steckt Georges Zeitung, sie flattert: es kommt Wind auf. George muß vergessen haben, seinen Stuhl wegzuräumen. Das ist nicht typisch für ihn.

»Einen Augenblick«, sagt sie zu Prue, als würde sie diese Unterhaltung, die sie nun schon auf die eine oder andere Art fünfzig Jahre lang führen, nur kurz unterbrechen. Sie geht durch die Fliegengittertür und den Weg hinunter. Wo ist George hin? Wahrscheinlich zur Toilette. Aber sein Liegestuhl schlägt im Wind wie ein Segel.

Sie bückt sich, um den Stuhl zusammenzuklappen, und hört etwas. Da ist jemand im Badehaus; da ist ein Rumoren, ein Schnaufen. Ein Stachelschwein, das das Salz von den Riemen leckt? Nicht bei hellem Tageslicht. Nein, da ist eine Stimme. Das Wasser glitzert, die kleinen Wellen schlagen gegen den Landungssteg. Prue kann es nicht sein; Prue ist oben auf der Veranda. Es hört sich wie ihre Mutter an, ihre Mutter, wenn sie die Geburtstagsgeschenke aufmachte – dieses weiche Crescendo von Überraschung und fast schmerzhaftem Staunen. Oh. Oh. *Oh.* Natürlich kann man nicht sagen, wie alt jemand ist, in der Dunkelheit.

Portia klappt den Stuhl zusammen, lehnt ihn behutsam an die Wand des Bootshauses. Sie geht mit der Zeitung den Pfad hinauf. Sie will nicht, daß die Seiten über den ganzen See fliegen. Sie will nicht, daß die klaren Wellen von alten Neuigkeiten beschmutzt werden, von durchweichtem menschlichen Kummer. Verlangen und Gier und schreckliche Enttäuschungen, selbst im Wirtschaftsteil. Auch wenn man es da zwischen den Zeilen lesen mußte.

Sie will nicht ins Haus gehen. Sie geht um die Küche herum, weicht dem Holzschuppen aus, von wo sie das *tschock-tschock* hören kann, mit dem Roland die Scheite aufschichtet, geht auf dem Pfad zurück, der zu der kleinen sandigen Bucht führt, in der sie als Kinder alle geschwommen sind, bevor sie alt genug wurden, um von dem Landungssteg zu springen. Dort legt sie sich auf den Boden und schläft ein. Als sie aufwacht, kleben Tannennadeln an ihrer Wange, und sie hat Kopfschmerzen. Die Sonne steht niedrig am Himmel; der Wind hat sich gelegt; die Wellen sind verschwunden. Tote glatte Stille. Sie zieht ihre Kleider aus, macht sich nicht einmal die Mühe, auf Motorboote zu hören. Die fahren sowieso so schnell, daß sie nur ein verschwommener Fleck wäre.

Sie watet in den See, läßt sich ins Wasser gleiten wie zwischen die Schichten eines Spiegels: die Glasschicht, die Silberschicht. Sie begegnet den Verdoppelungen ihrer eigenen Beine, ihrer eigenen Arme, während sie herabsinken. Sie läßt sich treiben, nur ihr Kopf ist über dem Wasser. Sie ist wieder fünfzehn, sie ist zwölf, sie ist neun, sechs. Am Strand, festgemacht an den vertrauten Spiegelungen, sind dieselben Felsen, derselbe weiße Baumstumpf, der schon immer dort war. Die kalte Stille des Sees ist wie ein langes Aufatmen der Erleichterung. Es gibt Sicherheit, so jung zu sein, zu wissen, daß der Baumstumpf ihr Baumstumpf ist, der Felsen ihr Felsen, daß sich nichts je ändern wird.

Eine Glocke ertönt, schwach, von dem fernen Haus. Das Abendessen. Heute ist Pamela an der Reihe. Was wird sie kochen? Etwas Seltsames. Pamela hat ihre eigenen Vorstellungen von Ernährung.

Wieder ertönt die Glocke, und Portia weiß, daß jetzt gleich etwas Schlimmes geschehen wird. Sie könnte es abwenden; sie könnte immer weiter hinausschwimmen, sich loslassen, versinken.

Sie sieht zum Ufer, zur Wasserlinie, wo der See endet. Es ist nicht mehr horizontal: es ist geneigt, als wäre das Grundgestein weggerutscht; als glitten die Bäume, die Granitfelsen, Wacousta Lodge, die Halbinsel, das ganze Festland immer weiter hinunter, als gingen sie unter. Sie denkt an ein Schiff – ein großes, ein Passagierschiff – das kippt, untergeht, mit brennenden Lichtern, mit der Musik, die noch spielt, mit den Menschen, die immer weiter und weiter reden und das Unglück, das bereits über sie gekommen ist, nicht bemerken. Sie sieht sich selbst nackt durch den Ballsaal laufen – eine absurde, verstörende Gestalt mit tropfendem Haar und wedelnden Armen – schreiend: »Seht ihr denn nicht? Es bricht auseinander, alles bricht auseinander, ihr sinkt. Ihr seid am Ende, es ist vorbei mit euch, ihr seid tot!«

Natürlich würde sie unsichtbar sein. Niemand würde sie hören. Und eigentlich ist nichts geschehen, was nicht schon vorher geschehen ist.

Rübenmittwoch

Marcia träumt von Babys. Sie träumt, daß ein neues da ist, ihres, das nach Milch riecht, und mit süßem Gesicht, strahlend, in eine grüne Strickdecke gewickelt in ihren Armen liegt. Es hat sogar einen Namen, irgend etwas Seltsames, das sie nicht mitbekommt. Sie ist von Liebe erfüllt, und von Sehnsucht nach ihm, aber dann denkt sie: *Jetzt muß ich es versorgen*. Das bringt sie mit einem Ruck zu sich.

Unten laufen die Nachrichten. Es muß etwas Besonderes passiert sein, sie hört es an der Stimme des Ansagers, an der erhöhten Energie. Irgendeine Katastrophe; das bringt sie immer auf Touren. Marcia weiß nicht recht, ob sie schon bereit ist dafür, so früh am Morgen. Auf leeren Magen. Sie betrachtet das Fenster: Das hereinfallende Licht ist weißlich, vielleicht schneit es. Auf jeden Fall ist es schon wieder Zeit zum Aufstehen.

Die Zeit vergeht immer schneller und schneller; die Wochentage gehen vorbei wie Schlüpfer. Sie denkt an die Schlüpfer, die sie als kleines Mädchen getragen hat. Pastellfarbene Höschen, auf die *Montag, Dienstag, Mittwoch* gestickt war. Seither haben die Wochentage Farben für sie: Montag ist blau, Dienstag ist beige, Mittwoch ist lila. Die Wochen liefen nach Höschen ab, jeden Tag ein frisches, das dann schmutzig wurde und in den Korb kam. Ihre Mutter hatte ihr immer gesagt, daß sie stets ein sauberes Höschen anhaben müsse, falls sie von einem Bus überfahren würde, weil es die anderen Leute dann sehen könnten, wenn sie ihre Leiche ins Leichenschauhaus schafften. Es war nicht der eventuelle Tod von Marcia, der in den Gedanken ihrer Mutter die vorherrschende Rolle spielte, es war der Zustand ihrer Schlüpfer.

Marcias Mutter hat das nie wirklich so gesagt. Aber die anderen Mütter sagten es tatsächlich, und für Marcia ist es eine nützliche Geschichte gewesen. Sie verkörpert die sogenannte anglokanadische Prüderie, Verklemmtheit und Angst vor der öffentlichen Meinung, und besitzt somit mythische Kräfte. Sie erzählt die Geschichte Ausländern oder Leuten, die erst seit kurzem hier sind.

Marcia erhebt sich vorsichtig aus dem Bett und sucht die Pantoffeln aus gefärbtem rosa Schafsfell, die sie letztes Jahr von ihrer zwanzigjährigen Tochter in Sorge um ihre alternden Füße zu Weihnachten bekommen hat. (Ihr Sohn hatte ihr, weil ihm, wie üblich, nichts Besseres einfiel, Pralinen geschenkt.) Sie kämpft sich in ihren Morgenrock, der ganz bestimmt kleiner ist, als er früher war, dann wühlt sie in der Schublade mit den Höschen. Hier gibt es keine Stickerei, nicht einmal altmodisches Nylon. Die Romantik ist der Bequemlichkeit gewichen, wie in so vielen. Gott sei Dank, daß sie nicht im Zeitalter der Korsetts lebt.

Bis auf die hellrosa Pantoffeln aus Schafsfell, die sie wegen des kalten Küchenfußbodens anläßt, ist Marcia jetzt fertig angezogen und geht die Treppe hinunter und durch den Flur. In den Pantoffeln, die zu groß sind und hin und her rutschen, watschelt sie ein wenig. Früher war sie leichtfüßig, eine Feder. Jetzt wirft sie einen Schatten.

Eric sitzt am Küchentisch und hat seinen morgendlichen Wutanfall. Sein früher rotes Haar, das jetzt die Farbe von ausgebleichtem Sand hat, ragt oben auf seinem Kopf wie der Kamm eines Vogels in die Höhe, er hat es sich gerauft. Marmelade ist wieder darin, von seinem Toast.

»Arschkriecher«, sagt er. Marcia weiß, daß es nicht gegen

sie gerichtet ist. Vor fünf Monaten haben sie – hat Eric –, in einem Wutanfall das Zeitungsabonnement gekündigt – wegen der politischen Linie des Blattes und weil es kein Recycling-Papier verwendet. Dabei ist es die Zeitung, für die Marcia ihre Kolumne schreibt. Aber er kann der Versuchung nicht widerstehen: Ab und zu schleicht er sich, wenn Marcia noch im Bett ist, hinaus und holt sich eine aus dem Kasten an der Straßenecke. Das Adrenalin bringt ihn in Schwung, jetzt, wo er keinen Kaffee mehr trinken darf.

Marcia dreht das Radio leise und gibt ihm einen Kuß auf seinen stachligen Nacken. »Was ist es denn heute?« sagt sie. »Die Vorzüge der Freihandelszone?«

Jetzt ist ein kratzendes Geräusch zu hören, wie Fingernägel auf einer Schiefertafel. Draußen, vor der Küchentür aus Glas hat die Katze ihre Krallen in die Scheibe geschlagen und zieht sie langsam daran herunter. Das ist ihre Art, Einlaß zu erbitten. Sie hat sich nie die Mühe gemacht, miauen zu lernen.

»Eines Tages bring ich das Vieh um«, sagt Eric. Marcia glaubt, daß Eric so was nie tun würde, denn er hat ein weiches Herz. Erics Meinung von sich selbst ist wilder.

»Armes Baby!« sagt Marcia und hebt die Katze, die Übergewicht hat, hoch. Sie ist auf Diät gesetzt, schnorrt aber heimlich bei den Nachbarn. Marcia hat Verständnis dafür.

»Ich hab das verdammte Ding gerade erst rausgelassen. Rein, raus, rein, raus. Sie kann sich nicht entscheiden«, sagt Eric.

»Sie ist durcheinander«, sagt Marcia. Die Katze hat sich freigestrampelt. Marcia gibt Kaffee in die kleine Espressomaschine. Wenn sie Eric gegenüber wirklich loyal wäre, würde sie auch keinen Kaffee mehr trinken, um ihm die Qual zu ersparen, ihr dabei zuzusehen. Aber dann wär sie nur noch verschlafen.

»Paßt sich der allgemeinen Volksstimmung an«, sagt Eric. »Gestern hat sie in die Badewanne geschissen.«

»Wenigstens hat sie nicht den Vorleger benutzt«, sagt Marcia. Sie zieht eine Packung mit feuchtem Katzenschrot auf. Die Katze reibt sich an ihrem Bein.

»Das hätte sie bestimmt getan, wenn sie darauf gekommen wär«, sagt Eric. »'ne kriecherische Hymne auf George Bush.« Er ist wieder bei der Seite mit dem Leitartikel.

»Was hat er jetzt wieder getan?« sagt Marcia und nimmt sich von den Cheerios. Eric ißt sie nicht, weil sie aus Amerika kommen. Seit dem Freihandelsvertrag mit den Vereinigten Staaten hat er sich geweigert, etwas zu kaufen, das von südlich der Grenze kommt. Sie haben diesen Winter eine Menge Wurzelgemüse gegessen: Mohrrüben, Kartoffeln, rote Bete. Eric sagt, das hätten die Pioniere auch gegessen, und außerdem würde gefrorener Orangensaft sowieso überbewertet. Wenn sie mittags außer Haus ißt, vertilgt Marcia heimlich Avocados und hofft, daß Eric es nicht an ihrem Atem riecht.

»Es geht um die Panama-Invasion«, sagt Eric, als wolle er sie aus einer ganzen Reihe anderer Invasionen hervorheben. »Weißt du, auf wieviel sie es in diesem Jahrhundert gebracht haben? Da unten? Zweiundvierzig.«

»Das ist 'ne ganze Menge«, sagt Marcia mit ihrer besänftigenden Stimme.

»Sie betrachten es nicht als Invasion«, sagt Eric. »Sie betrachten es als Landwirtschaft. So ähnlich wie Insektenvertilgung.«

»War dir kalt da draußen? Hast du dir deine Pfoten erfroren?« sagt Marcia und hebt die Katze wieder hoch, die ihre Nase angeekelt von ihrem Napf abgewendet hat. Sie stößt eine Art Schweinegrunzen aus. Marcia vermißt die Kinder. Morgen werden sie über die Ferien nach Hause kommen, sie und ihre schmutzige Wäsche. Die Kinder gehören ihr, nicht ihr und Eric, obwohl das die Kinder selbst jetzt kaum noch zu merken scheinen. Ihr richtiger Vater ist zu einer Phantasiegestalt geworden, irgendwo in Florida. Zu Weihnachten schickt er Orangen, das ist so ungefähr alles, was Marcia je von ihm hört.

»Es ist im Grunde 'ne Drogensache«, sagt Eric. »Sie bringen Noriega hinter Gitter, und auf der Stelle sind zehntausend arme Junkies kuriert.«

»Er hat sich wirklich schlecht benommen«, sagt Marcia.

»Das ist nicht der Punkt«, sagt Eric.

Marcia stößt einen Seufzer aus. »Ich nehm an, das heißt, daß du wieder vor dem amerikanischen Konsulat demonstrierst«, sagt sie.

»Ich und ein paar andere Irre und fünf uralte Trotzkisten«, sagt Eric. »Derselbe alte Haufen.«

»Zieh dich warm an«, sagt Marcia. »Der Wind ist eisig.«

»Ich werd meine Ohrenschützer überziehen«, sagt Eric; das ist seine einzige Konzession an Minusgrade. »Trotzkisten sind 'ne Plage.«

»Die Mounties glauben, daß *du* einer bist«, sagt Marcia.

»Ach, ja, das hätt ich fast vergessen – und zwei Mounties, als Bag Ladies verkleidet. Oder Typen von den Ca-Sissies. Die könnten gleich in Clownskleidern kommen, so auffällig, wie die sind.«

Ca-Sissies kommt von CSIS, was eigentlich Canadian Security Intelligence Service heißt. Die Ca-Sissies hören ihr Telefon ab, jedenfalls glaubt Eric das. Er ärgert sie: er ruft einen seiner alten Kumpels an und sagt Wörter wie *Sabotage* und *Bombe,* nur um die Aufnahmegeräte zu aktivieren. Eric sagt, er tue den Ca-Sissies einen Gefallen damit, er gebe ihnen das Gefühl, wichtig zu sein. Marcia sagt, daß es sie davon abhalte, je ein Verhältnis zu haben, weil die ja zuhören und sie dann erpressen könnten.

Eric macht sich keine Sorgen. »Du hast einen guten Geschmack», sagt er. »In dieser Stadt ist niemand, der es wert wäre, daß du ein Verhältnis mit ihm hättest.«

Marcia weiß, daß mangelnde Werte in dieser Hinsicht noch nie jemanden aufgehalten haben. Der Grund, warum sie kein Verhältnis hat, oder warum sie in letzter Zeit keins hatte, ist einfach Faulheit. Es braucht soviel Energie; und außerdem hat sie nicht mehr den Körper dafür, für die einleitenden Enthüllungen und Zurschaustellungen. Sie würde kein Verhältnis anfangen, ohne vorher etwas mit ihren Oberschenkeln getan und passendere Unterwäsche gekauft zu haben. Außerdem würde sie es nicht riskieren, Eric zu verlieren. Eric kann sie noch immer überraschen – auf viele Art. Sie kennt sein allgemeines Konzept inzwischen, aber nicht die Einzelheiten. Überraschung bedeutet eine Menge.

»Liebe macht blind«, sagt Marcia. »Gut, ich begebe mich jetzt zum Tempel der Redefreiheit.« Sie ist froh, daß er demonstrieren geht. Das bedeutet, daß er noch nicht zu alt dafür ist. Sie küßt ihn noch einmal mitten auf seinen zerzausten, klebrigen Kopf. »Also, dann, bis zum Abendessen. Was gibt's denn?«

Eric überlegt einen Augenblick. »Rüben«, sagt er.

»Oh, gut«, sagt Marcia. »Die hatten wir schon eine Weile nicht.«

Marcia zieht ihre Strickjacke und ihren schweren schwarzen wollenen Wintermantel an – keinen Pelz, Eric ist dieser Tage gegen Pelz, obwohl Marcia ihn darauf hingewiesen hat, daß die Eingeborenen immer Pelze getragen haben und daß sie auch biologisch abbaubar sind. Die Pantoffel aus Schafsfell läßt er gerade noch durchgehen: Glücklicherweise sehen sie wegen ihrer grellen Farbe wie Imitationen aus. Sie zieht ihre Stiefel an, nimmt ihren Schal und ihre gefütterten Handschuhe und ihre weiße Wollmütze. So gepolstert, holt sie tief Luft, preßt all ihr Fleisch eng zusammen und geht durch die Tür hinaus in den Winter. Die Katze schießt zwischen ihren Beinen hindurch, überlegt es sich aber sofort wieder anders. Marcia läßt sie wieder ins Haus.

Es ist der kälteste Dezember seit hundert Jahren. Nachts sinkt die Temperatur bis vierzig Grad minus; am Morgen sind die Autoreifen eckig, Leute mit Erfrierungen drängen sich in den Krankenhäusern. Eric sagt, es ist der Treibhauseffekt. Marcia wundert sich: sie dachte, der Treibhauseffekt würde alles wärmer machen, nicht kälter. »Das Wetter spielt verrückt«, sagt Eric knapp.

Die Haustürstufen sind vereist; das ist seit Tagen so. Marcia hat darauf hingewiesen, daß der Postbote ausrutschen und sie dafür belangen könnte, aber Eric weigert sich, Salz zu verwenden: Er ist hinter irgendeinem neuen Produkt her, das Canadian Tire nicht auf Lager zu haben scheint. Marcia hält sich am Geländer fest und geht mit winzigen Schritten nach unten und überlegt, ob sie vielleicht Ostheoporose kriegt. Sie könnte hinfallen; sie könnte wie ein fallengelassener Teller zerspringen, wie ein Ei. Solche Möglichkeiten scheinen Eric gar nicht in den Sinn zu kommen. Ihn interessieren nur große Katastrophen.

Auf dem Gehsteig ist das Eis weggeschlagen, oder jedenfalls eine Art Pfad gezogen, auf dem die Leute im Gänsemarsch gehen können. Marcia kämpft sich in Richtung Untergrundstation voran. Als sie auf die Bloor Street kommt, ist es zwar nicht mehr ganz so gefährlich, dafür aber windiger. Sie fällt in einen langsamen schleppenden Trab und erreicht keuchend Bathurst Station.

Hinter der Tür stehen drei der Obdachlosen der Stadt. Alle drei sind junge Männer; zwei sind Eingeborene, Indianer, einer nicht. Der eine, der kein Indianer ist, nimmt Marcia wegen etwas Kleingeld in die Zange. Er sagt, er möchte nur etwas zu essen, ein, wie Marcia findet, nur allzu bescheidener Wunsch: Sie kennt eine ganze Menge Leute, die sich sehr viel mehr wünschen. Er ist blaß, und sein Gesicht ist voller Stoppeln, und er weicht ihrem Blick aus. Sie ist für ihn nicht mehr als eine Art kaputter Münzfernsprecher, an dem man rütteln muß, um noch ein paar Vierteldollar extra rauszuholen.

Die beiden Indianer sehen zu, ohne eine Miene zu verziehen. Sie sehen aus, als hätten sie die Nase voll von allem. Sie sind fertig mit dieser Stadt, sie sind fertig mit dem zwanzigsten Jahrhundert. Jedenfalls nimmt Marcia das an. Sie kann es ihnen nicht verdenken: Das zwanzigste Jahrhundert ist nicht gerade ein umwerfender Erfolg.

Am Zeitungsstand kauft sie einen Schokoladenriegel und ein *True Woman*-Magazin, ersteres made in Canada, aber ungesund, das zweite ein offener Landesverrat – das Magazin kommt aus den USA. Aber sie ist dazu berechtigt: Sie erhält während ihres sonstigen Lebens genügend an wertvoller Nahrung und Realitätsprinzipien zugeteilt und kann ruhig mal eine halbe Stunde aussetzen, ihren Blutzucker zugrunde richten und Eskapistenschund lesen. Sie quetscht sich mit den anderen in Wolle gewickelten Passagieren in den Zug und ist geschickt genug, sich einen Sitzplatz zu ergattern, auf dem sie in der Ferienmode blättert und in der Diät des Monats, während sie die Schokolade von ihren Fingern leckt. Dann vertieft sie sich in einen Artikel, der mit fehlgeleiteter Selbstsicherheit den Titel: *Was Männer wirklich denken* trägt. Natürlich geht es nur um Sex. Marcia kann ihnen Neuigkeiten erzählen: Die Liste dessen, was Männer wirklich denken, ist noch ein ganzes Stück länger.

Sie steigt in einen anderen Zug um, stapft an der Union Street die Treppe hinauf. Es gibt dort einen Lift, aber nachdem sie sich all diese schlanken Körper angesehen hat, ist sie besorgt. Eric findet, daß sie schöne Schenkel hat; aber schließlich führt Eric ein ziemlich behütetes Leben.

In der Innenstadt gibt es unterirdische Labyrinthe, unterirdische Kaufhäuser, unterirdische Tunnel, durch die man von einem Gebäude zum nächsten gelangt. Man könnte den ganzen Winter unter der Erde verbringen, ohne je nach draußen zu gehen. Aber Marcia verspürt die moralische Verpflichtung, sich dem Winter zu stellen und ihm nicht einfach aus dem Weg zu gehen. Außerdem hat sie ziemliche Schwierigkeiten, sich auf den *Sie sind hier*-Plänen zurechtzufinden, die in Abständen angebracht worden sind, um all denen, die sich schlecht orientieren können, zu zeigen, wo sie sind. Sie zieht es nach oben auf die Erde, wo es Straßenschilder gibt.

Erst vor kurzem hat sie sich hier unten gründlich verlaufen; das einzig Gute war nur, daß sie einen Laden entdeckte, der *The Tacki Shoppe* hieß und in dem es rosafarbene Flamingoeier und Witzbücher über Sex im Mittelalter gab, und Flaschen mit Zuckerpillen und der Aufschrift *Scheisaufales*. Sie hatten dort auch kleine Stücke von der Berliner Mauer, jedes in einer eigenen kleinen Schachtel mit Echtheitsbescheinigung. Sie kosteten zwölf Dollar fünfundneunzig. Sie kaufte eins für Eric, um es in seinen Strumpf zu stecken: Sie hatten die alte Gewohnheit, sich spaßige Dinge in die Strümpfe zu stecken, aus der Zeit, als die Kinder noch klein waren, beibehalten. Sie ist sich nicht sicher, ob Eric das Geschenk auch komisch findet; viel wahrscheinlicher ist, daß er irgendeine Bemerkung über die Trivialisierung von Geschichte macht. Aber die Kinder wird es interessieren. Die Wahrheit ist, daß Marcia dieses Stück Mauer insgeheim selbst haben will. Für sie ist es ein Souvenir, nicht von einem Ort – sie ist nie in Berlin gewesen –, sondern von einer Zeit. *Das ist von dem Weihnachten, an dem die Mauer einstürzte,* wird sie in ein paar Jahren sagen; zu ihren Enkelkindern, wie sie hofft. Dann wird sie sich daran zu erinnern versuchen, welches Jahr es gewesen ist.

Ein Stückchen Zeit nach dem anderen legt sie zurück wie ein Eichhörnchen, ein Foto hier, einen Brief dort; sie wünschte, sie hätte mehr von den Babykleidern der Kinder aufgehoben, mehr von ihren Spielsachen. Vergangenen Monat, als Eric ein altes Hemd nahm, das aus dem ersten Jahr stammte, das sie zusammen verbracht hatten, und es zu Wischtüchern zerschnitt, hatte sie die Knöpfe aufgehoben. Bestimmt wird das Stückchen Berliner Mauer, nachdem es am Weihnachtsmorgen betastet und bestaunt worden ist, in ihrem Elsterversteck landen.

Der Wind ist hier schlimmer, schießt zwischen den Bürohochhäusern hindurch. Nachdem sie einen Häuserblock lang gegen ihn angekämpft hat, vornübergebeugt und mit den Händen über den Ohren, nimmt Marcia ein Taxi.

Die Zeitung, für die Marcia schreibt, ist in einem einfachen, quadratischen Glasgebäude ohne Fenster untergebracht, das irgendwann in den fünfziger Jahren gebaut wurde, als man die frische Luft fürchtete. Trotz seines nichtssagenden Äußeren findet Marcia dieses Gebäude zwielichtig; aber das liegt vielleicht daran, daß sie weiß, was in seinem Inneren vor sich geht.

Die Zeitung heißt, ein bißchen pompös, *The World*. Sie ist sozusagen eine nationale Institution; und wie so viele andere nationalen Institutionen dieser Tage ist sie drauf und dran zusammenzubrechen. Eric sagt, *The World* habe zu dem nationalen Verfall auf anderen Gebieten, wie etwa der Freihandelszone, beigetragen, warum sollte sie selbst also verschont bleiben? Marcia sagt, es sei trotzdem schade um sie. *The World* hat einmal etwas dargestellt, jedenfalls möchte sie das gern glauben. Die Zeitung besaß Integrität, jedenfalls mehr Integrität als jetzt. Man konnte darauf vertrauen, daß sie Prinzipien hatte, daß sie fair zu sein versuchte. Jetzt kann man höchstens noch sagen, daß sie eine große Tradition hinter sich und schon bessere Tage gesehen hat.

Besser in mancher Hinsicht, schlechter in anderer. Indem sie, zum Beispiel, die Redaktion verkleinert und sich der Wirtschaft angedient hat, macht sie jetzt mehr Geld. Vor kurzem hat sie eine neue Leitung bekommen, auch einen neuen Herausgeber, einen Mann namens Ian Emmiry. Ian Emmiry wurde ganz plötzlich befördert, aus dem Nichts heraus und über die Köpfe seiner Vorgesetzten und älteren Kollegen hinweg, während der ahnungslose frühere Herausgeber gerade auf Urlaub war. Dieses Ereignis wurde wie ein Militärcoup in einem der heißeren, schäbigeren Staaten inszeniert. Fast war es, als hätte man einen Chauffeur zum General befördert – aufgrund irgendwelcher verdeckter Beziehungen oder Schmiergelder. Das Ressentiment in der Redaktion gegen ihn war enorm.

Die Journalisten, die schon lange hier arbeiteten, sprechen von Ian Emmery als Ian dem Schrecklichen, allerdings nicht vor den neuen Leuten: Ian der Schreckliche hat seine Spione. Es gibt immer weniger von den alten Journalisten und immer mehr von den neuen, die Ian eigenhändig ausgesucht hat, weil sie so gut nicken können. Es findet eine allmähliche Veränderung statt, eine allmähliche Säuberung. Selbst mit den Comics auf der letzten Seite wurde aufgeräumt; *Rex Morgan, M. D.*, zum Beispiel, der Doktor mit dem hölzernen Gesicht, und seine unmöglich fröhliche und geschlechtslose Krankenschwester, sind nicht mehr aufzufinden. Sie fehlen Marcia. Es war so beruhigend, auf diese Weise den Tag zu beginnen, weil sich darin nie etwas änderte. Es war ein Gegengift gegen die Nachrichten.

Marcia wandert auf der Suche nach einem freien Computer durch die Redaktion. Es gibt keine Schreibmaschinen mehr, kein Geklapper, niemand hängt herum, trödelt oder tratscht, alles Dinge, die Marcia mit dem alten Geräusch der Nachrichten verbindet, die auf den Schreibmaschinen heruntergehackt wurden. Jetzt läuft alles über Computer: dafür hat Ian der Schreckliche gesorgt. Was Systeme betrifft, ist er ganz groß. Die Journalisten von der neuen Mannschaft kauern vor ihren Computern an ihren Großraumbüroschreibtischen, brauen sich die Nachrichten zusammen; sie sehen aus wie Akkordarbeiter in einer Kleiderfabrik.

Marcia hat hier keinen eigenen Schreibtisch, denn sie ist nur freie Mitarbeiterin, sie hat einen Vertrag als Kolumnistin. So daß sie, wie Ian sagte (während er seine gepflegte Hand auf ihre Schulter legte, die Augen wie kleine Zinknägel), genausogut zu Hause arbeiten könne. Er sähe es gern, wenn sie dort einen Computer hätte, wo sie schön sicher isoliert wäre; er sähe es gerne, wenn sie ihre Kolumnen per Diskette schickte. Wenn das nicht ginge, sähe er es gern, wenn sie ihren Text brächte und jemand anderes ihn in das System eingäbe. Er verdächtigt sie, aufwieglerische Absichten zu verfolgen. Aber Marcia hat ihm lächelnd versichert, daß Eric in ihrem Haus keinen Computer dulden würde – er ist ein solcher Maschinenstürmer, was soll sie machen! – und daß sie es niemandem zumuten könne, ihr wirres Manuskript abzutippen. Wer könne schon ihre handgeschriebenen Korrekturen lesen? hatte sie schüchtern gesagt. Nein, sie muß die Kolumne selbst eintippen, hat sie Ian gesagt. Sie sagt nicht *eingeben*, und Ian bemerkt diesen Vorbehalt. Vielleicht knirscht er mit den Zähnen. Das läßt sich schwer sagen: seine Zähne scheinen ständig zu knirschen.

Marcia könnte zu Hause einen Computer haben, wenn sie wollte. Und sie könnte auch ein sauberes Manuskript liefern.

Aber sie kommt gern hierher. Sie will sehen, was vor sich geht. Sie will den Klatsch hören.

Marcias Kolumne erscheint in der Sparte der Zeitung, die sich noch immer *Lebensstil* nennt, obwohl man sich bald einen neuen Titel wird ausdenken müssen. Lebensstil, das waren die achtziger Jahre; jetzt kommen die neunziger, und es werden schon Maßnahmen ergriffen, die Jahrzehnte voneinander abzugrenzen. Überblicke über das Jahrzehnt füllen die Seiten der Zeitungen, in Radio und Fernsehen wird ernsthaft heruntergeleiert, was die achtziger bedeutet haben und was die neunziger bedeuten werden. Es ist bereits von einem Wiederaufleben der siebziger die Rede, wie Marcia verblüfft feststellt. Was gibt es da wiederaufleben zu lassen? Die siebziger Jahre waren die sechziger, bis sie zu den achtzigern wurden. Eigentlich gab es überhaupt keine siebziger. Oder vielleicht hatte sie sie einfach nicht mitgekriegt, weil die Kinder damals klein waren.

Ihre Kolumne, die von einigen Männern und von vielen Frauen gelesen wird, befaßt sich mit sozialen Fragen: Altenpflege zu Hause, Stillen in der Öffentlichkeit, Bulimie am Arbeitsplatz. Sie macht Interviews, sie kommt vom Besonderen auf das Allgemeine; sie glaubt an etwas, das sie für altmodisch und romantisch hält, nämlich daß das Leben trotz der Bedeutung, die den Statistiken und Trends beigemessen wird, etwas ist, das dem einzelnen widerfährt. In letzter Zeit haben die Dinge in Marcias Kolumne eine etwas düstere Wendung genommen: Es ist darin mehr die Rede von Dingen wie falscher Ernährung in Kindergärten, Gewalt gegen Frauen, Überbelegung von Gefängnissen, Kindesmißhandlung. Wie man sich verhalten soll, wenn man einen Freund mit AIDS hat. Obdachlose, die an den Eingängen zu den U-Bahn-Stationen um Almosen betteln.

Ian mag diese neue Linie von Marcias Kolumne nicht, er

mag ihre schlechten Nachrichten nicht. Die Geschäftsleute wollen dieses Zeug nicht lesen, von Menschen, die nicht klarkommen mit dem System; sagt Ian jedenfalls. Das hat sie hinter vorgehaltener Hand gehört. Er hat ihren Stil »hysterisch« genannt. Er findet sie zu sentimental. Wahrscheinlich ist sie zu sentimental. Ihre Tage bei der *World* sind wahrscheinlich gezählt.

Als sie sich auf dem Computer gerade eine neue Datei einrichtet, tritt Ian persönlich auf den Plan. Er hat einen neuen Anzug an, einen grauen. Er sieht aus wie mit Lack überzogen.

»Wir haben 'ne Menge Leserbriefe auf Ihre Kolumne bekommen«, sagt er. »Die über Gratisspritzen für Junkies.«

»Oh«, sagt Marcia. »Negativ?«

»Die meisten«, sagt Ian. Er freut sich darüber. »Die meisten Leute sind der Meinung, daß ihre Steuergelder nicht für Drogen ausgegeben werden sollten.«

»Es geht nicht um *Drogen*«, sagt Marcia gereizt, »es geht um die öffentliche Gesundheit.« Selbst in ihren eigenen Ohren klingt es trotzig, wie ein Kind, das widerspricht. In Ians Kopf wird ein weiterer schwarzer Punkt auf ihrer Karte eingezeichnet. Leck mich, denkt sie freundlich lächelnd. Eines Tages wird sie so was laut sagen, und dann wird es Ärger geben.

Marcia überlegt, was passiert, wenn sie fliegt. Vielleicht ergibt sich ja irgendwas anderes für sie; andererseits wird sie immer älter, vielleicht also doch nicht. Könnte sein, daß sie dann wieder ohne Vertrag arbeiten muß, oder, noch schlimmer, als Ghostwriter. Meist sind es Politiker, die ihre Lebensgeschichte in Stein gehauen haben wollen, damit sie der Zukunft erhalten bleiben; zumindest sind sie es meist, die dafür zu zahlen bereit sind. Als sie noch jünger war, und verzweifelter – bevor sie die Kolumne bekam –, hat sie so was schon mal gemacht, aber sie weiß nicht, ob sie das jetzt noch ertragen könnte. Sie hat sich in ihrem Leben schon oft genug auf die Zunge gebissen. Sie ist sich nicht sicher, ob sie sich noch aufs Lügen versteht.

Zum Glück haben sie und Eric die Hypothek auf ihr Haus fast getilgt, und die Kinder werden in ein paar Jahren ihr Studium beendet haben. Natürlich verdient Eric auch ein bißchen Geld. Er schreibt dicke populärgeschichtliche Bücher über Dinge wie den Pelzhandel und den Krieg von 1812, in denen er mit Donnerstimme fast jeden auf die Anklagebank der Geschichte setzt. Seine früheren Kollegen, die akademischen Historiker, gehen auf die andere Straßenseite, um ihm nicht zu begegnen; zum einen vielleicht, weil sie sich an die Fakultätssitzungen und Tagungen erinnern, auf denen er ebenfalls fast jedermann beschimpfte, bevor er sich von der Universität zurückzog, aber zum anderen auch, weil sie nicht billigen, was er schreibt. Er bedient sich nicht desselben maßvollen Wortschatzes wie sie. Seine Bücher verkaufen sich gut, viel besser als ihre, und das finden sie ärgerlich.

Aber selbst mit den Honoraren von Erics Büchern wird das Geld nicht reichen. Außerdem wird Eric immer langsamer. In letzter Zeit ist ihm aufgegangen, daß seine Bücher den Lauf der Geschichte nicht geändert haben, so daß bei ihm der Dampf raus ist. Selbst seine Tiraden, selbst seine Possen wurzeln in einer wachsenden Verzweiflung. Seine Verzweiflung richtet sich nicht auf irgend etwas Bestimmtes; sie ist ganz allgemein, wie die ständig schlechter werdende Stadtluft. Er redet nicht viel darüber, aber Marcia weiß, daß sie da ist. Jeden Tag kämpft sie dagegen an – und atmet sie ein.

Manchmal spricht er von Weggehen, in irgendein anderes Land, irgendwohin, wo es mehr Selbstachtung gibt, oder wo es ein bißchen wärmer ist. Oder einfach irgendwo anders hin. Aber wo? Und wie sollen sie es sich leisten können?

Marcia wird sich tummeln müssen. Sie wird Abstriche machen müssen. Sie wird betteln müssen, irgendwie, irgendwo. Sie wird Kompromisse machen müssen.

Marcia hat ihren Artikel fast in den Computer eingetippt, als ihr Freund Gus hereinschlendert. Er sagt hallo, um sie auf sich aufmerksam zu machen, hebt die Hand, als hielte er ein Glas, macht ihr ein Zeichen mit dem Finger: ein Uhr. Es ist eine Einladung zum Lunch, und Marcia nickt. Diese Scharade gehört zu ihrer gemeinsamen, nur zum Teil witzigen Annahme, daß die Wände hier Ohren haben und daß es für sie gefährlich ist, sich allzu offen zusammen sehen zu lassen.

Sie gehen in ihr übliches spanisches Restaurant, das ein ganzes Stück von der Bloor Street entfernt ist, weit genug von *The World,* um von niemandem aus der Zeitung gesehen zu werden. Sie kommen getrennt, Marcia zuerst; Gus spielt einen Auftritt für sie, mit hochgeklapptem Mantelkragen bleibt er unter der Tür stehen und sieht sich mit einer verstohlenen Grimasse um. »Ich glaub nicht, daß mir jemand gefolgt ist«, sagt er.

»Ian hat seine Methoden«, sagt Marcia. »Vielleicht hat er sich als Mountie verkleidet. Oder als CIA-Agent, zuzutrauen wär's ihm. Oder er könnte auch das Personal hier infiltriert haben. Er war früher selbst Kellner.« Was nicht stimmt, aber zu einer Serie gehört, die sich ständig fortsetzt: Ians frühere Jobs. (Klomann, Münzensammler, Springmauszüchter.)

»Nein!« sagt Gus. »Also daher sein schmieriger Charme! Jedenfalls hab ich da meinen her. Sechs Monate hab ich das gemacht, nirgendwo geringeres als in Soho, damals, als ich noch ein bartloser Jüngling war. Sei immer nett zu deinem Kellner, Schatz. Sonst spuckt er in der Küche auf dein Steak.«

Marcia bestellt einen Sangria und rückt ihren breiter werdenden Hintern dankbar auf dem Stuhl zurecht. Hier kann sie importierte Nahrung zu sich nehmen, ohne sich wie eine Verräterin zu fühlen. Sie hat vor, Blutorangen zu bestellen, falls sie welche kriegen kann. Die und Knoblauchsuppe. Wenn Eric sie später ins Kreuzverhör nimmt, wird sie ein reines Gewissen haben.

Gus ist Marcias neuester Kumpel und ihr Maulwurf in der Zeitung. Ihr neuester und ihr letzter: Die anderen sind alle gefeuert worden oder sind gegangen. Gus ist keiner von der alten Garde. Er wurde vor einem Monat importiert, um das Feuilleton zu übernehmen, ein weiterer Versuch von Ian dem Schrecklichen, die Glaubwürdigkeit seiner erodierenden Zeitung abzustützen. Sogar Ian weiß, daß irgendwas faul ist, auch wenn er noch nicht begriffen hat, was es ist: Er hat noch immer nicht begriffen, daß selbst Geschäftsleute andere Interessen und auch Ansprüche haben. Sie haben erkannt, daß man *The World* nicht mehr lesen kann, wenn man erfahren will, was sich tut; man erfährt nur noch, was sich in Ians Kopf tut.

Aber Gus war ein Fehler. Gus hat eigene Ideen.

Gus ist groß und sieht aus wie ein Faß und hat dunkles gelocktes Haar. Er könnte Mitte dreißig sein, oder sogar noch jünger. Er hat eckige gleichmäßige weiße Zähne, alle von derselben Größe, von einer Seite zur anderen, wie Mr. Punch. Das gibt ihm ein respekteinflößendes Grinsen. Er ist Engländer und Jude, beides zusammen. Marcia kommt er mehr wie ein Engländer vor; trotzdem kann sie nicht sicher sagen, ob sein voller Name Augustus oder Gustav oder noch ganz anders lautet. Möglicherweise ist er auch schwul: das läßt sich bei gebildeten Engländern schwer sagen. Mal kommen sie ihr alle schwul vor, dann wieder kommen sie ihr alle gar nicht schwul vor. Flirten ist kein Hinweis, weil Engländer dieser Klasse mit allem und jedem flirten. Das ist ihr schon früher aufgefallen.

Sie flirten mit Hunden, wenn nichts anderes zur Hand ist. Was sie wollen, ist eine Reaktion; sie wollen, daß ihr Charme etwas bewirkt, daß er auf sie zurückgeworfen wird.

Gus flirtet mit Marcia, leicht und mühelos, fast so, als sei es eine Klavierübung; jedenfalls kommt es Marcia so vor. Sie denkt nicht daran, ihn ernstzunehmen und sich lächerlich zu machen. Außerdem ist er viel zu jung. Nur in Illustrierten wie *True Woman* kommte es vor, daß jüngere Männer ein ernsthaftes erotisches Interesse an älteren Frauen haben, ohne gehässige Vergleiche, die sich auf Körperteile beziehen, anzustellen. Marcia zieht es vor, ihre Würde zu wahren, oder jedenfalls hat sie das vor, falls sie vor die Wahl gestellt wird.

Heute drückt sich Gus' Flirt in einem übertriebenen Interesse an Eric aus, den er noch nicht kennt. Er will alles über Eric wissen. Er hat herausgefunden, daß Erics Spitzname in der Redaktion »Eric der Rote« ist, und erkundigt sich mit gespielter Unschuld bei Marcia, ob das etwas mit den Wikingern zu tun habe. Und Marcia erklärt ihm, daß es nur ein Beweis dafür sei, wie die *World*-Leute denken – sie denken, daß jeder, der eine andere Meinung hat als sie, ein Kommunist ist. Eric ist kein Kommunist; vielmehr ist er eine Art Tory, aber nicht wie die in England. Nicht einmal wie die, die es jetzt in Kanada gibt: Eric behauptet, daß die kanadische Tory-Regierung größtenteils aus Männern mit der Psyche von Gebrauchtwagenverkäufern besteht. Die zweihundert Anzüge des Premierministers hält er für eine Schande, nicht etwa, weil es zweihundert sind, sondern weil er sie aus Hongkong kommen läßt. Er findet, daß das Geld der Steuerzahler an einheimische Schneider gehen sollte.

Gus zieht eine Augenbraue hoch, und Marcia merkt, daß diese Unterhaltung zu kompliziert wird. Um einen Witz zu machen, sagt sie, daß Gus Eric nicht verstehen wird, solange er nichts über den Krieg von 1812 weiß. An diesen Krieg kann sich Gus ganz eindeutig nicht erinnern. Er zieht sich aus der Affäre, indem er sagt, er habe schon geglaubt, daß ein »interessanter Kanadier« ein Oxymoron sei, daß es sich bei Eric aber wohl um eine Ausnahme handele. Marcia wird klar, daß Gus Exzentriker liebt und daß er fälschlicherweise geglaubt hat, in Eric einen zu finden. Darüber ärgert sie sich, aber sie lächelt und bestellt sich noch was zu trinken, um es nicht zu zeigen. So exzentrisch ist Eric gar nicht. In vielem hat er sogar recht. Das ändert nichts daran, daß er einen oft zum Wahnsinn treibt, aber Marcia kann es nicht leiden, wenn man ihn mit Herablassung behandelt.

Jetzt wendet Gus seine volle Aufmerksamkeit Marcia selbst zu. Wie wird sie mit der Monogamie fertig? will er wissen. Marcia und Eric stehen in dem Ruf, monogam zu sein, so wie andere den Ruf haben, starke Trinker zu sein. Monogamie ist, wie Gus durchblicken läßt, ein merkwürdiges anthropologisches Phänomen oder aber eine Art Heldentat. »Wie schafft ihr das?« fragt er.

Nein, denkt Marcia, er ist nicht schwul. »Ich war nicht immer monogam«, würde sie gern sagen. Sie war keineswegs auf geradem Weg von einer Ehe zur nächsten gelangt. Sie war durch Fehlurteile, Eskapaden, Elend dahin gekommen; die Sache mit Eric hatte zunächst als ein ziemlich wirrer und widersprüchlicher Zweikampf begonnen. Aber wenn sie etwas davon beichtet, wird Gus nur neugierig oder – noch schlimmer – skeptisch werden, und wird sie bedrängen, ihm alles zu erzählen. Und wenn sie es dann macht, wird er die höfliche, überhebliche Miene aufsetzen, wie es die Engländer tun, wenn sie jemanden unsagbar wunderlich oder aber stinklangweilig finden.

Also vermeidet Marcia das Thema und unterhält Gus auf andere Weise. Sie tischt ihm die Geschichte von den Höschen auf, auf denen die Wochentage aufgestickt waren, und die

Warnung ihrer Mutter, daß sie jederzeit von einem Bus überfahren werden könnte. Und dann breitet sie vor ihm das »alte« Kanada aus; sie beschreibt die düsteren und schmutzigen Bierstuben Torontos mit ihren übelriechenden »Nur Männer«-Abteilungen, sie beschreibt die Sonntags-Gesetze. Marcia weiß gar nicht, warum sie ihr Land in einem so trüben und barbarischen Licht darstellt. Vielleicht ist es so, wie andere Kriegsgeschichten erzählen. Vielleicht will sie tapfer oder unerschütterlich erscheinen, sie hat die Härten des gesellschaftlichen Lebens in diesem Land ertragen und überstanden. Sie ist mißtrauisch, was ihre eigenen Motive betrifft.

Trotzdem erzählt sie immer weiter. Sie beschreibt Mackenzie King, den kanadischen Premierminister, der dieses Amt länger ausübte als jeder andere, der politische Fragen mit Hilfe seiner toten Mutter entschied, die, wie er glaubte, seinem Terrier innewohnte. Gus meint, daß sie das erfindet; aber nein, versichert sie ihm, das ist die absolute Wahrheit. Dafür gibt es Beweise, Dokumente.

Das bringt sie ans Ende der Knoblauchsuppe. Als die Calamares gebracht werden, ist Gus an der Reihe. Was er anzubieten hat, ist Klatsch über *The World.* »Ian der Schreckliche will uns in Rudeln organisieren«, sagt er. Er ist entzückt: Jetzt kann er seiner Liste von lokalen Absurditäten wieder etwas anfügen, um sie in England zum besten zu geben, wenn er zurückgeht. Er weiß noch nicht, daß er zurückgeht, aber Marcia weiß es. Kanada wird nie ein realer Ort für ihn sein.

»Rudel?« sagt Marcia.

»Wie Wolfsrudel«, sagt Gus. »Drei in einem Rudel, mit einem Leitwolf. Er glaubt, daß es den Teamgeist fördert.«

»Er sollte die ganze Zeitung gleich selber schreiben«, sagt Marcia und bemüht sich, nicht bitter zu klingen. Sie findet die Rudelidee außerordentlich stupide; aber gleichzeitig fühlt sie sich ausgeschlossen, weil sie keinem Rudel zugeordnet worden ist. Es wird ihr etwas entgehen, etwas von dem Spaß.

»Er arbeitet daran«, sagt Gus. »Er hat die Briefe an den Herausgeber reduziert, um Platz für eine neue Kolumne zu schaffen, rat mal, von wem?«

»Nein«, sagt Marcia erschrocken. »Unter welchem Titel?«

»Meine Meinunkkk«, sagt Gus und setzt sein alarmierendes Grinsen auf. »Nein. Stimmt nicht. ›Aus der Sicht eines Schlafwandlers‹ von Ian Emmiry.«

»Du bist gemein«, murmelt Marcia, die sich bemüht, ihren Beifall zu verbergen.

»Er hat nichts anderes verdient. Für die vorsätzliche Tötung durch Langeweile gehört dieser Mann am Halse aufgehängt. Er will, daß das ganze Feuilleton sich sonnabends eine Vortragsreihe anhört. Er stellt sich vor, daß wir alle in unserer Freizeit in die Redaktion kommen, um das Gemümmel eines schimmeligen Universitätsprofessors anzuhören. Thema: ›Die Erhaltung der Kreativität.‹ Das ist keine Erfindung.«

»Mein Gott«, sagt Marcia. »Was wirst du tun?«

»Ich feuer ihn an«, sagt Gus. »Ich lächle und lächle und bin ein Schurke.«

»Das werden sie sich nicht gefallen lassen«, sagt Marcia.

»Das ist die allgemeine Vorstellung«, sagt Gus und grinst von einem Ohr zum anderen. Er ist beweglich. Er hat keine Hypothek, keine Kinder, keine Monogamie.

Marcia hat ihr zweites Glas zu schnell ausgetrunken. Sie hat den Faden verloren. Statt zuzuhören, starrt sie Gus an, stellt sich vor, wie es wäre, wenn sie tatsächlich ein Verhältnis mit ihm hätte. Zu viele Witzeleien, denkt sie. Außerdem würde er nicht dichthalten.

Sie blickt ihn an, wie er strahlt vor frechem Vergnügen, und plötzlich sieht sie ihn vor sich, wie er als kleiner Junge gewesen sein muß. Mit zehn Jahren. Mit diesem Grinsen ist er bestimmt der Klassenclown gewesen. Und ziemlich unverwundbar. Auch die Starken in der Klasse werden ihn gefürchtet haben, weil er ihre Schwächen kannte und den Witz hatte, sie bloßzustellen.

Das macht sie häufig bei Männern, vor allem, wenn sie ein oder zwei Gläser getrunken hat. Sie braucht sich nur ihre Gesichter anzusehen und sieht dann, dahinter, dieses andere Gesicht, das Gesicht des Kindes, das noch immer da ist. So hat sie auch Eric gesehen, stämmig und mit Sommersprossen und trotzig, wütend über ehrenrührige Niederlagen auf dem Schulhof. Sogar Ian den Schrecklichen hat sie so gesehen, einen stumpfen, schwerfälligen Jungen, der gewußt haben muß, daß ihn die andern für langweilig hielten; sie hat gesehen, wie fleißig er war, wie er vergeblich gehofft hat, einen Freund zu finden, wie er langsam seine Rachegefühle angesammelt hat. Das hat ihr geholfen, ihm ein wenig zu vergeben.

Marcia wendet sich wieder der Unterhaltung zu. Mehrere Absätze scheint sie versäumt zu haben: Gus hat jetzt das Thema gewechselt und spricht von Noriega: »Er versteckt sich draußen im Dschungel«, sagt er. »Er macht sich lustig über sie. Sie werden ihn nie kriegen. Er wird sich nach Kuba oder sonstwohin davonmachen, und dann wird wieder dieselbe Korruption und dasselbe Elend herrschen, mit einer brandneuen CIA-Marionette.« Er hebt sein Glas, um es auffüllen zu lassen. Er trinkt Weißwein. »In einem Jahr werden mit den Nachrichten von heute Fische eingewickelt.«

Marcia denkt an Noriega, wie er in irgendeinem tropischen Gestrüpp kauert oder draußen in den Hügeln campiert. Sie erinnert sich an die Zeitungsfotos von ihm, an das runde, verwüstete, erstarrte Gesicht, das Gesicht eines verstockten Sündenbocks. Als er noch ein Kind war, wird er so ähnlich gewesen sein. Er muß schon sehr früh diese erloschenen

Augen gehabt haben; sie müssen ihm zugefügt worden sein. Das ist es, was sie zu einer sentimentalen Kolumnistin macht, denkt sie. Sie glaubt nicht, daß Kinder böse auf die Welt kommen. Sie hängt zu sehr an Erklärungen.

Marcia geht auf die Toilette, um sich der überschüssigen Sangria zu entledigen und ihr Gesicht herzurichten. Es ist schon viel später, als sie geglaubt hat. Im Spiegel glänzen ihre Augen, und die Wangen sind gerötet; ihre Haare flattern in zerzausten Ranken rings um den Kopf. Von der Seite – wenn sie die Augen verdreht, kann sie es gerade noch sehen – bekommt sie ein Doppelkinn. Ihr erster Mann sagte immer, sie sähe aus wie eine Modigliani; inzwischen ähnelt sie Gemälden eines anderen Zeitalters. Eine plumpe Bacchantin aus dem 18. Jahrhundert. Sie sieht sogar ein bißchen gefährlich aus. Einigermaßen erschrocken wird ihr klar, daß Gus durchaus in Frage kommt, weil sie selbst in Frage kommt. Noch.

Marcia treibt sich die Treppe der Bathurst Station hinauf. Für einen Augenblick stellt sie sich vor, wie diese quietschend sauberen gekachelten Tunnel aussehen würden, wenn sie mit Moos überwachsen oder mit riesigen Farnen geschmückt wären; oder unter Wasser, wenn der Treibhauseffekt erst so richtig losgeht. Sie stellt fest, daß sie nicht mehr nach dem ›ob‹ fragt, nur nach dem ›wann‹. Sie muß diesen Hang zur Aufgabe, zur Resignation, im Auge behalten, sie muß sich zusammennehmen.

Es ist jetzt schon nach fünf; die drei Obdachlosen sind weg. Vielleicht sind sie morgen wieder da; vielleicht spricht sie mal mit ihnen und schreibt eine Kolumne über das Leben auf der Straße oder über die unerfreuliche Lage der Eingeborenen in der Stadt. Wenn sie es tut, wird das wenig ändern, weder für die noch für sie selbst. Sie werden eine Podiumsdiskussion bekommen, und sie wird negative Leserbriefe bekommen. Früher glaubte sie immer, eine gewisse Macht zu besitzen.

Es ist dunkel und kalt, und der Wind pfeift ihr um die Ohren; in den Auslagen das falsche Funkeln der Weihnachtsdekorationen. Meist sind es Glocken und Rauschgold: Die Engel und Madonnen und die Babys in Krippen werden heruntergespielt, sie sind nicht universell genug. Oder vielleicht verkaufen sie nicht gut genug. Sie bewegen die Waren nicht.

Marcia geht eilig weiter, vergeudet keine Zeit vor Schaufenstern. Ihre Blase ist kurz vor dem Zerspringen, sie funktioniert nicht mehr so gut wie früher, sie hätte diese letzte Tasse Kaffee nicht trinken sollen, sie wird sich auf der Straße danebenbenehmen, wie ein Kind in einem triefenden Schneeanzug, das den Heimweg von der Schule nicht schnell genug geschafft hat.

Als sie zu Hause ankommt, sind die Stufen voller Katzenstreu. Eric hat sich Gedanken gemacht. Er war an der Arbeit. Das wird noch deutlicher, als sie ins Bad läuft, nur um festzustellen, daß das Klopapier fehlt. Er hat es durch einen Stapel zerschnittenen Zeitungspapiers ersetzt, der, wie sie feststellt – nachdem sie sich erleichtert hingesetzt hat und endlich lesen kann – aus dem säuberlich in Rechtecke geschnittenen Wirtschaftsteil der *World* von heute morgen besteht.

Eric ist in der Küche und summt vor sich hin, während er die Rüben zerquetscht. Schon vor einiger Zeit hat er die Papierhandtücher abgeschafft. Er trägt jetzt eine weiße Küchenschürze, an der er sich die Hände abwischt. Frühere Essen haben ihre Spuren hinterlassen; von heute abend sind bereits mehrere fröhliche Kleckse und Streifen der orangefarbenen Rüben darauf.

Im Radio laufen die Nachrichten: In Panama wird weitergekämpft, es gibt noch mehr Leichen, es gibt noch mehr

Trümmer und noch mehr obdachlose Kinder, die in ihnen herumwandern, es gibt noch mehr Plattheiten. Konspirationstheorien erblühen wie Rosen. Präsident Noriega ist nirgends aufzufinden, obwohl man mit den Voodoo-Utensilien und den Porno-Videos viel hermacht, die in seinen früheren Hauptquartieren überall herumliegen sollen. Marcia, die als Ghostwriter über das Leben von Politikern geschrieben hat, findet das nicht bemerkenswert. Ganz gewiß nicht die Pornos. Und was Voodoo betrifft, würden die meisten von ihnen es auf der Stelle verwenden, wenn es ihnen zum Sieg verhülfe.

»Eric«, sagt sie. »Die zerschnittene Zeitung im Badezimmer geht zu weit.«

Eric sieht sie trotzig an; trotzig, aber auch zufrieden mit sich. »Wenn sie an einem Ende kein Recycling wollen, müssen wir's eben am anderen Ende tun«, sagt er.

»Das Zeug wird die Toilette verstopfen«, sagt Marcia. Auf die giftige Druckerschwärze hinzuweisen, die durch die Haut eindringen könnte, wird ihn, wie sie weiß, nicht im geringsten rühren.

»Die Pioniere haben's auch gemacht«, sagt Eric. »Auf den Bauernhöfen gab's immer einen Versandhauskatalog. Da gab's nie Toilettenpapier.«

»Das war was anderes«, sagt Marcia geduldig. »Die hatten Plumpsklos. Dir gefällt doch nur der Gedanke, dir deinen Hintern an all den Konzernchefs abzuwischen.«

Eric sieht sie verstohlen an, wie ertappt. »Gibt's was Neues in der Galeere?« sagt er, das Thema wechselnd.

»Nö«, sagt Marcia. »Das übliche. Eigentlich ist es irgendwie so wie im Kreml. Der Kreml in den Fünfzigern«, verbessert sie sich, angesichts der ideologischen Renovierung in jüngster Zeit. »Ian der Schreckliche läßt sie jetzt in Rudeln arbeiten.«

»Wie Wölfe?« sagt Eric.

»Schlittenhunde«, sagt Marcia. Sie setzt sich an den Küchentisch, stützt die Ellbogen auf. Sie will ihn wegen des Klopapiers nicht weiter drängen. Soll er sich ein paar Tage daran freuen, bis zur ersten Überschwemmung. Dann wird sie die Sache einfach wieder ändern.

Zu den Rüben gibt es gebackene Kartoffeln und Hackfleisch. Eric läßt Fleisch noch zu; er entschuldigt sich nicht einmal dafür. Er sagt, Männer brauchen es für ihre roten Blutkörperchen; sie brauchen es mehr, als Frauen es brauchen. Marcia könnte dazu etwas sagen, will aber bei Tisch nicht über so blutaufwendige Körperfunktionen wie die Menstruation und das Kinderkriegen reden, deshalb hält sie sich zurück. Sie sagt auch nichts davon, daß sie mit Gus zum Mittagessen war: Sie weiß, daß Eric Gus – ohne ihn je gesehen zu haben, nur aufgrund seiner Artikel, die zumeist über Hollywoodfilme sind – trivial und anmaßend findet und schlecht von ihr denken wird, weil sie Calamares mit ihm gegessen hat, während Eric selbstlos vor dem amerikanischen Konsulat demonstriert hat.

Sie wird Eric über diese Expedition nicht befragen, noch nicht. An seiner Konzentration auf die Rüben sieht sie, daß es nicht gut gelaufen ist. Vielleicht war sonst niemand da. Auf dem Tisch steht eine Kerze – und Weingläser. Ein Versuch, zu retten, was vom Tag noch übrig ist.

Die Hackfleischrollen duften herrlich. Marcia sagt es, und Eric stellt das Radio ab und zündet die Kerze an und gießt den Wein in die Gläser und schenkt ihr ein einziges seliges Lächeln. Es ist ein Lächeln der Bestätigung und auch des Vergebens; wofür, das könnte Marcia schwer sagen. Dafür, daß sie so alt ist, wie sie ist, dafür, daß sie zuviel weiß. Das sind ihre gemeinsamen Verbrechen.

Marcia lächelt auch und ißt und trinkt und ist glücklich,

und draußen vor dem Küchenfenster bläst der Wind, und die Welt verwandelt sich und zerfällt und ordnet sich neu, und die Zeit geht weiter.

Was geschieht mit diesem Tag? Er geht dahin, wo die anderen Tage hingegangen sind und weiter hingehen werden. Selbst während sie hier am Küchentisch sitzt, ihr Apfelmus ißt, das nach dem Ontario-Winter-Kochbuch mit dem Apfelmus identisch ist, das die Pioniere gegessen haben, weiß Marcia, daß der Tag langsam versickert, daß er vergeht, immer mehr vergeht und niemals wiederkehrt. Morgen werden die Kinder kommen, eins von Osten, eins von Westen, wo sie auf ihre jeweilige Universität gehen, in der Ferne erzogen werden. Das Eis an ihren Winterstiefeln wird neben der Haustür schmelzen und Lachen bilden, die auf den Fliesen Salzflecke hinterlassen, und auf der Kellertreppe werden schwere Schritte zu hören sein, wenn sie hinuntersteigen, um ihre Wäsche zu waschen. Sie werden den Kühlschrank durchstöbern, klirrend werden Sachen herunterfallen; es wird Betriebsamkeit und Aufregung herrschen, wirkliche und gespielte. Ihre Tochter wird versuchen, Marcias Garderobe zu verändern, sie wird sagen, Marcia sollte gerader gehen, ihr Sohn wird ritterlich und linkisch und gönnerhaft sein; beide werden es vermeiden, sich zu fest oder zu lang umarmen zu lassen.

Der alte Weihnachtsschmuck wird hervorgeholt und der Baum wird aufgestellt werden, nicht ohne eine Diskussion darüber, ob ein Plastikbaum nicht vielleicht doch verantwortungsvoller wäre. Oben auf die Spitze wird ein Stern kommen. Am Weihnachtsabend werden sie alle Erics mörderischen Eggnog mit Whisky trinken und die Orangen schälen, die Marcias erster Mann geschickt hat. Sie werden Weihnachtslieder im Radio hören und jeder ein Geschenk aufmachen, und die Kinder werden unruhig sein, weil sie finden, daß sie schon zu alt sind dafür, und Eric wird kostspielige Polaroidfotos machen, die niemals bis in die Alben gelangen, die sie eigentlich immer auf dem neuesten Stand halten wollten, und Noriega wird in der Botschaft des Vatikans in Panama City um Asyl bitten. Marcia wird es aus den Nachrichten erfahren, und aus der *World*-Konterbande, die Eric ins Haus schmuggeln und später zu Behelfskatzenstreu zerkleinern wird, weil er die echte über die Stufe vor dem Haus geschüttet hat; aber die Katze wird sie ablehnen und stattdessen einen von Marcias einladenden weichen rosafarbenen Pantoffeln aus Schafsfell vorziehen.

Dann wird der Weihnachtstag kommen. Es wird Montag sein, ein weiterer Montag, pastellblau, und sie werden einen Truthahn essen und noch mehr von dem Wurzelgemüse, und einen Mince Pie, den Marcia am Ende doch noch gebacken hat, während Noriega unbemuttert in einem Zimmer in einem von Soldaten umstellten Haus schläft und davon träumt, wie er dort hingekommen ist oder wie er dort wieder rauskommen wird, oder davon träumt, wie er getötet hat oder wie er gern noch weiter töten würde, oder von gar nichts träumt, mit seinem runden Gesicht, so pockennarbig und kahl wie ein Asteroid. Das Stück aus der Berliner Mauer, das Marcia in Erics Strumpf gesteckt hat, wird unter dem Sofa verlorengehen. Die Katze wird sich verstecken.

Marcia wird von dem Eggnog ein bißchen betrunken sein und stumm vor sich hinweinen, später, wenn das Geschirr abgewaschen ist, im Badezimmer eingeschlossen, und mit ihren festlichen Armen die murrende Katze an sich drücken, die sie zu diesem Zweck unter einem Bett hervorgezogen haben wird. Sie wird weinen, weil die Kinder keine Kinder mehr sind, oder weil sie selbst kein Kind mehr ist, oder weil es Kinder gibt, die niemals Kinder waren, oder weil sie keine Kinder mehr kriegen kann, nie wieder. Ihr Körper ist zu schnell vergangen, sie hat sich darauf nicht vorbereiten können.

Das kommt von dem vielen Gerede von Babys, zu Weihnachten. Das kommt von der vielen Hoffnung. Sie läßt sich davon ablenken und hat Mühe, auf die wirklichen Nachrichten zu achten.